당신은 나를 이방인이라 부르네

당신은 나를 이방인이라 부르세

한국에
사는
이주민들의
생존 보고서

익천문화재단
길동무 기획

고기복
고태은
김나연
김선향
김애화
리온소연
명숙
반수연
부희령
송경동
시야
안미선
오시은
우삼열
우춘희
이경란
이란주
이수경
정윤영
정은주
홍주민
희정
지음

후마니타스

일러두기

1. 2021년 11월부터 2022년 10월까지 〈오마이뉴스〉에 연재된 '이주민 르포: 태어나지도 죽지도 않는 사람들'을 바탕으로 새롭게 고치고 구성했다. 글에 나오는 인물은 실명이 아닌 경우 처음 나올 때 '(가명)'이라고 적었다.
2. '출입국관리사무소'는 2018년 5월 10일부터 '출입국·외국인청(외국인사무소)'으로 명칭이 바뀌었으나, 서술 시점과 맥락에 따라 기존 표기대로 쓰거나 줄여 쓰기도 했다.
3. 단행본, 정기간행물에는 겹낫표(『 』), 시, 노래, 단편, 보고서, 논문, 기사 제목에는 홑낫표(「 」), 법령 및 협약, 영화, 공연, 방송 프로그램, 온라인 매체 등에는 홑화살괄호(〈 〉)를 썼다.
4. 국립국어원 외래어표기법을 따랐으나, 굳어진 표현은 그대로 사용했다.

토끼몰이

+ 김선향, 「일요일 공부하고 싶다」에 부쳐.

중학생 시절 겨울이면 학교는
전교생을 뒷산으로 올려 토끼몰이를 했지요
앞다리가 짧은 토끼를 잡기 위해선
산 정상에서 산 아래쪽으로 몰아야 하지요
도망치다 굴러 잡힌 토끼들은
교원들의 겨울 보양식이 되었죠

2018년 8월 22일 미얀마에서 온
스물여섯 살 딴저테이는 밥을 먹다
갑자기 들이닥친 한국인 단속반에게 쫓겨
8m 아래 공사장 바닥으로 추락해 뇌사했죠
딴저테이가 떨어진 후에도 토끼몰이는 계속되어
그날만 서른세 마리의 토끼가 붙잡혀 갔다죠

혹시 오늘 당신은
어떤 토끼몰이에 동원되었나요
그들은 모두
누구의 영양식이 되었는가요

송경동

시인. 시집 『꿀잠』, 『사소한 물음들에 답함』, 『나는 한국인이 아니다』, 『꿈
꾸는 소리 하고 자빠졌네』와 산문집 『꿈꾸는 자 잡혀 간다』 등을 펴냈다.
신동엽문학상, 고산문학대상 등을 받았고, '희망버스', '광화문 캠핑촌' 운
동 등에 함께했다. 현재 익천문화재단 길동무 일꾼 등으로 일하고 있다.

차례

수많은 알렌의 시간

김판수

익천문화재단 길동무 공동이사장

2007년 한국에 와 15년째로 아이가 둘인 알렌(가명)은 여전히 한국인이 아닙니다(안미선, 「돈 벌어 아기 데려올 거예요」 참조). 국적이 없어 보육료 지원을 못 받아 둘째 아이를 캄보디아로 보내야 한답니다. 2년 안에 못 데리고 오면 영영 데려올 수조차 없습니다. 알렌과 그 아이들이 최소한의 권리를 되찾는 한국 사회가 되기를 바랍니다. 이 책은 그런 수많은 '알렌들'에 대한 기록집입니다.

『당신은 나를 이방인이라 부르네』는 익천문화재단 길동무의 주요 사업 중 하나로 기획·추진되고 있는 '한국사회 기층문화' 보고 시리즈의 두 번째 책이자 이주민(노동자) 인권 르포집입니다. 첫 번째 책은 일명 '코로나 계엄' 시기 배제된 이들의 인권 문제를 다룬 『숨을 참다』(2022)였습니다.

이번에 펴내는 책은 길동무 일꾼인 이란주·희정 르포 작가, 송경동 시인 등이 오마이뉴스와 함께 공동 기획단을 꾸리고 2년 가까이 수고해 온 소중한 결실입니다. 수고하셨고 고맙습니다. 흔쾌히 기획 연재에 함께해 준 오마이뉴스에도 특별한 감사를 드립니다.

우리 사회의 또 다른 '전태일들'이 되어 있는 이주민의 삶을 듣고 기록해 내는 일은 쉽지 않았습니다. 모든 권리의 사각지대에 놓인 탓에 그들은 증언조차 두려워했습니다. 지난한 노력과 정성을 들여야 하는 일이었습니다.

그들의 숨겨진 이야기를 소중히 지키고 드러내고 경청하기 위해 이미 관련 분야에서 헌신하고 있는 고기복·리온소연·우삼열·정은주·홍주민 선생님이 흔쾌히 나서 큰 힘을 보태 주었습니다. 이와 더불어 여러 인권 현장을 지키고 있는 활동가 고태은·김애화·명숙, 기꺼이 뜻을 같이한 소설가 반수연·부희령·이경란·이수경, 시인 김선향, 어린이·청소년책 작가 오시은, 극작가 김나연, 르포 작가 안미선·정윤영·시야, 연구자 우춘희 선생님이 귀한 필진이 되어 주었습니다.

이번 기획·취재에 참여한 모두가 우리 사회 각 지역과 분야의 기층에서 정착해 활동하고 있는 '알렌들'을 만나 마음의 문을 열고 진솔한 대화를 나누었습니다. 글마다 그들의 꿈과 삶의 괴리, 그 애환의 '빛과 그림자'를 가감 없이 드러낼 뿐만 아니라 서로 깊이 공감해 가는 모습을 만나게 됩니다. 작은 소통과 연대를 위한 실천이 쌓여 비로소 누구도 함부로 훼손할 수 없는 상식과 문화의 토대가 구축됩니다. 이런 소통과 연대의 문화를 넓히기 위해 익천문화재단 길동무는 이 르포집에 각별히 주목하며 깊은 관심을 기울였습니다.

최근 우리는 이른바 경제·문화뿐만 아니라 인권 선진국이라 불리던 유럽의 여러 나라 선주민들과 자의 반 타의 반으로 급격히 늘어난 '알렌들' 사이에서 벌어지는 심각한 사회적 갈등과 혼란을 목격하고 있습니다. 이런 상황은 강 건너 불이 아니라 우리 발등의 불일 것입니다.

한국도 인구구조 변화 문제를 고민하게 된 지 오래입니다. 정부는 문제 원인을 깊이 고찰하지 않은 채 이주민을 그럴듯한 대체 수입품처럼 대합니다. 그간 고용허가제라는 미명 아래 이주민들을 차별해 온 인권 상황을 반성하는 태도는 보이지 않습니다.

이러한 때에, 이른바 '코리안 드림'의 꿈을 안고 이국에 들어와 낯선 언어와 풍토, 문화를 배경으로 새로운 삶을 이루어 가려 하는 '알렌들'에게 과연 우리는, 한국인은 그들에게 어떠한 존재인지 한 번쯤 냉철하게 되돌아봐야 하지 않을까 싶습니다.

이주민들은 억압과 차별, 편견과 배타의 대상이 아닙니다. 따뜻하게 보듬어 안아야 할 우리 사회의 중요한 구성원일 뿐만 아니라 앞으로 올 미래 세대의 행복을 함께 일굴 '삶의 동반자'이며 무엇보다 '소중한 동료이자 이웃'입니다. 이 책을 통해 그런 관점과 이해를 조금이나마 넓힐 수 있길 기대해 봅니다.

이주민 인권 문제와 관련해 익천문화재단 길동무는 우리 사회 모든 구성원이 인간과 자연의 조화로운 공존 속에서 서로를 존중하는 '공생공락'의 가치를 실천하길 꿈꿉니다. 이를 위해 더 많은 사람들 간의 만남과 소통, 공감과 연대의 길을 넓혀 공생의 윤리와 실천에 뿌리를 둔 인류 보편의 인권 및 인권 의식의 지평을 넓혀 가길 소망합니다.

그런 우리 모두의 소통과 연대를 위해 용기를 내어 준 '알렌들'에게 감사드립니다. 기획 연재로 이들의 말과 사연을 소개해 준 김미선·이준호 부장 등 오마이뉴스 편집국의 깊은 배려와 세심함에 다시 한번 고마운 인사를 전합니다. 어려운 출판 여건에서도 '한국사회 기층문화' 1권에 이어 2권까지 새로운 계기를 열어 준 후마니타스 편집진의 노고와 정성에 감사의 인사를 드립니다.

우리 모두의 노력이 '알렌들'과 더불어 이 사회의 불의

와 아픔을 조금은 밀어내며, 모두가 더불어 밝고 맑고 희망찬 세상을 조금은 넓혀 내는 시간이 되었기를 소망합니다. 오늘 이 책을 읽게 된 당신께도 고맙다는 인사를 남깁니다.

태어나지도 죽지도 않는 사람들 이야기

이란주

이주 인권 분야에서 일하고 있다. 저서로 제2의 '전태일 평전'이라고 평가받은 『말해요, 찬드라』와 『아빠, 제발 잡히지 마』, 『나의 미누 삼촌』, 『이주노동자를 묻는 십대에게』, 『나는 미래를 꿈꾸는 이주민입니다』, 르포 소설 『로지나 노, 지나』 등이 있다.

〈오징어 게임〉199번 참가자 알리는 나이 든 한국인 남성들을 '사장님'이라 부른다. 자영업자 비율이 원체 높으니 사장님이 매우 흔한 사회이기는 하지만, 알리의 사장님 소리는 맥락이 좀 다르다고 봐야 한다. 적절한 상황이든 아니든 이주노동자가 한국인을 '사장님, 사모님'이라 칭하는 일은 흔하다. 일터에 붙박여 바깥 사회를 경험하거나 이웃을 만나 관계를 맺을 기회가 별로 없으니 다른 호칭을 익히지 못해서다. 그 배경에는 이주노동자는 일이나 하라는, 이웃과의 친교도 사회 참여도 필요 없다는 한국 사회의 경박한 요구와 정책이 작동하고 있다.

한국인 다수는 알리의 '사장님' 소리가 불편하지 않다. 이렇게 '사장님 마인드'는 미디어를 통해 재현되고 더 깊이 내면화하는 과정을 반복하며 한국인의 마음 밑자락에 자리 잡고 있다. 그러고는 자주 튀어나와 이주자에 대한 무시, 차별, 혐오, 기피, 배제와 같은 형태로 적나라하게 드러난다.

한편 이주노동자는 자신의 노동에 '사장님'이 행복하기를 바란다. 하지만 그 노력은 번번이 실패한다. 이주노동자 시인 람 꾸마르 라이는 이렇게 읊었다.

사장 아버지 / 나는 내 젊음과 목숨을 바쳐 / 할 수 있는 만큼 몸과 마음을 다해 / 당신의 얼굴에서 / 만족한 행복을 찾으려 했습니다 / 하지만 이제 알게 되었어요 / 그것은 단지 부질없는 노력이었음을 / 단지 실패한 노력이었다는 것을요.

시인은 사장 아버지 마음에 들기 위해 날마다 밤마다 자신을 혹사하며 일한다. 그러나 사장 아버지는 하필 힘들어 허리를 펴는 순간 들어와 책망하는 눈빛으로 쏘아보고, 화장실 갈 때만 들어와 시인이 마냥 기계를 세우는 것이 아닌지 의심한다. 거듭되는 실패 끝에 노동자는 결국 알아 버린다. 사장 아버지는 끝내 만족하지 않을 것임을. 자신이 허리를 펴지 않고 화장실을 가지 않아도 결코 인정받지 못할 것임을.

우리 사회는 이주자가 어떤 과정을 거쳐 여기 일하러 왔는지 관심 두지 않는다. 어떤 미래를 꿈꾸는지 알고자 하지 않는다. 소용이 다하면 국경 밖으로 내치고 새로운 노동자를 들여오면 그만이다. 가까이서 태어나고 늙어 가고 죽는 것을 바라볼 필요가 없다.[+]

이런 표현은 전혀 과하지 않다. 실제 고용허가제는 18~39세 사이의 노동자를 3년 단위로 교체하는 제도이다.[++] 원칙적으로 사업장 이동을 허용하지 않고, 가족 동반을 허용하지 않으며, 정주 또한 허용하지 않는다. 차별 없이 적용해야할 〈근로기준법〉의 일부 조항은 망설임 없이 유예한다. 짧은 시간 일 시키고 내보낼 것이므로 사회 통합을 고민하지도 않는다. 성원권을 인정할 생각은 애초부터 없었다. 무엇 하나 온당치 않다.

이주자는 여러 이름으로 불린다. 이주민, 이주노동자, 결혼이주자, 귀환 동포, 난민, 그리고 그 자녀들. 이주자들은 더 나은 삶을 살고자 하나 이 사회는 호락호락 허용하지 않는다.

노동력을 뿌리까지 뽑아낸다. 저임금 구조에서 벗어나지 못하게 옭아매고, 필연적으로 이어지는 가난은 동정한다. 세금은 가져가되 복지 체계에서 배제하고, 지원이 필요한 상황에 놓이면 민폐 덩어리로 취급한다. 시인의 말을 다시 들어 보자.

> 결코 패배하지 않았음에도 / 당신의 눈에는 한참 부족한 / 당신의 마음에는 언제나 패자인 / 불행한 사람 / 그것이 바로 '나'입니다.
>
> _「실패한 노력」 중에서.

이주자는 따뜻한 숨을 쉬고, 웃고, 사랑하며, 행복을 추구하는 삶을 살고자 하지만, 그것은 이 사회가 알 바 아니다.

우리 사회에 이주자가 들어온 지 30년이 훌쩍 넘었다. 그 수가 꾸준히 늘어 지금은 인구의 약 4퍼센트에 해당한다. 앞으로는 더 심각해질 인구구조 변화와 인구 부족 문제를 해결하기 위해 더 많은 이주자를 받아들일 것으로 보인다. 지금

+ "이주노동자들은 불사不死의 존재, 끊임없이 대체 가능하므로 죽음이란 없는 존재들이다. 그들은 태어나지도 않으며, 양육되지도 않으며, 나이 먹지도 않으며, 지치지도 않으며, 죽지도 않는다. 그들은 단 하나의 기능 — 일하는 것 — 을 가질 뿐이다. 그들의 삶의 다른 모든 기능들은 그들의 출신 국가의 책임이다"(존 버거, 『제7의 인간』, 장 모르 사진, 차미례 옮김, 눈빛, 2004, 65쪽).
++ 고용허가제 비전문취업(E-9) 비자는 3년간 취업할 수 있는 비자이다. 그러나 사용자가 재고용을 원하면 1년 10개월간 계약을 연장해 총 4년 10개월을 일하게 된다.

까지처럼 이주자를 잠깐 쓰고 버려도 되는 일회용으로 여기는 것은, 더 이상은 곤란하다.

어떤 자세로 이주자를 초대할지에 대한 원칙을 이제라도 세워야 한다. 그 원칙에는 이주자가 안고 오는 과거와 현재와 미래, 그의 일생에 대한 환대가 담겨야 할 것이다.[+] 이주자의 존엄에 대한 인정, 평등한 분배와 인권과 다양성 존중이 녹아 있어야 할 것이다. 이주자와 더불어 사회적 동질성을 찾아내고 이를 바탕으로 함께 미래를 구상해 가야 할 것이다.

이런 현실과 바람을 담아 우리는 지금 여기 '이주자의 삶'을 기록한다. 살아남으려 열성을 다하고 자존하려 애쓰는 이주자의 삶, 발 걸려 넘어질 때마다 재게 일어나 묵묵히 살아 내는 이주자의 삶을 오롯이 드러내고자 한다. 이런 이야기가 어쩌면 불편할 수도 있다. 차별당하는 삶이 자주 드러날 것이고, 고단한 이야기가 펼쳐질 것이다. 굴곡진 생애사가 짜증날 수도 있고, 뭐라도 해줘야 할 것 같아 마음에 부담이 생길 수도 있다. 혹은 이주자의 존재 자체가 두려워질 수도 있다.

설사 그렇더라도 책장을 덮지 말고 계속 읽어 내기를 청한다. 이주자는 저어한다고 지워질 존재가 아니기 때문이다. 당신이 읽기를 지속한다면, 그동안 무심코 스쳐 갔던 이주자가 분명한 온기를 가진 사람으로 새로이 다가올 것이기 때문이다. 함께할 당신을 환대한다!

+ 정현종, 「방문객」, 『광휘의 속삭임』, 문학과지성사, 2008, 55쪽.

1부

썰아가고

돈 벌어 아기 데려올 거예요

캄보디아 여성 알렌

안미선

소수자들의 목소리를 기록해 왔다. 저서로 『그때 치마가 빛났다』, 『집이 거울이 될 때』, 『당신의 말을 내가 들었다』, 『똑똑똑, 아기와 엄마는 잘 있나요?』, 『언니, 같이 가자!』, 『여성, 목소리들』, 『모퉁이 책 읽기』, 『내 날개 옷은 어디 갔지?』, 『백화점에는 사람이 있다』(공저), 『엄마의 탄생』(공저), 『기록되지 않은 노동』(공저) 등이 있다.

이곳에 있는 엄마, 저곳에 있을 아기

부천이었다. 지하철역을 나와 걸어 나가니 사원 모집 간판이 눈에 띄었다. "생산직 사원 모집, 사출, 조립, 코팅, 포장, 주급, 가불 가능"이라는 글씨가 눈에 들어왔다. 재래시장으로 향하는 골목에는 베트남어 간판이 달린 식당들과 식품점들이 보였다. 안쪽 주택가에는 2, 3층짜리 낡은 건물들이 나란히 줄지어 서있었다. 한산한 가운데 간혹 작업하는 기계음 소리가 들려왔다.

붉은 벽돌로 지은 이층집 앞에 도착했다. 1층은 상가로 쓰고 있었고 지하는 가내 작업 공간으로 세놓는다는 벽보가 붙어 있었다. 계단을 올라가니 좁은 복도가 눈에 들어왔다. 유리창으로 햇빛이 비스듬히 들어왔고, 철문 하나가 조금 열려 있었다. 문을 두드리자 "어서 오세요." 하는 웃음기 섞인 목소리가 들려왔다. 몸이 여윈 알렌(가명)이 긴 머리에 헐렁한 체크무늬 옷차림을 하고서, 기저귀 찬 아기를 안고 서있었다.

좁은 통로 끝에 안방이 있고 침대와 화장대 사이에는 매트가 깔렸다. 캄보디아에서 한국에 와 오래 생활한 그녀는 한국말을 잘하는 편이었다. 격의 없이 나를 맞고서는 "아이를 봐줄 사람이 없어서 큰일이다."라는 말부터 꺼냈다. 품에 안긴 아기는 태어난 지 반년이 되었다. 아기를 낳고 키우느라 한 해쯤 일을 쉬었고 다시 직장을 구할 생각인데 아기를 맡길 곳이 마땅치 않다고 했다.

돈 벌어 아기 데려올 거예요
캄보디아 여성 알렌

캄보디아에 있는 친정어머니를 한국에 모셔 와 육아를 부탁하고 싶었는데 제가 영주권(F-5 비자)만 가지고 있기 때문에 안 돼요. 엄마를 초청하면 단기방문(C-3 비자)으로 한국에 오시게 되는데 그건 3개월밖에 한국에 못 있는 거고 연장을 못 해요. 만약에 제가 국적이 있었다면 엄마를 초청해 데려올 수 있었겠지만 영주권을 가지고 있기 때문에 안 돼요.

알렌은 한국 국적이 없다는 말을 "국적이 없다."는 말로 표현했다. 국적 문제는 20대 이후 그녀의 삶에서 모든 일과 관계에 영향을 준 사안이었다. 때로 알렌은 "어떡해!"라고 소리쳤다. 말로 다 할 수 없을 때, 안타까울 때, 속상할 때 그렇게 외쳤다.

어떡해! 제가 국적이 없잖아요. 국적 있으면 어린이집에 보내면 나라에서 보육료를 다 지원해 줘요. 저는 안 돼요. 어린이집이 비싸요. 어린이집 원장님한테 전화로 물어보니 저는 50만 원 내야 한대요. 내가 회사 다니면 월급은 200만 원도 안 될텐데, 어린이집에 50만 원 주면 어떡해요? 부천시에 외국인 등록 아동 보육료 지원이 있는데 세 살부터(누리과정 만 3~5세) 28만 원 지원한대요. 지금은 지원 못 받아요.

이주노동자로서 아이를 키워도 이곳에서 보육료 지원을 제대로 받을 수 없다. 보육료 지원은 대한민국 국적과 주민등록번호가 있어야 받을 수 있다. 부천시는 2020년 3월부터 외국인 등록 아동에게 누리과정 보육료를 지원하기 시작했다.

그나마 이런 지원을 하는 곳은 안산, 김포 등 극히 일부 지역에 그친다.

그래서 아기를 캄보디아에 1년 정도 보낼 거예요. 그동안 제가 돈 좀 벌어서 나중에 아기를 데려올 거예요. 제가 영주권밖에 없으니 아기도 영주권밖에 없어요. 인천출입국(출입국·외국인청)에 전화해 물어보니 아기가 캄보디아에 가더라도 2년이내에 한국에 와야 한대요. 2년 안에 오지 않으면 아기 비자가 끝난대요. 그래서 잠깐 1년 정도만 보내고 그동안 열심히 돈 벌고 다시 데려와 살고 싶어요.

건넛방에서 가느다랗게 코를 고는 소리가 들려왔다. 야간 일을 하고 돌아온 남편이 자고 있었다. 남편은 캄보디아에서 온 이주노동자다. 첫아이를 보고 기쁜 남편은 아기를 캄보디아에 보내는 걸 망설였다. 야간 일에 지쳐 잠을 자다가도 낮에 깨어 아이를 돌보는 남편이었다.

남편은 이전에 "돈은 나중에 벌어도 되니 아기를 낳을 동안 일을 쉬어도 된다."고 알렌에게 말했다. 그래서 알렌은 한 해 동안 공장 일을 쉬면서 무사히 출산을 하고 산전후 기간을 보낼 수 있었다. 하지만 알렌은 이제 마음이 급해졌다. 아기를 키우려면 더 많은 돈이 필요해서, 앞으로 아기가 한국에서 살 수 있게 하려면 역설적으로 지금은 헤어져야 해서 그녀는 아이를 보내려 한다.

한국 살면 좋아요. 아기는 앞으로 한국에 있어야 돼요. 한국에 일이 많아서. 캄보디아는 일이 없어요. 캄보디아에서 잘사는 사람들은 괜찮은데 못사는 사람들은 힘들어요. 한국은 못사는 사람들도 일이 캄보디아보다 많잖아요. 열심히 돈 벌면 돼요. 사실 저는 전남편 아들도 한국 사람이잖아요. 그러니까 제가 아기랑 한국에 살면 큰아들도 다시 보고 좋아요.

이건 무슨 얘길까?

엄마는 한국인이 아니다

알렌은 스물두 살 때 처음 한국에 왔다. 한국에 오기 전에는 캄보디아에 있는 중국 의류 공장에서 5년 동안 일했다. 2007년에 결혼하기 위해 한국에 올 때는 인생이 바뀌는 거라고 생각했다.

처음에 생각했어요. 열심히 돈 벌고 엄마 아빠 도와주고 행복하게 살고 집도 만들어 주어야지 하고. 좋은 남편 만나 행복하게 살고 싶었는데 와보니 다 틀렸어요. 남편이 돈도 없고 술도 먹고 너무 스트레스 받았어요. 한국말도 몰랐는데 좋은 남편도 못 만났잖아요. 너무 고생이잖아요. 그 꿈이 다 깨졌어요.

남편은 마흔네 살이었고 목수 일을 했다. 알렌은 한국 사람이 다 자상할 거라고 막연히 꿈꿨다. 막상 한국에 와보니 집은 반지하 단칸방이었고, 남편은 경제적으로 무능력한 편에 가까웠다. 게다가 남편은 술을 자주 마셨고 알렌에게 거친 말과 행동을 일삼았다. 고통스러운 현실에 직면하자 알렌의 꿈은 산산조각 나버렸다.

한국에 오자마자 임신했어요. 한국말도 몰라서 밖에 나가기 무서웠어요. 그때 일도 못 하고 "안녕하세요." 말밖에 못 하니까 밖에도 못 나가요. 처음엔 한국 사람 얼굴도 다 무섭데요. 남편밖에 없잖아요. 바로 임신하고 아기 태어나서 너무 힘들었어요. 아기를 혼자 키웠어요. 좋은 남편도 못 만나고 술 때문에 계속 싸우고. 매일매일 눈물 나와요. 아, 어떻게 살았나. 인생이 어떻게 사는지 몰랐어요.

그녀의 눈에 눈물이 고였다. 말이 통하지 않는 곳, 아무도 들여다보지 않는 곳, 반지하 방에서 혼자 울고 있었을 그 얼굴이 눈앞에 떠오르는 것 같았다.

남편은 생활비를 안 줬어요. 한국 사람 좋은 사람 많다는데 외국인하고 결혼하는 사람은 다 그런 건 아닌 것 같아요. 남편은 술만 먹으면 이상한 말을 해요. 다른 사람들이 옆에서 남편한테 그래요. "야! 네 와이프 젊으니까 나중에 널 떠날 거야. 도망갈 거야!" 그 말을 듣고 술 먹고 집에 와서 저랑 싸우죠.

나랑 같이 살고 싶으면 내 말을 잘 들어줘야 하는데, 술 많이 먹지 말아야 하고 열심히 돈 벌어야 하는데 그렇지 않았어요. 아이 아빠는 목수 일을 해서 같이 안 살고 가끔씩 왔어요. 와서는 싸우는 거죠. 싸우다 나가고. 나가면 한 달 두 달

후에 들어오고. 들어오면 계속 싸우고.

알렌의 삶은 한국에 혼자 동떨어져 있었다. 그 당시 상황은 어땠을까. 여성가족부의 「2010년 가정폭력 실태조사」에서 결혼이주 여성의 69.1퍼센트가 신체적·정서적·경제적 폭력과 학대, 방임, 통제 등의 가정 폭력을 경험한 것으로 드러났다. 생활비를 주지 않거나 수입과 지출을 독점하는 경제적 폭력은 15.3퍼센트를 차지했다. 2014년에 〈출입국관리법〉 시행규칙 개정안이 적용되었다. 결혼 목적의 비자 발급에서 한국인 배우자의 경제적 조건, 즉 소득 요건이 충족되는지 확인토록 했다. 정상적인 주거 공간의 확보도 기준으로 제시됐다. 말하자면 시행규칙이 개정되기 전에는 최소한의 결혼 유지가 어려운 상황에서도 국제결혼을 하는 일들이 자주 벌어졌던 셈이다.[+] 국제결혼의 문제가 컸기 때문에 캄보디아 정부는 자국 여성을 보호하기 위해 2008년과 2010년에 국제결혼 중단 조치를 두 번이나 내렸다. "우리는 캄보디아 여성과 결혼이 상품처럼 취급되는 것을 원치 않는다."고 주한 캄보디아 대사가 국내 언론사와 인터뷰할 정도였다. 캄보디아 정부는 이후 국제결혼법을 크게 강화했다.[++]

알렌은 국제결혼의 모든 문제가 소용돌이치는 한가운데

+ 한국이주여성인권센터 엮음, 『아무도 몰랐던 이야기』, 오월의봄, 2018, 52~54쪽 참조.
++ 한국염, 『우리 모두는 이방인이다』, 한울, 2017, 149, 150쪽 참조.

에 있었다. 남편이 매달 생활비로 주는 100만 원으로는 살 수 없어서 알렌은 일하기 시작했다. 다른 결혼이주 여성들처럼 그녀도 취업할 수밖에 없는 상황이 되었다. 한국말을 몰랐지만 회사에 가서 일하는 걸 눈치껏 보면서 따라 배울 수 있었다. 단순한 조립 일이었다. 한 달에 150만 원을 벌었다. 한국인 관리자들은 젊은 외국인들이 들어와 일을 잘하니 좋아하는 것 같았다. 하지만 아이가 아플 때면 알렌이 회사에서 일하는 도중에 어린이집 교사가 전화를 했다. 주임한테 말해 조퇴를 한 적도 있었다.

그동안 이혼하고 싶었는데 아이 때문에 말 못 했던 거예요. 아이가 불쌍해서. 아이는 엄마 아빠가 같이 살아야 하는데. 그때는 제가 10년 동안 계속 이혼하고 싶었는데 아이가 불쌍해 참았어요. 제가 회사 가면 한국 언니들이 그래요. "야! 너 그 남자랑 어떻게 계속 살아? 그렇게 당하고도 눈물이 계속 나오냐? 이혼해!" "어떻게 이혼해요? 제 아이가 불쌍하잖아요." "야! 아이 버려!" "못 버려요. 저는 절대 아이를 못 버려요. 아이가 안 컸기 때문에." 근데 나중에는 남편이 저한테 계속 심하게 싸움을 해왔어요.

남편이 핸드폰도 다 부숴 버렸어요. 아이가 보는 앞에서 물건을 막 던지고 그걸 보는 아이는 어떨까……. 남편이 술 먹고 싸우니까 나중에 제가 무서워졌어요. '나 죽으면 어떡해.' 하고 무서워졌어요. 만약에 술 먹고 나 때리면, 나 찌르면 어떡해요. 나 죽는 거예요. 사람이 무서워. 그때는 무서웠어요. 내가 당신하고 같이 못 산다고 했어요. 그렇게 이혼했어요. 마음 아파요. 사실 아이랑 같이 살고 싶었는데 남편이 아이는 자기가 키운다고 했어요. 나보고 혼자 살라고 했어요. 아이 아빠도 힘들고 나도 힘들고 다 힘들었는데 같이 더 못 있겠다 해서 합의이혼 했어요.

아이는 아버지가 한국인이었기 때문에 한국인이었지만 알렌은 여전히 한국인이 아니었다. 결혼한 지 3년이 지났을 때 남편이 이렇게 말한 적이 있었다.

나랑 같이 계속 살면 국적 신청은 안 해도 된다. 국적 신청이나 영주권 신청이나 똑같아. 계속 한국에 사는 거야, 똑같아. 영주권 신청만 내가 해줄게.

그 말을 믿고 그때 한국 국적 신청을 못 한 것이 두고두고 마음에 남았다.

그때는 내가 몰랐어요. 생각이 없었어요. 바보라서 그래요. 남편이 하는 말을 믿은 거죠. 지금은 사회통합프로그램KIIP을 5단계까지 해야 국적 신청 자격이 생겨요. 그때 남편이 국적을 신청해 줬으면 사회통합프로그램 평가 시험을 안 쳐도 됐어요. 그때 남편이 신청해 줬으면 국적이 되었을 텐데.

영주권은 10년마다 재발급받아야 해요. 제가 한국에 살면서 그 후로 국적을 받아야겠다 싶어 두세 번 신청했는데 다 떨어졌어요. 시험을 쳐야 하는데 제가 공부를 못 했잖아요. 주간 야간 일하는데 어떻게 시간이 있겠어요? 먹고살아야 하고 힘들어 죽겠는데 어떻게 공부해요? 못 해요.

　　알렌은 남편 주장에 따라 국적 대신 영주권을 가졌고, 양
육권을 얻지 못한 채 혼자 집을 떠나야 했다. 그나마 자녀 면
접권만을 겨우 지켜 냈다. 그랬다. 결혼이주 여성은 체류 연
장, 영주, 귀화가 모두 남편의 신원보증에 달려 있었다. 이주
여성이 한국에 살 권리나 국적을 취득할 권리는 그 남편의 생
각에 따른 것이었다. 남편은 아내가 국적 취득 후 도망갈 거
라 여겨 영주권만 신청해 주었고, 때로 자신의 권한을 이용해
배우자를 학대했다. 이혼할 때도 이혼의 귀책사유가 이주 여
성에게 있지 않음을 입증해야 한국에 체류할 수 있었다. 이혼
한 이주 여성이 양육권과 면접권을 갖기는 아주 어려웠다.[+]

거울 앞의 두 아이

　　큰아이가 저한테 그랬어요. "아빠랑 이혼해도 한국에 살 거
지?" "엄마는 한국에 있어." 말해 줬어요. "엄마가 부천에 살
테니 너 만약에 자꾸 엄마 보고 싶으면 와." 대답했어요. 다시
아이가 물었어요. "캄보디아 안 가지?" 아이가 걱정하잖아요.
만약 내가 이혼하고 캄보디아로 떠나면 엄마 얼굴을 큰아이가
다시 못 보잖아요. 그때 저한테 눈물이 나왔어요.

　　[+] 한국염, 『우리 모두는 이방인이다』, 75, 76쪽 참조.

돈 벌어 아기 데려올 거예요
캄보디아 여성 알렌

"엄마 안 가. 엄마는 한국 있어." 그때 내가 마음이 아파서……. 큰아이가 불쌍한데 전남편이랑 살면 행복할 일이 없어요. 계속 싸우고 엄마가 나중에 무슨 일 있으면 안 되니까. "엄마 너 사랑하잖아. 엄마 너 사랑해. 엄마 너 같이 안 살아도 너 사랑하잖아……. 엄마 미안해, 같이 못 살아서……." 진짜요.

그녀의 목소리가 떨렸다. 이제 큰아이는 열다섯 살이 되었다. 몇 년 사이에 초등학생이었던 아이가 중학생이 되었다. 알렌과 한 달에 두 번씩 얼굴을 본다. 그녀가 아기를 안고 일어섰다. 화장대 거울에 큰아이의 어릴 때 사진 두 장이 나란히 붙어 있었다. 큰아이의 사진을 가리키며 알렌은 아기에게 말했다.

형아야, 형아. 형아 보고 싶어?

아직 아기는 엄마의 말을 알아듣기에는 너무 어렸다. 그럼에도 아기가 거울을 보고 생긋 웃었다.

닮았지요?

알렌은 사진을 가리키며 내게 물었다. 통통한 뺨이며 웃는 눈매. 알렌의 품에 안긴 아기와 정말 쏙 빼닮은 어린아이의 사진이 거울 앞에 붙어 있었다. 알렌은 아기 이름의 첫 글자를 큰아이 이름의 첫 글자와 같은 돌림자로 지었다. 아기 이름도 한국 이름이다. 큰아이와 작은아이의 이름을 알렌은 입술을 달싹이며 가만히 부른다. 이름들을 자꾸 부르며 알렌은 아기를 안고 빛바랜 사진 앞에 우뚝 서있다.

이곳이 어디건, 아버지들이 누구건 상관없다. 여전히 그녀의 아이들이다. 아버지가 한국인이어서 그 아이가 한국인이라 해도, 아이를 낳은 그녀가 여전히 한국인이 아니라고 해도 그렇다. 그녀가 여전히 외국인으로 여겨지고 새로 낳은 아이도 외국인으로 여겨져도 그렇다.

거울 앞에 선 그녀에겐 두 아이가 있다. 한 아이는 한국인이고, 한 아이는 캄보디아인이다. 두 아이가 그녀를 엄마라고 부른다. 한 아이는 엄마가 한국을 떠날까 걱정했다. 한 아이는 엄마와 떨어져 캄보디아로 가야 한다. 이 모든 일이 왜 일어나야 하는지 그녀는 이해할 수 없다. 그녀가 아는 유일한 사실은, 두 아이 모두 자신의 아이라는 것, 아이들에 대한 사랑은 그 누구도 빼앗아 갈 수 없다는 것이다.

현실은 그렇지 않았다. 알렌에게는 모두 이어진 자기 삶의 이야기이지만, 이 나라에서는 가족조차 국적에 따라 조각조각 분리되어 있기 때문이다. 말하자면, 한국인인 아이, 한국인이 되고 싶은 엄마, 아직 한국인이 될 수 없는 엄마와 아기로 나뉜다.

저 때문이에요.

알렌이 낮은 목소리로 말했다.

큰아이가 외할머니가 캄보디아에서 한국에 오면 좋대요. 제가 그랬어요. "엄마가 한국 국적 없기 때문에 외할머니를 초청해도 3개월밖에 못 있어." "왜? 왜? 엄마? 왜 연장 못 해?" "엄마 국적이 없으니까…… 네 동생도 한국인이 아니잖아. 국적도 없고. 다 영주권자이기 때문에." 그 말 듣고 큰아이 마음이 아팠대요.

알렌의 목소리가 떨리고 울음기가 새어 나온다. 거울 앞에서 아기가 거울 속의 엄마를 보고 방긋 웃는다. 아기가 웃는데, 사진 속 큰아이의 모습은 아기의 미래 같기도, 과거 같아 보이기도 한다. 나는 거울 앞에서 그렇게 가족이 모여 있는 사진을 찍어 주었다.

거울 속 알렌은 아직 품에 있는 아기를 보며 웃고 아기는 자기를 든든히 안아 주고 있는 엄마를 보며 웃는다. 사진 속 아이는 그 앞에 서있었을 젊은 알렌을 보며 웃고 이제 또다시 나이 든 알렌 앞에서 변치 않은 웃음을 짓고 있었다. 모두가 이어진 한순간이 아주 잠시, 이 자리에서 빛나고 있었다.

평범한, 그러나 평범하지 않은

아기가 품 안에서 새근새근 잠든 사이, 그녀의 이야기를 좀 더 들어 보았다. 한국인 남편과 이혼하고 그녀가 생존하기 위해 시작한 일은 사출 일이었다.

(경기도) 부천 도당동에 있는 공장이었어요. 사출 일이 좀 힘들어요. 40명 정도 일하는 곳인데 주간 20명, 야간 20명, 이렇게 주간과 야간 일이 교대로 있었어요. 하루에 열두 시간씩 일했죠. 2주일은 주간 일을 하고 2주일은 야간 일을 해요. 한 달에 두 번씩 번갈아 가면서요. 사출은 주간 일과 야간 일을 같이 하기 때문에 여자가 일하면 좀 고생해요. 주간 일은 아침 8시 반부터 저녁 8시 반까지, 야간 일은 저녁 8시 반부터 아침 8시 반까지였어요. 그렇게 일하면 300만 원 정도 받아요. 혼자 살면서 월세와 생활비가 많이 들어가니까 돈이 별로 안 남았어요. 사출 일로 핸드폰 케이스도 하고 화장품 케이스도 하고 자동차 부품 일도 많이 해봤어요. 핸드폰 케이스가 제일 힘들었어요. 기계가 높았고 일이 복잡했어요. 점심시간은 한 시간이고, 저녁 시간은 30분을 줬어요. 외국인들은 야간 일을 주로 하면 힘들어도 생활에 도움 되니까 열심히 해요. 한국 사람은 주간 일만 하고 야간 일은 안 했어요.

혼자 일을 할 무렵, 그녀는 지금의 남편이 된 캄보디아 이주노동자를 만났다. 이주노동자들은 이주자들끼리 네트워크를 형성했다. 그를 페이스북을 통해 만나 알았고, 같이 살면서 결혼하게 되었다. 캄보디아에서 결혼식을 하고 혼인신고를 했다. 벽에 걸린 작은 액자 속에 황금색 옷을 입고 전통 혼례를 치르는 부부의 사진이 있었다. 남편은 아이를 몹시 가지고 싶어 했다.

제가 배 속에 아기가 임신되었는데 야간 일을 많이 하느라 몸이 힘들어서 한 번 유산했어요. 아이 아빠를 만나 사귀었는데 유산된 거죠. 나 마음이 너무 아팠어요. 나 나이 너무 먹었나 봐요. 동네 동생들이 "일이 힘들어서 그래. 야간 일까지 하며 무거운 거 들고 왔다 갔다 해야 하니까 그런 거야." 하면서 걱정했어요. 이제 아기 못 낳으면 어떡하나 싶었어요. 그래서 다시 임신했을 때 일을 그만둔 거예요. 정직원이었다면 휴가도 받을 수 있는데 저는 아르바이트 노동자이고 아웃소싱으로 일하니까 못 받았어요. 일을 쉬고 계속 집에 있었어요. 한약도 챙겨 먹었어요. 남편이 아기 하나는 낳아야 한다고 해서 다시 임신을 한 거죠.

아기를 캄보디아에 보내는 결정에 대해 아직 남편은 망설였다. 아기를 예뻐하니 보내고 싶지 않은 마음도 있다고 했다. 눈에 보이지 않는 자리에서 자랄 자식이 걱정도 될 것이다. 하지만 알렌은 남편 혼자 벌어서는 생활하기 어렵다고 판단했다. 생활비와 방세, 가스 요금이며 보험료 따위를 내면 아무것도 남지 않았다.

한 사람 건 생활비로 다 쓰더라도 한 사람 몫은 더 벌어야 돼요. 그러니까 같이 벌어야 해요.

이것이 알렌의 결론이었다. 남편처럼 일하고 같이 벌려면 야근도 해야 하고 출산 전처럼 강도 높은 노동을 해내야 한다. 누가 아이를 봐주지 않으면 육아는 부부가 감당하기 어려운 일이 된다. 어렵게 찾은 사랑과 가족을 지키기 위해 알렌은 애쓴다. 자신이 선택하고 만든 인생을 지키기 위해 노력한다.

사랑해서 결혼한 거예요. 사랑하지 않으면 조금 잘못해도 이해 못 하고 계속 싸우죠. 지금 남편과도 가끔 싸우죠. 같이 살면 좀 싸우죠. 그래도 괜찮아요. 왜냐하면 우리가 사랑하니까.

다시 돌아온 초기 육아의 시간은 마흔이 다 된 알렌에게 고되었다. 회사를 다니다가 집에만 있으니 갑갑하고 스트레스를 받았다고도 했다. 첫아이를 낳고 기른 지 오래되어 육아의 모든 걸 새로 시작하는 기분이 들었다. 돈을 벌 수 없다는 생각에 초조해지고 아기를 보기가 힘들 때도 있었다. 힘들 때는 친정어머니 생각이 더 났다.

온 가족이 코로나19 감염병에 걸렸을 때는 "죽을 것처럼 몸이 힘들었다."고 했다. 아기는 아프다고 일주일 동안 밤낮으로 보챘고, 알렌은 자기도 병을 앓으면서 아기를 돌봐야 했다. 종일 안고 있으니 어깨가 뻐근하고 온몸이 쑤셨다. 알렌은 이제 못 낳겠다고 내게 농담을 했다. 딸을 낳고 싶었는데 더는 안 되겠다는 소리도 했다. 나는 농담에 맞장구치며 웃어 주었다.

알렌은 집에서 쉴 새 없이 일할 것이다. 부엌 싱크대 주변이 잘 정리되어 있고 욕실에는 아기용 물비누와 생활용품이 나란히 줄지어 있다. 구석에 놓인 통에 빨랫감이 한데 쌓여 있었다. 일상을 지키기 위해 애쓰는 그들의 끊임없는 노동이 이 작은 집에 스며 있었다. 오토바이가 달려가며 내는 급작스러운 소리, 과일 트럭에서 나는 커다란 호객 소리, 하늘을 가로지르며 떠나는 비행기가 남긴 날카로운 소리가 방 안을 급습하듯 다가왔다가 이내 멀어졌다.

아기의 나라는 어디일까

아기는 다리에 힘을 주어 기운차게 뻗었다. 건강하게 자라라고 엄마가 고향의 전통 풍습대로 묶어 준 붉은 실띠를 손목에 찬 아기. 한국말도 캄보디아 말도 될 수 있는 옹알이를 하고 엄마의 품에 안긴 아기. 모든 나라의 말에 귀를 열고 있는, 국경을 오가는 아기.

캄보디아에 보내면 한국말이 안 될 수 있잖아요. 우리와 같이 있으면 집에서 캄보디아 말도 되고 밖에 나가 한국말도 될 텐데. 주위에서 한국말을 하게 하려면 캄보디아에 보내지 말라고 해요. 아는 언니들이 그러는데 아이가 캄보디아에서 태어나 몇 년 후에 한국에 오면 한국말을 못 한대요. 어린이집에 가면 말도 못 하고 친구와 같이 못 논다고 해요. 한국 사람은 캄보디아 말을 모르고 아이는 한국말을 몰라서 힘들게 된대요. 제 생각은 오래 보낼 수 없으니 1년 반 정도 보내고 세 살 때 다시 한국 오면 괜찮지 않을까요?

아기가 입을 열 때 흘러나오는 말이 자신의 모국어일까 봐 엄마는 염려한다. 자신이 이 땅에 닿으려고 애쓴 것보다

수월하게 살아 주기를 바라면서 엄마는 아기에게 한국어로 말을 건다. 15년 동안 살면서 청춘을 쏟았고 사랑하고 일하고 낳고 길러 냈지만 이곳의 일원이 되지는 못했다. 이웃을 사귀고 돈을 벌고 쓰면서 생활을 함께했지만 정식 국민이 되기 위한 시험의 문턱은 그녀에게 높았다.

제가 문제예요. 제가 국적이 있었으면 이렇게 힘들지 않았을 거예요. 지금은 아기 때문에 걱정하는 거예요. 아기를 캄보디아에 보내면 마음도 아프고 어떡해……. 하지만 엄마가 1, 2년만이라도 돈을 더 벌어야 하니까. 돈이 있어야 아이와 같이 살아요. 사실은 가족이 모두 행복하게 살면 좋겠어요. 저는 나중에 큰아이도 같이 살고 싶은데 말 못 하는 거예요.

나는 그녀에게 바라는 점을 물었다. 그녀는 '꿈'이라는 말을 듣고 이렇게 대답했다.

작년에 친했던 친구가 죽었어요. 젊었는데 화장실에서 넘어졌는데 뇌출혈로 죽었어요. 평소에 몸이 아팠는데 병원에 못 갔어요. 옛날에 저랑 같이 살았어요. 그 친구는 스트레스 받으면 "머리 아파. 나 머리 너무 아프다." 계속 그랬죠. 아픈데 말도 못 하고 혼자 잘 걷지도 못하다가 넘어져 죽은 거예요. 불쌍했어요. 장례식장에 사람이 없어서 쓸쓸해서 눈물이 났어요. 여기서 죽으면 안 된다는 생각이 들었어요. 나중에 나이 먹으면 캄보디아에 가고 싶어요. 우리나라에 가서 죽어야 해요. 외로워서…….

알렌은 망설인다. 한국에 살러 왔지만 나중에는 캄보디아에 돌아가고 싶다. 그래야 외롭지 않을 것 같다. 하지만 그렇게 될 수 있을까? 그건 아무도 모른다. 아이에게 한국이 고향이 되면 캄보디아는 아이에게 타향이 된다. 그녀는 아이를 이 땅에 꼭 심어 주고 싶지만 계속 거부당해 온 자신의 뿌리까지 그렇게 할 수는 없을 것 같다고 생각하는지도 모른다.

나중에 아기는 다 커서 한국에 살면 되잖아요. 한국에 살면 한국말도 잘하겠지요. 하지만 나중에 "엄마, 나랑 같이 한국에서 살자." 하면 그럼 같이 살아야겠죠? 큰아이도 한국 사는 게 나아요. 아빠도 한국 사람이니까. 나중에 아빠가 나이 들고 아프거나 힘들어지거나 혹시 없게 되면 우리 큰아이가 저랑 같이 살 수도 있겠지요. 지금은 아무것도 생각 못 해요. 열심히 일하고 행복하게 살면 돼요. 앞날은 우리도 모르잖아요.

아이들과 한 약속이 있다. 아이들에게 해주고 싶은 약속이 있다. 아이들이 할지 모르는 미래의 약속이 있다. 나는 생각해 본다. 이 아기와 알렌이 떨어져 살지 않으려면 무엇이 더 필요할까? 조건 없이 보육료를 지원받을 수 있었다면, 장시간의 노동시간이 줄어들 수 있었다면, 돌봄에 대한 대가를 인정받을 수 있었다면, 영주권이 아니라 국적을 가질 수 있었다면, 캄보디아에서 어머니를 마음 놓고 초청할 수 있었다면 그것이 가능했을지 모른다. '네'라는 순순한 대답에 둘러싸여 떠나야 했던 자리들에 어떤 '아니요'들이 버티고 있었더라면 어쩌면 다른 선택의 길도 있었을지 모른다.

아기를 캄보디아에 보내면 사출 일을 다시 할 거예요. 몸이 힘들어도 1년 반 정도 주간 일 야간 일 할 거예요. 아기 없을 때 열심히 돈 벌어 놓아야 되니까. 사실은 마음이 아파요…….

아기는 품에 안겨 잠시도 떨어지지 않으려 했다. 알렌은 식사할 때 아기를 안고 한 손으로 밥을 먹고 화장실에 갈 때도 안고 들어가야 한다고 했다. 설거지를 잠깐 할 동안 아기를 혼자 방에 두었는데 그사이 아기가 침대에서 떨어져 다친 적도 있었다. 찢어진 뺨을 다섯 바늘이나 꿰맬 때도 알렌이 안고 있었다. 그 말을 듣고 그런 생각을 했다. 처음 캄보디아에 가면 아기는 엄마를 찾겠다. 엄마를 찾다가 울겠다. 모르는 사람들 속에서 엄마 목소리를 찾아 두리번거리겠다. 지금 아기는 체크무늬 옷자락을 주먹으로 꼭 붙들고 올려다본다.

엄마 얼굴 보이지? 아직 엄마 보이지?

알렌은 아기를 어를 때 그렇게 말했다. 엄마가 여기 있다, 아직 여기 있다. 네 앞에 엄마가 지금 있다. 네가 있는 곳에, 이 한국에 아직 엄마가 같이 있어서, 너를 보고 있다. 알렌은 반지하 방에서 혼자 큰아이를 내려다보던 그때도 그렇게 말했을 것이다. 지금도 그 말을 약속처럼 다시 건네며 힘줄이 불거진 거친 손으로 아기의 온몸을 떠받치고 있었다.

역사 시간에 해외 체류 동포 이야기를 모아서 발표했어요

고려인 4세 열여덟 한나

오시은

어린이·청소년책 작가. 월간『어린이와 문학』편집주간을 역임했다. 저서로『천삼이의 환생 작전』,『우리 집 화장실에 고양이가 살아요』,『안녕, 나의 우주』,『고리의 비밀』,『내가 너에게』,『동수야, 어디 가니?』,『훈이 석이』,『귀신새 우는 밤』,『나의 슈퍼걸』(공저) 등이 있다.

고려인은 러시아와 중앙아시아에 사는 재외 동포를 일컫는 말이다. 오래전 연해주에서 살게 된 조선인들은 그곳이 옛 고구려 영토였던 것을 기억하며 스스로를 고려인이라 불렀다. 연해주에서 조선인들이 삶의 터전을 일군 것은 1863년 고려인 마을이 생긴 것을 시작으로 1937년 스탈린의 강제 이주 정책 전까지다. 이 시기는 조선이 쇠락하고 일본에 주권을 빼앗긴 때와 일치한다. 이런 까닭에 연해주는 항일운동의 거점 지역이기도 했다.

32개 마을이 생길 정도로 번창한 고려인 사회를 소련은 여러모로 이용했다. 일본과의 전쟁에 고려인을 징집하고, 혁명과 내전에 끌어들였다. 파란만장한 시대를 지나 일본이 연해주에서 철수하고 소비에트 체제가 시작되었지만 고려인에 대한 소련의 입장은 달라졌다. 소련은 고려인들에게 약속했던 정책을 지키는 대신 이들을 강제로 내쫓기로 결정했다.

연해주의 척박한 땅을 땀과 피로 일구며 지켜 왔던 고려인들은 모든 풍요를 소련에 빼앗긴 채 삶의 터전을 떠나야 했다. 창문도 없고 문까지 널빤지로 막아 컴컴한 상자 같던 기차를 타고 한 달 넘도록 달렸다. 어떤 이들은 콩나물시루 같은 기차 칸에서 굶주림과 병으로 죽음을 맞았다. 눈앞에서 가족이 죽는 일을 겪으며 도착한 곳은 카자흐 공화국과 우즈베크 공화국이었다. 지금의 카자흐스탄과 우즈베키스탄이다.

연해주의 블라디보스토크에서 출발한 강제 이주 열차는 바이칼호를 지나고 이르쿠츠크와 노보시비르스크를 지나 카

역사 시간에 해외 체류 동포 이야기를 모아서 발표했어요
고려인 4세 열여덟 한나

자흐 공화국으로 들어갔다. 고려인들이 거쳐 간 6000킬로미터가 넘는 죽음의 길은 현재 블라디보스토크에서 모스크바를 잇는 횡단 열차(9288킬로미터)와 노선이 겹친다. 누군가는 죽기 전에 한 번은 타보고 싶다는 러시아 횡단 열차가 86년 전 고려인들에게는 죽어도 타고 싶지 않았던 열차인 셈이다. 그때 열차에 실려 죽음의 길을 떠났던 고려인의 후손을 만난 건 장맛비가 한창인 여름이었다.

열여덟 한나

한나는 한국에 온 지 4년이 됐다. 할아버지의 아버지가 고려인 강제 이주 때 우즈베크 공화국에 정착했고, 그때부터 한나의 가족은 그곳에서 살았다. 한나가 태어난 곳도 우즈베키스탄의 수도 타슈켄트다. 나이를 묻자 한나는 "만으로 열여덟 살이에요."라며 수줍게 웃는다. 4년 전 중학교 2학년에 편입한 한나는 현재 고등학교 2학년이다. 특성화고 중국어과를 다니고 있는 한나는 공부 얘기에 눈을 반짝였다.

외국어에 관심이 있고, 외국어가 중요하다고 생각해요. 학교에서는 중국어와 영어를 배우고 있어요. 영어는 어느 정도 할수 있고, 중국어는 아직 배우는 중이에요. 한국어, 러시아어, 중국어, 영어를 해서 4개 국어를 해요.

수줍으면서도 당찬 한나의 모습에서 긍정적인 에너지가

느껴졌다. 이주 배경 청소년을 생각할 때 흔히 갖는 편견이 있다. '한국말이 서툴다', '한국어를 못하니 공부를 잘하기 어려울 것이다', '경제적으로 어려운 곳에서 왔으니 가정 형편이 힘들 것이다', '따돌림이나 학교 폭력을 당하기 쉬울 것이다.' 등등. 모두 측은지심으로 위장된 편견들이다.

편견은 편견을 낳는다. 애초에 아무런 편견이 없으면 그로 인한 갈등도 생기지 않는다. 이런 편견들은 각종 통계와 수치, 나쁜 결과물을 바탕으로 당연시된다. 한나에게 이주민을 보는 편견에 대해 어떻게 생각하는지 물었다. 한나는 자기 경험을 꺼내 놓았다.

처음에는 학교에 외국인이 저밖에 없었어요. 함박마을(인천 연수구 소재의 고려인이 많이 거주하는 지역)에 사는 친구들이 다니는 중학교에는 고려인이 많은데, 제가 다니는 학교에는 없었어요. 학교 친구들이 제가 외국인이라고 관심이 많았는데, 의사소통이 되지 않아서 대화를 잘 못했어요. 아이들은 고려인에 대해 몰랐어요. 해외 체류 동포가 뭔지도 모르고요. 그때 '이렇게 모를 수도 있구나.' 생각했어요. 제가 역사 시간에 수행평가로 해외 체류 동포 이야기를 모아서 발표했어요. 아이들이 좋다고 얘기해 줬어요. 그래서 공부를 더 많이 해서 고려인에 대해 알려 줘야겠다고 생각했어요. 지금은 친구들이 고려인에 대해서도 알고, 해외 체류 동포에 대해서도 많이 알아요.

한나의 이야기는 우리가 얼마나 무심한지를 일깨운다. 한국이 다문화 사회로 접어든 것은 이미 오래전이다. 말로는

역사 시간에 해외 체류 동포 이야기를 모아서 발표했어요
고려인 4세 열여덟 한나

'다문화, 다문화' 버릇처럼 말하지만 그게 무엇인지, 어떤 의미로 받아들여야 하는지에 대한 인식은 한참 못 미친다. 제대로 알지 못하니 이해하지 못하고, 이해하지 못하니 잘못된 편견만 굳어지는 악순환이 벌어진다. 그렇게 고착된 편견은 기성세대에서 아이들에게 대물림된다. 편견에 대한 한나의 경험도 여기서 끝은 아니었다.

다문화 학생의 죽음

나쁜 말 하는 애들도 있었어요. "한국에 왜 왔냐? 외국인들이 한국에 와서 안 좋다."는 말 하고 그랬어요. 그런 말 들어서 많이 속상했어요. 그때는 많이 울고 학교에 안 다니겠다고 했어요. 우즈베키스탄으로 돌아가고 싶었어요. 그때 엄마가 그랬어요. 만약 이 일을 지금 해결하지 않으면, 나중에 다른 외국인 아이가 와서 똑같이 겪을 거다. 그러니까 이 일을 지금 해결해야 한다고 했어요. 그래서 아빠가 학교에 가서 선생님하고 상담 여러 번 하고 괜찮아졌어요.

애들이 그러는 거 이해도 됐어요. 나라마다 안 좋은 사람 있고, 좋은 사람도 있다고 생각해요. 학교 폭력이 없는 나라는 없을 거예요. 사람들 생각이 바뀌어야 한다고 생각해요. 2년 전에 러시아 다문화 학생이 괴롭힘당해 옥상 올라가서 자살했어요. 이런 일들이 없으면 좋겠어요. 문화 다양성 같은 거 교육하고, 사회 나가서 사람들이랑 잘 지낼 수 있는 교육이 필요하다고 생각해요.

한나가 기억하고 있는 러시아 다문화 학생의 죽음은 자살이 아니라 추락사였다. 중학생들이 피해 학생을 옥상으로 끌고 올라가 폭행했고, 가해자에게서 벗어나려던 피해자가 균형을 잃고 추락하면서 죽음에 이른 사건이었다. 당시 재판부는 "피해자가 느꼈을 정신적·육체적 고통은 감히 짐작하기조차 어렵다."며 가해 학생들에게 징역형을 선고했다.

이주 배경 청소년이 한국 사회에 적응하고, 우리 사회의 일원으로 살아가는 일은 고단해 보인다. 죽은 아이를 떠올리자 마주 앉은 한나와 수많은 이주 배경 청소년에게 미안한 마음이 들었다. 그러다 한나가 우즈베키스탄에서는 편견이나 차별을 겪은 적이 없는지 궁금했다. 그곳에서 한나는 고려인으로 살았을 텐데, 우즈베키스탄은 고려인을 차별하지 않는지, 다른 민족과 갈등을 겪지 않는지 알고 싶었다.

그에 대해 한나가 들려준 얘기는 또다시 편견의 한계를 생각하게 했다.

우즈베키스탄은 문화 다양성이 넓어요. 한 민족이 아니고 다민족이기 때문에 인종에 대한 편견이나 차별은 없어요. 다른 문화에 관심도 많고요. 할아버지들이 처음 우즈베키스탄에 왔을 때 많이 힘들었대요. 집도 없고 음식도 없고, 기차에서 돌아가신 분도 많고요. 그래서 사람들이 모여서 같이 살 방법을 많이 얘기했대요. 회의도 하고요. 그때 우즈베키스탄 사람들에게 도움을 받아서 같이 살게 됐대요. 우즈베키스탄은 고려인에 대해 같은 나라 사람인데, 전통은 다르다고 생각해요.

역사 시간에 해외 체류 동포 이야기를 모아서 발표했어요
고려인 4세 열여덟 한나

한나가 우즈베키스탄에서도 겪지 않은 편견이나 차별을 할아버지의 나라에 와서 겪었다니 속상했다. 한편으론 이 모든 걸 유창하게 한국어로 말하는 한나가 대견하기도 했다. 낯선 나라에서 그 나라의 언어를 습득하는 것은 생존과 연결되어 있다. 최초의 고려인들이 낯선 땅 연해주에서 그곳의 언어인 러시아어를 익힌 것도 마찬가지다. 언어를 익히는 것은 그 사회로 편입되기 위해 반드시 거쳐야 하는 첫 번째 관문이다. 한나가 한국어를 익히는 과정도 쉽지 않았다.

한국 와서 가장 힘든 게 말이 통하지 않는 거였어요. 우즈베키스탄에서 학교 다닐 때 한국어 공부했는데 그래도 힘들었어요. 처음엔 "안녕하세요."라고 말하고, 한글 조금 읽을 줄 아는 정도였어요. 말이 잘되지 않아서 취미 생활도 할 수 없고, 밤새워 번역기로 공부했어요. 친구들도 번역기로 도와줬고요. 의사소통을 잘하기까지 1, 2년 걸린 거 같아요. 그 정도 지나니까 친구들과 얘기도 하고 수업도 잘 들을 수 있었어요. 친구들은 제가 러시아 말 하는 거 신기해했어요. 중학교 때 친한 친구는 쉬는 시간마다 저한테 러시아어 배웠어요. 친구가 러시아어 배우는 거 좋아했어요. 지금도 친해요.

낯설고 힘든 한국 교육

대한민국의 교육이 대학 입시 교육이라는 것은 너무나 유명하다. 우즈베키스탄과 한국의 교육을 모두 경험하고, 여전히 학생이기도 한 한나는 한국의 교육 시스템을 어떻게 바라보는지 궁금했다.

한국 교육이 좀 심하다고 생각해요. 살면서 행복하게 지내는 게 우선이라고 생각해요. 그런데 한국 친구들 보면 스트레스 많이 받고, 자기 길을 찾기보다 대학(입시)을 위해 더 많이 공부하는 거 같아요. 우즈베키스탄에서는 자기 꿈을 위해 공부하는 거라고 배웠어요. 그런데 한국은 공부만 시켜서 힘들었어요. 한국 교육이 바뀌면 좋겠어요. 학생들이 자유로워지면 좋겠고요. 공부 때문에 스트레스 받고 자살하는 학생도 많아서, 그런 게 바뀌면 좋겠어요. 저도 처음 2, 3년은 엄청 스트레스 받았어요. 그런데 상담도 하고, 진학 얘기도 많이 해서 마음이 조금씩 편안해졌어요.

한국 청소년에게도 버거운 입시 교육이 이주 배경 청소년에게는 얼마나 큰 어려움으로 여겨질지 알 만했다. 소통의 어려움이 있으니 진로나 진학 정보를 얻기도 쉽지 않을 것이다. 이주 배경 청소년에게 현실적으로 어떤 지원들이 필요하다고 생각하는지 한나의 의견을 물었다.

진로 선생님들의 도움을 많이 받으면 좋겠어요. 예전에 그런 걸 혼자 찾을 때는 힘들었어요. 고려인 친구 중에 진학과 진로에 대해 어렵게 생각하는 친구들 많아요. 부모님이 일을 많이 해서 응원해 줄 수 없고, 의사소통이 힘들어서 포기하는 친구도 많아요. 꿈도 있고 똑똑한데 학비가 너무 비싸서 대학 입학

을 포기하는 친구도 있고요. 학교 시스템에서 지원받고 활용
하면 좋은데 그걸 못 하면 힘든 거 같아요. 언제 중간고사 보
는지, 기말고사는 언제 보는지, 수행 평가는 어떻게 하는지,
원서 같은 건 언제 쓰는지 이런 걸 잘 알려 주면 좋겠어요. 그
래서 멘토링 같은 지원이 필요하다고 생각해요.

한국에 온 이유

낯선 생활에 적응하기 위해 이토록 힘겨운 과정을 거쳐
야 하는데, 익숙한 곳을 떠나기로 하는 것은 어떤 마음일지
생각해 봤다. 얼마나 많은 고민 끝에 한국에 오기로 했는지,
그 결정을 내렸을 때 한나의 심정은 어땠는지.

2015년에 엄마랑 저랑 할머니가 한국에 여행을 왔어요. 그때
함박마을에 친척들이 살았어요. 우즈베키스탄으로 돌아가서
엄마랑 얘기 많이 했어요. 한국에 오는 거 2년 정도 계속 생각
했어요. 걱정도 되고, 내 미래가 어떻게 될지 긴장도 되고, 기
대도 됐어요. 아는 친구들한테 한국 생활 어떤지 물어봤어요.
그때 할머니가 많이 응원해 줬어요. 그래서 가보자고 마음먹
었어요.

낯선 곳에서 살기로 했을 때는 걱정도 있지만 기대도 컸
을 거다. 기대만큼 한국 생활이 괜찮은지 묻는 말에 한나는
"한국이 좋다."고 했다. 힘든 일도 있었지만 한국에서의 생

활은 한나를 기대와 열정으로 이끄는 듯했다. 한나는 학교 공부도 하고, 식당에서 알바도 하고, 너머 센터[+]와 지역사회에서 봉사를 하며, 이모의 속옷 가게를 맡아 운영했다. 소셜 미디어 마케팅을 배워서 오프라인과 온라인 매장을 운영하는데, 수익은 이모와 나눈다고 했다. 월급 받는 직원이 아니라 어엿한 운영인이다. 수익을 나눈다는 말에 놀라는 나를 보고 한나가 되레 놀란다. 자기 몫의 수익을 갖는 것이 정당하다고 생각하는 거다. 고려인이 많이 거주하는 인천 연수구의 함박마을에 대해서도 물었다.

인천에는 차이나타운도 있고, 송도국제도시도 있어서 외국인이 많은데, 함박마을에도 외국인이 많고 러시아 음식도 있고, 축제도 하고, 역사적인 것들도 있어요. 그래서 함박마을도 지역 특색을 살려 관광지로 만들 수 있을 거 같아요. 사람들이 다문화를 경험하고 어울릴 수 있는 곳이라고 생각해요.

이쯤 되니 한나의 꿈이 궁금해진다.

대학에 가서 미디어 콘텐츠를 공부하고 싶어요. 홍보 마케팅에 관심이 많아요. 그래서 알바도 거기 맞춰 하고 있어요. 소셜 미디어로 홍보하는 게 재미있어요. 공부를 하고 글로벌 기업에서 브랜드 매니저를 하고 싶어요.

+ 사단법인 너머. http://www.jamir.or.kr

역사 시간에 해외 체류 동포 이야기를 모아서 발표했어요
고려인 4세 열여덟 한나

담임선생님이 하는 말인데, 사람은 못 하는 게 없대요. 원하는 거 있고 목표가 있다면 좋은 결과를 만들 수 있다고, 엄청나게 하고 싶으면 다 할 수 있다고 했어요. 그 말이 좋고 힘이 돼요.

"나는 고려인 4세"

한나는 고려인 4세다. 한국에서도 할아버지 이전의 얘기는 까마득한 옛날 일에 속한다. 3세대를 거슬러 올라가는 가족사를 깊이 이해하는 사람은 많지 않다. 그렇다면 한나는 어떨까? 한나가 고려인에 대해 얼마나 이해하고 있는지 물어봤다.

어렸을 때부터 할머니가 밤마다 할아버지들 얘기 많이 해줬어요. 설날에 만두 만들 때도 얘기하고, 저녁 먹을 때도 얘기해 줬어요. 명절이나 환갑, 결혼식 때 가족들이 모여 어떻게 지내는지, 절은 어떻게 하는지 알려 줬어요. 새해에 어른들한테 절하면 선물 같은 거 주셨어요. 돌아가신 분이 계시면 땅에 묻고 음식 만들어 1년에 다섯 번 정도 무덤에 가서 절을 해요.

할아버지의 아버지는 한국에서 살았대요. 3·1운동 때 할아버지의 아버지한테 여동생이 있었는데 일본인들이 끌고 갔대요. 그래서 아주 못 찾았대요. 그때 여동생이 열다섯 살이었대요. 공부도 열심히 하고 귀여웠대요. 할머니가 그런 거 잊지 않게 계속 얘기해 주셨어요. 지금도 우즈베키스탄에 살고 있지만 전화해서 얘기해 주세요.

우즈베키스탄에서 학교 다닐 때는 역사 시간에 배웠어요. 교장 선생님도 고려인이어서 한국에 대한 것들 배웠어요. 한복도 입고, 김밥 만들기도 하고요. 한국에 와서는 너머 센터에서 배웠어요. 그때도 할머니한테 들은 얘기가 많이 도움이 됐어요.

인터뷰를 마무리하면서 연해주에 처음 정착했던 고려인을 떠올려 본다. 낯선 땅에서 삶을 개척해야 하는 마음이 어떤 것일지, 그 후손인 고려인 3세와 4세가 다시 할아버지의 나라로 돌아와 삶을 개척하기로 한 마음은 어떨지 헤아려 본다. 우리는 그들을 어떻게 품어야 할까?

역사 시간에 해외 체류 동포 이야기를 모아서 발표했어요
고려인 4세 열여덟 한나

아이들은 여기가 고향이에요

고국에서도 투쟁 중인 고려인들

리온소연

결혼이주민들의 사랑방 지구별살롱의 이끔이 문화 기획자이자 고려인 지원
단체 사단법인 너머의 프로젝트 기획자. 서로에 대한 다정함을 잃지 않는
'어른이'로 살기 위해 함께 그림책을 읽고 다국어 영상을 만든다.

중국어 간판이 즐비한 원곡동 다문화거리(경기도 안산시)를 지나면 이내 낯선 키릴문자가 간판에 등장한다. 시화공업단지(시화국가산업단지)에 일하는 고려인 노동자들이 값싼 월세방을 찾아 모여든 마을, 뗏골이다. '당일 임금 지급'이라고 써붙인 인력 사무소를 지나 골목에 들어서니 '무보증금, 월세 20만 원'의 세입자를 찾는 낡은 종이가 눈에 들어온다.

이 골목 끝에 고려인 지원 단체 사단법인 너머가 있다. 너머는 고려인을 위한 한글 야학으로 시작해 안산시 고려인문화센터를 운영하고 있는 국내의 대표적인 재외 동포 지원단체다.

이곳에서 고려인 상담사 권 스베틀라나(36세, 이하 스베따) 씨를 만났다. 2019년 한국에 온 스베따 씨는 카자흐스탄 출신으로 안산시 고려인문화센터의 러시아어 상담사로 일하며 고려인들에게 생기는 각양각색의 사건들을 해결해 주고 있다. 센터에 들어오는 상담의 종류를 묻자 한국어 이야기를 꺼낸다.

고려인들은 대부분 직업소개소나 지인 소개로 일자리를 소개받아요. 한국어를 못하니 어떤 근무 조건인지 모른 채 계약서에 서명을 해요. 사장님을 믿고요. 채용 면접 시 통역사가 있는 곳은 없으니까요. 모든 문제는 한국어에서 시작돼요. 고려인들이 한국어를 못하니 생기는 문제들이죠. 입국 초기의 고려인들은 한국 사람을 믿기 때문에 나쁜 일이 생길 거라 의심을 하지 않거든요.

한인韓人이라는 자부심을 가지고 이국땅에서 모진 세월을 살아왔다. 할아버지의 나라에 오며 희망을 품었다. 그리던 모국에서 환대는 어디에도 없는, 닿을 수 없는 세계였다. 고려인은 그저 한국말 못하는 외국인 노동자였다. 어디에서 일을 시작했건, 어느 부위에서든 삶에 금이 가고 삐걱대기 일쑤였다.

고려인은 왜 한국어를 못하냐는 질문을 많이 받아요. 고려인이 왜 재외 동포냐는 질문도.

고려인의 존재는 우리에게 낯설다. 어떤 이는 조선 시대를 넘어 고려 시대를 떠올릴 만큼 생경하다. 이런 질문을 하는 이를 탓할 수는 없다. 평범한 한국인이 살아오면서 고려인에 대해 듣고 본 적이 없으므로.

유랑 끝내려는 몸부림은 맘 버림으로

인천시가 발간한 연수구 체류 고려인 연구 보고서를 보면 고려인들의 체류 상황을 알 수 있다. 연수구 체류 고려인 인구 7000명 중 20, 30대가 3000여 명, 아동·청소년이 1200여 명이다. 미취학, 취학 아동들을 키우는 젊은 고려인 가족들이 많이 살고 있다는 뜻이다.

고려인 가족의 한 달 평균 수입은 199만 원, 최저임금 수준이다. 이 가족들은 보증금 268만 원, 월세 46만 원에 51.6제곱미터 빌라에 살고 있다. 그래서일까, 고려인 마을 부동산에는 무보증 월세 공고가 자주 눈에 띈다. 재외 동포지만 어린이집 보육비가 지원되지 않는다. 아이를 어린이집에 보내려면 한 명당 매달 50만 원을 내야 한다. 빠듯한 외벌이 월급에 부담이 되어 어린이집을 보내지 못한다. 엄마들이 육아를 담당한다. 고려인 아빠는 주로 공장에서 또는 건설 노동자로 일한다. 고용보험, 산재보험에 미가입된 일용직·임시근로자로 일하는 경우가 많다.

한국어를 못하니 좋은 일을 구하기가 어려워요. 공장에서 단순한 일이나 일용직, 아르바이트를 하죠. 아침마다 직업소개소에 모여 차를 타고 가기도 해요.

너머에는 고려인들의 다급한 상담 요청이 자주 들어온다. 임금 체불, 퇴직금 체불 상담 건은 스테디셀러로 비수기가 따로 없다.

사장이 고려인들에게 퇴직금을 안 주려고 6개월마다 회사 이름을 바꾼 곳이 있어요. 같은 공장에서 1년 5개월을 일했는데 퇴직금을 줄 수가 없대요.

최 알렉세이(가명) 씨는 2019년 12월 5일부터 2021년 5월 6일까지 한 인력 사무소를 통해 공장에서 일을 했다. 퇴직금을 받을 수 없었다. 너머에 상담을 요청해 고용노동부에 진정서를 작성했다.

하지만 최 알렉세이 씨는 퇴직금 소송을 포기했다. 당장 일을 해야 먹고사는 처지에 소송할 만한 여력이 없었다. 고려인은 대부분 한국어를 못하는 생계형 노동자이다. 이런 노동 상담 사례는 이곳에서는 흔하디흔한 일이다.

고등학생인데 건강보험비를 15만 원이나 매달 따로 내야 한대요. 우즈베키스탄이나 카자흐스탄은 대사관에서 가족관계증명서를 발급받을 수 있어요. 러시아, 우크라이나는 가족관계증명서라는 것이 없어요. 혼인 증명서와 출생신고서 등의 서류를 아포스티유 번역 공증 해야 해요. 가족이라는 것을 증명해야 하는데 서류를 준비하기가 쉽지 않아요.

아포스티유란 외국에서 발행한 문서를 인정받기 위해 협약에 따라 문서의 서명 등을 대조해 진위를 확인하고 발급하는 것을 말한다.

국민건강보험 제도가 바뀌면서 고려인들의 어려움도 커졌다. 외국 국적자는 국내 입국 후 6개월이 지나면 자동 가입, 무조건 가입으로 바뀌었기 때문이다.

같은 주소지에 거주하더라도 성인이 되면 건강보험료를 따로 내야 한다. 중도 입국 고려인 청소년의 경우 원래보다 한두 해 늦게 학교를 다니는 경우가 많다. 실제 나이는 만 19세 이상이지만 고등학교에 재학 중인 경우다. 아직 학생 신분이기에 일을 할 수 없지만, 매월 15만 원의 건강보험 고지서

가 어김없이 날아온다.

　가족 중 직장 가입자가 없을 경우에는 문제가 커진다. 모시는 부모님을 세대 합가 할 수 없다. 실제 같은 주소에 살고 있는 할머니, 부모, 자녀가 각각 건강보험을 내야 한다. 가족의 건강보험비가 매달 월세만큼 빠져나간다. 경제적으로 부담이 크다. '세대 합가'와 '피부양자'라는 한국어도 어렵지만 등록은 더 힘들다. 내국인처럼 쉬운 일이 아니다. 서류를 받아 공증을 위해 여기저기 다니며 시간과 돈을 쓰다 보면 건강보험에 가입하기도 전에 진이 빠진다.

　고려인들은 체류지가 불안정하다. 비자 문제로 재입국해야 할 때도 있다. 일용직으로 일을 많이 하는 고려인들의 특성상 일자리를 자주 옮겨 다닌다. 그때마다 피부양자 등록, 세대 합가를 해야 하다 보니 누락되는 경우가 많다. 이때마다 건강보험이 발목을 잡는다.

"아이들은 여기가 집이에요, 고향이에요"

　인천 연수구 함박마을은 주민 대비 고려인 거주 비율이 전국에서 가장 높다. 주민 1만 2000명 중 7000여 명이 고려인이다. 고려인 가족이 몇 년 사이 급격하게 증가했다. 너머에서는 몇 년 전부터 인천 지부인 너머인천고려인문화원을 운영하며 체류 지원을 하고 있다.

　문화원 사무실 앞에서 만난 채 예카테리나 씨는 13개월 아들이 탄 유아차를 번쩍 들어 2층 계단을 익숙하게 오른다.

곧이어 아이를 데리고 계단을 올라오는 엄마들의 소란스러움과 러시아어 인사말로 사무실이 시끌벅적해졌다. 금요일마다 진행되는 고려인 엄마들의 워크숍이 있는 날이다.

카자흐스탄, 우즈베키스탄, 타지키스탄, 러시아. 출신 국적은 다르지만 모두 6세 미만 아이를 키우는 엄마들이다. 무엇보다도 인천 함박마을에 사는, 러시아어를 쓰는 고려인 3, 4세라는 것이 이들을 강한 연대로 묶고 있었다.

아이들은 한국에서 태어났어요. 여기가 고향이에요. 한국이 집이에요.

'고려인 인천 엄마들 모임' 대표인 채 예카테리나 씨가 한국어로 말을 꺼냈다. 이어 고려인 엄마들의 하소연이 러시아어로 속사포처럼 쏟아졌다. 예카테리나 씨 외에는 한국어를 할 수 있는 이가 없었다.

고려인 아이들이 점점 늘고 있어요. 아이들과 관련된 비자 문제도 해결해야 하지만 어린아이들을 키우는 고려인 엄마들의 가장 큰 문제는 어린이집 원비예요. 정부의 보육비 지원을 받지 못하기 때문에 월 50만 원의 원비를 내야 합니다. 고려인 가족들은 아이가 두 명인 경우가 많아요. 저도 네 살, 두 살 된 두 아들이 있어요. 저처럼 두 명을 보내야 할 경우 매월 100만 원이 필요해요. 이 비용을 지원할 수 있는 가족도 있겠지만 대부분은 어린이집에 보내는 것을 포기하게 돼요. 이 문제가 해결되면 더 많은 고려인 아이들이 한국 사람으로 자랄 거예요.

한국어도 잘하게 되면서 고려인들이 가지고 있는 여러 문제들이 사라질 거예요.

고려인 1세는 1860년 무렵부터 1945년 8월 15일까지 농업 이민, 항일 독립운동 등으로 현재의 러시아 및 구소련 지역(우즈베키스탄·카자흐스탄·우크라이나 등)으로 이주한 세대를 말한다. 조선에서 연해주로 향했던 이들은 1937년 스탈린의 강제 이주 정책에 의해 기차에 실려 중앙아시아에 정착하게 되었다.

중앙아시아 각 나라들이 독립하며 민족주의적인 정책을 펴자 소련 내 소수민족으로 러시아어를 구사했던 고려인들은 설 자리를 잃었다. 국내로 일자리를 찾아 들어오는 고려인들의 숫자가 급격하게 늘어난 것은 2007년 즈음부터다.

안산에서 만난 카자흐스탄 국적의 스베따와 인천에서 만난 우즈베키스탄 국적의 예카테리나는 출신 국적이 다르고 서로 만난 적도 없다. 하지만 이 둘은 고려인 4세로서 동일한 정체성을 가지고 있다. 몇 세대에 걸쳐 선조들이 유랑했던 세월은 이 둘을 필연처럼 모국인 한국 땅으로 이끌었다. 이 가족들의 유랑은 이제 끝날 수 있을까?

"어디에도 속하지 못해요"

방과 후에 갈 곳이 없는 아이들이 많아요. (부모가) 맞벌이일 경우 집에서 혼자 게임만 하거나 길거리에서 놀아요. 나쁜 목적을 가지고 접근하는 사람들도 있어요. 방과 후 센터가 있으면 좋겠어요.

러시아 학교를 다니다가 한국 학교로 편입하는 절차가 복잡해요. 서류를 준비하다가 시기를 놓치는 경우도 있어요. 한국에 입국할 때 서류를 챙겨 오지 않으면 다시 출국해서 서류를 가지고 와야 해요.

아이가 한국어를 못하니 한국 학교에 보내야 할지, 러시아어 학교에 보내야 할지 고민이 돼요.

고려인 청소년들이 러시아어를 잘할 거라는 사람들의 기대와 달리 한국에서 자란 청소년 중에는 러시아어가 유창하지 않은 경우도 있다. 고려인인데 고려인끼리 러시아어로 이야기할 때 끼지 못하는 일도 벌어진다. 러시아어도, 한국어도 잘하지 못해 어느 쪽에도 섞이지 못하는 이들이다.

고려인 아이들이 돌봄과 교육을 온전히 누리지 못해 생기는 환경적인 문제들이 있다. 부모들에게는 하루하루의 일이 생존이다. 밥 먹듯 야근하는 그들을 보면 아이의 한국어와 학습을 챙기라는 말을 꺼내려다 다시 삼키는 일이 허다하다.

인천에서 만난 고려인 청소년들의 경우 필요한 진학 정보를 얻지 못하는 경우가 많았다. 선생님들의 관심이 이들에게는 미치지 못해서일까. 어차피 대학은 못 간다고 생각해서일까. 아니면 부모님이 한국어에 서투르기 때문일까.

고려인은 가족 단위로 이주하는 경우가 많아요. 대부분 한국에서 아이들이 대학을 가거나 그 이후까지 정착해 살 수 있기를 바라죠. 우즈베키스탄으로 돌아가면 아이들에게 미래가 없어요. 한국에 계속 체류하고 싶어요.

예카테리나 씨의 소원은 한국에서 태어나 자라는 고려인 아이들이 한국 국적을 받는 것이다. 이 나라 저 나라 떠돌아다니지 않고 한국에서 안전하게 자라는 것이다. 2022년 1월 3일부터 국내 거주 재외 동포의 초·중·고 재학 자녀에게 재외동포(F-4) 비자 자격이 부여되었다.

불과 몇 년 전만 해도 한국에서 자란 고려인 자녀들은 성인이 되면 비자 문제로 가족을 떠나야 했다. 혼자 중앙아시아, 러시아로 돌아가 살았다. 사단법인 너머를 중심으로 비자 제도 개선 운동을 펼쳐 고려인 4세 이상도 가족과 함께 국내에 체류할 수 있게 되었다.

2022년부터는 아이들이 불안정했던 방문동거(F-1) 동반 비자에서 F-4 비자로 바뀌었다. 단순한 숫자의 바뀜이 아니다. 비자로 존재를 증명받는 고려인 아이들에게는 삶의 생태계가 달라지는 법률 개정이다.

우즈베키스탄에서는 우리를 외국인이라 해요. 한국에 오니 여기서도 외국인이라고 해요. 우리는 고려 사람, 한인이에요. 고려인들은 설, 한식, 추석 명절을 중요하게 보내요. 돌잔치도 하고 환갑잔치도 하죠. 한국인들이 고려인들을 동포로 대해주면 좋겠어요. 외국인이 아닌 같은 한인 동포요. 요즘 한국의 출산율이 낮아서 문제잖아요. 한국에서 태어나 살고 있는 고려인 아이들을 한국인으로 바라보았으면 좋겠어요.

움트는 희망

한국인들이 안중근 의사를 알지만, 의사의 독립운동 활동을 지원하고 도운 최재형 선생에 대해서는 몰라요.

최재형 장학회 10주년 사업회에서 만난 문영숙 작가는 최재형이라는 단어에 힘을 주어 말했다.

안중근 의사가 이토 히로부미를 저격했을 때 그 총을 주고 연습장까지 마련해 준 사람이 바로 최재형 선생입니다. 하얼빈 의거 후 안중근 의사 가족의 안전을 위해 가족을 연해주로 모셔 와 돌보기도 했어요. 고려인 독립운동가의 대부인 최재형 선생과 고려인 독립운동가들을 우리는 기억해야 합니다.

고려인 독립운동가들의 존재는 잊혔다. 수증기처럼 손에 잡히지 않는다. 어디서 들어 본 듯한데 알지 못하는 이들, 고려인은 그런 멀고 먼 존재다. 한 번도 주인공이 되어 보지 못한, 아무도 기억하지 못하는 문장과 문장 사이에 찍힌 마침표 같은 존재. 그들의 비극적인 디아스포라는 깊고도 짙어 누구도 섣불리 발을 디디려고 하지 않는다.

고려인들에게 삶은 언제나 투쟁의 연속이었다. 주린 배

를 움켜쥐고 두만강을 건너 황무지를 개척하던 농사꾼일 때도, 일제에 항거해 독립운동을 하며 연해주를 누빌 때도, 40일 동안 시베리아 벌판을 달리던 강제 이주 열차에 있을 때도, 살아야 했고 살아남아야 했다.

토굴을 파고 겨울을 난 혹독한 1937년의 겨울에도 이들은 살아남아 이듬해 봄, 씨앗을 뿌렸다. 그 씨앗은 황무지를 대농장으로 만드는 기적을 일구었다. 반기는 이 없는 곳에서 정착해 살아야 했던 이들이 고국에 돌아와 저마다 삶의 씨앗을 뿌리고 있다. 이듬해 봄에는 어떤 싹이 움트고 있을까.

일요일 공부하고 싶다

베트남 유학생 짠반캄

김선향

2005년『실천문학』신인상으로 등단했고 시집으로『여자의 정면』과『F등급 영화』가 있다. 오랫동안 결혼이주 여성에게 한국어를 가르쳤고 현재 국제법률경영대학원대학교에서 한국어를 가르치고 있다. 사월 동인으로 활동 중이다.

탄원서를 쓰는 밤

경기도 소재 제조업 공장에 불법 취업 한 베트남 국적의 외국인 유학생 46명이 법무부 수원출입국·외국인청에 적발되었다는 뉴스를 본다. 가슴이 철렁 내려앉는다. 저 학생들 중에 우리 학교 학생이 있지는 않을까.

자연스레 짠반캄 씨(24세)가 떠오른다. 그는 2021년 3월부터 필자가 근무하는 국제법률경영대학원대학교TLBU 석사과정 국제학과(한국어와 문화 전공)에 입학해 수학 중인 베트남 유학생이다.

짠반캄 씨는 2021년 12월 강릉의 건설 현장에서 일하던 중 법무부 춘천출입국·외국인사무소의 불법 취업 단속에 적발되었다. 일자리를 노린 누군가가 일부러 단속반원들에게 신고한 것 같다고 했다. 그 당시 짠반캄 씨는 몹시 무서웠다. 한국어를 잘 몰라도 그게 욕설인지는 본능적으로 다 안다. 단속반원들은 욕설을 했고 무차별적으로 수갑을 들이댔다. 이대로 한국에서 쫓겨나는 건 아닐까. 제발 한국에서 살 수 있기를 간절히 기도했다. 출입국에 있는 동안 그는 학교와 베트남 지인들에게 도움을 요청하려고 했다. 그가 보낸 메시지였다.

그렇지만 어떤 방법이 있는지 알 수 없었다. 다행히 기다림의 피곤한 하루를 보낸 후 학교 선생님이 와서 저를 구출해요.

일요일 공부하고 싶다
베트남 유학생 짠반캄

아직 한국어가 서툴지만 기본적인 의사소통은 가능했다. 종일 아무것도 먹지 못했기 때문에 그와 동료들은 나오자마자 식당으로 달려가 허겁지겁 밥을 먹었다. 그제야 살 것 같았다.

그날 짠반캄 씨와 함께 적발된 인원은 전부 열 명. 뜻밖에도 짠반캄 씨의 학교 출석률과 성적은 양호했다. 학교에서도 팔짱만 끼고 있을 수만은 없었다. "존경하는 심의관님께"로 시작하는, 짠반캄 씨의 선처를 호소하는 탄원서를 써서 보냈다. 자신의 잘못을 뉘우치고 학업을 이어 갈 의지가 강해 강제 출국만은 피할 수 있도록 부탁한 것이다. 또한 다시는 이런 불미스러운 일이 발생하지 않도록 학교에서도 유학생 관리를 철저하게 하겠다고 약속했다. 다행스럽게도 우리 학교는 현재 인증대학을 유지하고 있다(유학생 관리가 특히 우수하다고 지정한 '우수 인증대학'이었는데, 2021년 한 단계 아래인 '인증대학'으로 지정받았다). 그래서였을까. 짠반캄 씨는 범칙금을 납부하는 선에서 마무리되었다. 짠반캄 씨처럼 체포된 사람들 모두가 운이 좋았던 건 아니다. 그중 절반만 한국에 남았다. 다섯 명은 베트남으로 추방되었고, 한국에서의 꿈은 거기서 끝났다. 감당하기 어려운 빚만 고스란히 남았다.

추락한 뒤에도 단속은 지속된다

불법 취업 한 외국인 유학생을 적발했다는 뉴스를 볼 때마다 가슴이 철렁 내려앉는 이유는 따로 있다. 우리 학교 학생들이 염려되는 건 물론이고 미얀마 출신의 노동자 딴저테이 씨(26세)의 안타까운 죽음 때문이다. 건설 현장에서 자행되는 토끼몰이식 단속은 사고로 이어지기 십상이다.

2018년 8월 22일 경기도 김포의 건설 현장에서 일하던 딴저테이 씨가 점심 식사를 하러 간 컨테이너에, 출입국 단속반이 들이닥쳤다. 미등록 상태였던 그는 창문을 통해 달아나려다가 8미터 아래 공사 현장으로 추락했다. 딴저테이 씨는 뇌사에 빠졌고 한국에 입국해 아들을 돌보던 그의 아버지는 결국 장기 기증을 선택했다. 미얀마 공동체와 여러 단체가 모여 딴저테이 씨의 죽음에 대한 진실을 밝히기 위해 '살인단속 규탄 및 미얀마 노동자 딴저테이 씨 사망사건 대책위원회'를 꾸렸다. 그들은 책임자 처벌과 함께 단속 추방 중단을 요구했다.

그 컨테이너 식당에는 창문 세 개가 나있었고, 창문 바로 앞에는 지하 8미터의 공사 현장이 있었다. 누가 봐도 예측할 수 있었다. 갑작스러운 단속을 맞닥뜨리면 창문을 통해 도주하리라는 걸. 그럼에도 단속반은 우발적 사고에 대한 아무런 조치도 없었다. 국가인권위원회 직권 결정문을 보면 단속을 시작한 지 3분 만에 딴저테이 씨가 추락했고 단속반원 전체에게 그 사실이 공유되었으나 119에 신고만 했을 뿐 어떤 구호 조치도 하지 않았다. 심지어 추락한 뒤에도 단속을 이어 가 총 33명의 '불법체류자'를 단속했다. 국가인권위원회는 인명사고 위험 예상 시 단속을 중지하는 등의 재발 방지 대책을 마련하라고 권고했다. 하지만 법무부는 그런 권고를 검토하기로 했지만 범법자 대부분이 도주하는데 단속을 중지하라는 건 현실적으로 어렵다는 입장이다.

〈출입국사범 단속과정의 적법절차 및 인권보호 준칙〉 제5조를 살펴보면, 단속 시작 전에 미리 관련 정보와 자료를 수집하여 단속계획서를 작성하고, 특히 사전에 현장을 답사하고 안전을 확보할 방안을 마련해야 한다고 명시되어 있다. 이 절차만 지켰어도 생때같은 청년 이주노동자의 죽음은 면할수 있었을 것이다.

'불법체류자'라는 낙인

2021년 당시 우리 학교는 코로나 사태로 전면 온라인 수업을 실시했다. 등교하지 않아도 되니 짠반캄 씨를 포함한 대다수 학생들이 아르바이트 수준의 시간제 취업 허용 조건을 벗어나는 취업을 하게 됐다. 짠반캄 씨만 단속에 걸렸으니 운이 없다고 해야 하나. 범칙금을 납부하는 선에서 마무리되고 추방당하지 않았으니 운이 좋다고 해야 할까.

짠반캄 씨의 경우 석사과정 유학생이므로 유학(D-2) 비자에 해당된다. D-2 비자 규정을 살펴보면 원칙적으로 아르바이트는 금지되고 사전에 허가받은 경우 아르바이트 수준의 시간제 취업이 허용된다(우리 학교에 재학 중인 학생 가운데 시간제 취업 허가를 받고자 서류를 제출한 학생은 여태까지 한 명뿐이다). 한국어능력시험(토픽TOPIK) 4급이나 사회통합프로그램KIIP 4단계 이수를 하지 않은 경우 아르바이트 허용 시간은 절반이나 줄어 주중 열다섯 시간밖에 되지 않는다. 물론 이 경우도 신청일 기준 직전 학기 평균 성적이 C 학점 이상이어야 한다. 허가받지 않고 취업했거나 허가받았더라도 아르바이트 시간을 초과하면 모두 불법 취업에 해당된다. 그러면 당사자 및 고용주를 〈출입국관리법〉 제18조에 따라 처벌할 수 있다. 1차 적발 시 위반 정도가 경미하다면 통고처분 후 체류 허가로 결정된다. 이 경우 범칙금을 납부해야 하며 그날로부터 1년간 시간제 취업 허가를 제한받는다. 2차 적발부터는 예외 없이 강제 퇴거를 원칙으로 한다. 방법이 없다. 본국으로 돌아가야 하고 이때부터 '불법체류자' 낙인이 찍힌다.

두 배로 일해야 산다

짠반캄 씨는 범칙금으로 200만 원을 납부했다. 한 달 급여가 고스란히 들어간 셈이다. 그의 일당은 12만, 13만 원. 여자들이 7만~9만 원을 받는 것에 비하면 그래도 많은 편이다.

범칙금을 납부한 날로부터 1년간은 시간제 취업 허가 제한을 받는다. 그렇지만 일을 안 할 수는 없다. 당장 생활비에, 베트남 가족들에게 송금할 돈에, 친구 집에 신세 지고 있으니 얼마라도 월세를 부담해야 한다. 다음 학기 등록금도 기다리고 있다. 이 중 가장 부담스러운 것은 유학 비용 때문에 진 빚이다. 한국에서 공부하기 위해 그의 가족은 은행에서 거의 1만 1000달러를 빌렸다. 당시 우리 돈으로 1300만 원 정도가 들었다고 한다. 한 학기 등록금과 기숙사비와 유학원 알선 수수료를 포함한 금액이다. 짠반캄 씨는 빚을 갚기 위해 한 달에 100만 원씩 고향에 송금한다.

범칙금을 메우기 위해 짠반캄 씨는 종일 농장에서 일한 뒤 밤 9시부터 베트남 식당에서 주방 보조로 두 시간 더 일한다. 그의 취미는 축구와 요리인데 친구들이 없으니 축구는 할 수가 없고 요즘은 걷기만 한단다. 집에 돌아오면 자정. 잠이 부족해선지 많이 야위었다. 점심은 농장에서 주는데 먹을 만하다고 한다. 농장주의 부인이 베트남 사람이라 의사소통에 문제가 없고 가끔 베트남 요리를 먹을 수도 있다고 한다.

더 나은 삶을 위해 결심한 한국행

짠반캄 씨의 고향은 베트남 꽝빈성이다. 베트남 중부에 있다. 성도는 동허이이며 동쪽 바다에 접하고 하노이에서 남쪽으로 500킬로미터, 다낭과 300킬로미터, 후에와 180킬로미터 떨어져 있다. 꽝빈성은 베트남에서 가장 폭이 좁은 지역으로 라오스 국경에서 동쪽 바다까지 동서 50킬로미터에 불과하다.

그곳엔 할머니와 부모님이 살고 있다. 할머니는 79세, 부모님은 47세로 동갑이다. 짠반캄 씨는 어려운 가정환경에서 자랐다. 아버지는 농사를 짓고 어머니는 가축을 친다고 해서 돼지나 닭이냐고 물었더니 웃으며 소라고 대답한다. 가난한 삶이 너무 싫었다. 그래서 그는 더 나은 삶을 위해 한국에 오기로 결심했다.

짠반캄 씨는 2020년 베트남 응에안성 빈시티에 소재한

빈 기술사범대학교 자동차기술학과를 졸업한 후 잠시 부모님을 돕다가 이듬해인 2021년 3월 한국으로 유학을 왔다. 베트남에 있었으면 대학에서 공부한 전공을 살릴 수 있었을 텐데 한국에서 노동을 하는 게 괜찮냐고 물었더니 상관없다고 답한다. 한국에서 한 달만 일해도 베트남에서의 1년 치 월급을 벌 수 있다고 한다. 공부하면서 일도 할 수 있는, 경제적으로 풍요로운 나라이기 때문에 한국을 선택했다고 한다.

한국에 왔을 때 짠반캄 씨는 빚을 갚기 위해 일자리부터 구했다. 그러나 아는 사람이 없는 데다 한국어 구사 능력도 부족해 직업을 찾는 데 어려움을 겪었다. 그는 여러 번 인터넷 구직 사이트에 들어가 지원했지만 번번이 실패했다. 어렵사리 아르바이트 자릴 구해도, 언어 장벽은 높았고 외국인이라는 이유로 한국인보다 급여는 적었다. 과연 한국은 짠반캄 씨가 꿈꾸던 나라인가? 그의 삶은 바람대로 더 나아졌을까?

지금 가장 힘든 게 뭐냐고 물으니 베트남 꽝빈성에 있는 가족을 볼 수 없는 거라고 한다. 짠반캄 씨는 처음 카카오톡 메시지로 연락했을 때 무척 조심스러워했다. 2021년 12월 법무부 춘천출입국·외국인사무소의 불법 취업 단속에 적발된 이력 때문에 더욱 경계하는 듯했다. 학교 교직원인 내 신분을 밝히며 무슨 문제가 생겼냐고 여러 번 물어야 했다. 노출되는 걸 몹시 꺼리는 눈치였다. 우여곡절 끝에 인터뷰 날짜를 잡았다. 그것만으로도 뭔가 절반쯤 해결된 느낌이 들었다. 만나기로 한 6월 5일 아침, 짠반캄 씨에게 전화가 왔다. 혹시 약속을 취소하려는 걸까. 아니었다. 확인차 전화한 것이다 (이런 섬세함이라니!). 본인은 고기만 굽고 동행한 애인에게 상추쌈까지 싸서 건넨다. 밥이라도 실컷 먹이고 싶었는데 긴장한 탓인지 그는 잘 먹지 않았다.

카페로 자릴 옮긴 후 불편하면 가명을 써도 좋다고 했더니 의외의 답변이 돌아왔다. 본명을 쓰고 싶다는 거다. 테라스에 자릴 잡았다. 곧 소나기가 내릴 듯 먹구름이 몰려오고 바람이 세차게 불자 카운터에 가서 무릎 담요를 가져왔다. 지금 가장 원하는 것이 뭐냐고 묻자 한국에서 계속 살고 싶을 뿐이라고 한다.

짠반캄 씨는 아버지가 편찮으셔서 이번 방학에 병원비를 마련해 베트남에 잠시 다녀와야 한다. 어디가 아프냐고 묻자 머리를 가리킨다. 통역자와 이야기를 나누는 짠반캄 씨 얼굴에 그늘이 잔뜩 드리운다. 하지만 금세 환하게 웃는다. 한국어를 가르치며 결혼이주 여성들을 오래 봐왔는데 베트남 사람들은 낙천적이다. 자신의 슬픔을 잘 드러내지 않는다. 그 특유의 명랑함이 그들을 견디게 하는 힘인 듯하다.

추방에 대한 공포

장마가 끝나기 무섭게 폭염이 이어졌다. 이제 한국의 8월은 무서운 달이 되었다. 가난한 이들에게 혹서는 혹한 못지않게 위험하다. 가만히 서있기만 해도 땀이 줄줄 흐르는 날, 문득 땡볕 아래 일하고 있을 짠반캄 씨 얼굴이 떠올랐다. 며칠 전부터 하루가 멀다 하고 카카오톡 메시지를 보내던 차였다.

우리는 토요일에 일하러 가기 때문에. 토요일에 공부하면 회사에서 우리를 해고하고 일을 못 하게 할 것입니다.

짠반캄 씨는 며칠 간격으로 도움을 요청했다.

일요일 공부하고 싶다. 선생님, 우리 도우세요.

일을 못 하게 될까 봐 두려워할 모습이 눈에 선하다. 짧은 한국어와 번역기를 사용한 어색한 문장으로 도움을 요청하고 있었다. 지금 베트남에 있냐고 물었더니 한국에 있단다. 방학을 맞이하면 베트남에 가족을 보러 가겠다고 했는데 무슨 일이 생긴 걸까?

아니. 나는 한국에 있습니다. 그 시간 때문에 나는 베트남으로 돌아갈 수 없었다. 당시 경찰서에 보내졌기 때문에 베트남으로 돌아가면 한국으로 돌아올 수 없을까 두려웠다.

여기서 '그 시간'이란 불법 취업 단속에 적발되었던 그 순간을 표현한 것이리라.

그는 다시 한국으로 돌아올 수 없을까 봐 고향 방문을 포기한 것이다. 마음이 편치 못하다. 실은 한 달 전부터 그는 집요하게 카카오톡 메시지를 보내왔다. 학교에서 뭐라도 해주기를 요청했다. 유학생들이 방학 때 고향 방문을 할 경우 딱히 학교에서 해줄 게 없는데도 말이다.

짠반캄 씨는 농장 일을 그만두고 다시 건설 현장에 갈 생각을 하고 있다. 아무래도 그쪽 일당이 더 많기 때문이다. 그에게 한국에서 대학원을 마친 응우옌 칸 히에우(가명) 씨 이야기를 해주었다. 응우옌 칸 히에우 씨는 회사에 취업한 후 취업비자인 특정활동(E-7) 비자를 신청했다. 그런데 비자 심사과정에서 재학 중 불법 취업 사실이 밝혀져 출입국 사범 심사를 받게 되었는데 벌금 300만 원을 내고 강제 출국을 당했다. 유학생 불법 취업의 경우 벌금 200만 원 이상은 취업 제한을, 벌금 300만 원 이상은 강제 퇴거 명령을 받는다. 사정이 이러하니 짠반캄 씨가 건설 현장에 복귀할 경우 다시 출입국의 불법 취업 단속에 적발된다면 강제 퇴거를 당할 게 불 보듯 뻔하다. 짠반캄 씨에게 건설 현장으로 돌아가면 안 된다는 당부를 몇 번이나 했다.

2022년 8월 21일 일요일. 대학원 석사과정 사회통합프로그램 2단계 수업 첫날인데 아무리 강의실을 둘러봐도 짠반캄 씨가 보이질 않는다. 그렇게 일요일에 공부할 수 있게 해달라고 애원하더니 카카오톡 메시지를 읽지도 않는다. 또 무슨 일이 생겼을까 노심초사하던 차에 몇 시간 지나 연락이 왔다. 오늘 공부하는 날이라는 걸 몰랐다는 어이없는 답변이다. 죄송하다면서 다음 주 일요일부터는 꼭 출석하겠다고 한다. 믿고 기다릴 수밖에. 담당 선생님에게도 따로 부탁을 드렸다. 한 주 지나 일요일에 강의실을 찾아가니 다행스럽게도 공부를 하고 있다. 이번 학기에 열심히 공부해서 사회통합프로그램 3단계 승급을 하자고 약속했다.

짠반캄 씨가 한국에 머물 수 있을지는 누구도 장담하지 못한다. 게다가 불법 취업 단속에 걸려 범칙금을 낸 기록이 발목을 붙잡을 것이다. 비자를 무사히 연장해야 학위 과정을 마칠 수 있고 구직 활동 비자인 D-10으로 변경할 수 있다. 그다음은 취업 비자인 E-7(특정활동), 그다음은 F-2(거주)까지. 갈 길은 까마득한데 그의 비자 만료일은 이제 6개월밖에 남지 않았다. 짠반캄 씨의 꿈이 부디 이뤄지기를 빌 뿐 달리 도울 길이 없다. 만약 비자 연장이 안 될 경우 베트남으로 돌아갈 거냐고 물었다.

어디로 가는지 몰라요.

어디로 가야 할지 모르겠다는 말. 마음에 걸리는 이 한 문장이 오래도록 머릿속에 남아 있다.

나는 얼마입니까⁺

저는 베트남에서 온 응웬 두안 썬입니다. 한국 이름은 원도산입니다. 서른여덟 살입니다. 2021년 11월 29일 한국에 왔습니다. 한국에 온 지 10개월이 되었습니다. 지난(2022년) 8월 17일 한국어능력시험 3급에 합격했습니다. 여전히 한국어는 어렵지만 그만큼 재미도 있습니다.

제 고향은 베트남 중부 응에안입니다. 빈 대학에서 법률을 전공했습니다. 제 성격은 내향적이고 수줍음이 많습니다. 친구를 사귈 때 먼저 다가가진 못하지만 한번 사귀면 오래 우정을 나눕니다.

저는 결혼했으며 딸 두 명, 아들 한 명이 있습니다. 큰딸은 여덟 살, 작은딸은 여섯 살, 아들은 네 살입니다. 큰딸은 저를 닮아 키가 크고 작은딸은 엄마를 닮아서 키가 작습니다.

베트남에 있는 한국 회사에 다니며 한국 사람을 만날 기회를 얻었습니다. 친절한 한국 사람들 덕분에 한국에 대한 관심이 생겨 유학까지 오게 되었습니다. 저는 (경기도) 고양시에 있는 국제법률경영대학원대학교 석사과정에 입학해 한국어와 문화 공부를 하고 있습니다.

.

⁺ 2023년 7월 6일, 재학생인 응웬 두안 썬 씨가 충북 청주시 오송역 파라곤 센트럴시티 2차 아파트 건설 현장에서 추락했습니다. 삼가 고인의 명복을 빕니다. 그를 기리며 쓴 이 글은 『문장웹진』 2023년 8월호에도 실렸습니다(김선향).

귀 회사에서 일할 기회를 주신다면 최선을 다해 노력하겠습니다. 지금은 한국어가 서툴지만 한국 사람들과 함께 일하며 한국어 실력도 기르고 보람도 얻고 싶습니다. 감사합니다.

2022년 10월 30일 응웬 두안 썬*

* 언젠가 한국에서 취직할 때 쓰려고 선생님과 같이 미리 준비했던 '자기소개서'입니다.

저는 청주시 오송역 파라곤 센트럴시티 2차 아파트 건설 현장 25층에서 추락했어요.

전날 온종일 일을 한 후 저녁부터 밤 10시까지 계절학기 수업을 온라인으로 들었죠. 그러고도 새벽 2시까지 공부를 했어요. 3일 후에 한국어능력시험이 있거든요. 특히 쓰기 공부가 너무 어려웠어요. 그래서 선생님에게 밤 10시 30분쯤 메시지를 보냈는데 읽지 않으셨어요. 조금 섭섭했어요. 오늘 새벽 6시에 선생님이 답장을 해주셨는데 저도 읽지 않았어요. 조금 후회스럽네요. 선생님이 제 걱정을 많이 하셨을 텐데요. 선생님은 눈처럼 차갑게 구셨지만 얼마나 따뜻한지 잘 알아요.

50미터 높이에서 추락하는 찰나의 시간을 저는 헤아릴 수 없어요. 동료인 응웬 응옥 꽝과 같이, 대형 거푸집과 같이 떨어졌죠. 그래서인지 덜 쓸쓸했어요. 아무것도 생각나지 않아요. 하지만 언뜻 이런 광고 문구를 본 것도 같아요.

일요일 공부하고 싶다
베트남 유학생 짠반캅

Paragon is 당신을 위한 완벽한 주거 명작

헛웃음이 나오려 해요. 파라곤 아파트 시공사인 동양건설산업은 인명 사고가 끊이지 않았더라고요. 2020년 10월에도 2021년 4월에도 근로자가 죽었다는 기사를 봐요. 누군가는 또 죽어 나가야 했는데 마침 우리였던 거네요. 이럴 때 한국 사람들은 재수 없다고 하죠.

네, 솔직히 말씀드리자면 한국에 돈 벌러 왔어요. 가난이 너무 싫었어요. 네, 맞아요. 건설 현장에 불법 취업을 했어요. 부모님까지 가족 여섯 명이 제 등에 매달려 있으니까요. 고향에 매달 생활비를 보내야 하고 유학 올 때 브로커에게 들어간 빚도 갚아야 했죠. 택시비를 아끼려고 한겨울 새벽길을 30분씩 걸어 기숙사에 가곤 했어요. 옷도 사지 않았어요. 컵라면과 삼각 김밥으로 끼니를 때웠죠.

오늘 죽은 우리 두 사람이 한국 사람이 아니라서 얼마나 다행일까요. 보상금이 몇 배나 적게 들겠죠. 가족이 없으니 성가신 일도 없겠죠. 과연 건장한 30대 베트남 사내의 몸값은 목숨 값은 얼마일까를 궁금해하며, 살아서는 함께 볼 수 없었던 선생님의 파주 노을 속으로 들어가요. 안녕.

2023년 7월 6일 오전 11시 12분 원도산

한국어를 많이 배워야 해요. 그런데 바빠요

베트남에서 온 농촌 결혼이주민 홍눙

김애화

1990년대 후반 외국인이주노동자 인권을 위한 모임에서, 이후 아시아모니 터리소스센터, 아시아여성위원회 등에서 연대 활동을 했다. 현재는 지역에서 선주민 대상으로 이주민 여성 관련 강의를 하며, 〈민중의소리〉에 칼럼을 연재하고 있다. 공저로 『다극화체제, 미국 이후의 세계』가 있다.

자꾸 끊기는 인터뷰

베트남에서 온 홍눙(가명)과는 4년 전에 처음 만났다. 여성 농민들로 구성된 경제 공동체에서였다. 이 공동체는 여성 농민들이 생산한 친환경 농산물로 매주 꾸러미를 만들어 도시 소비자 회원들에게 보낸다. 20년 가까이 이어진 모임이다. 취재차 방문한 곳에서 만난 홍눙은 밝고 생활력이 강해 보였다. 공동체 언니들보다는 어리지만 공동체 참가 연수는 10년도 넘었다.

내가 그와 인터뷰하고 싶었던 이유는 결혼이주민으로서 선주민 언니들과 어울려 의미 있는 공동체를 만들고 있어서였다. 인터뷰가 순조롭게 진행된 것은 아니었다. 그에게는 모어가 아닌 '한국어'로 대화하려다 보니 소통의 한계가 있는 것은 당연했다. 그런데 더 큰 어려움이 있었다. 평소에는 불그스레한 얼굴 가득 웃음을 띠고 입꼬리가 올라가면서 말하다가도 인터뷰 중 그런 표정이 흐려질 때가 많았다. 불편한 주제일 때는 표정이 무너진다. 특히 가족과의 관계를 물을 때 그렇다. 흔들리는 눈빛과 침묵으로 답하기를 피했다. 나에 대한 경계심이라기보다는 인터뷰로 인해 가족이 불편해할지 모른다는 우려 때문이었다.

한국어를 많이 배워야 해요. 그런데 바빠요
베트남에서 온 농촌 결혼이주민 홍눙

어두운 시골길을 들어서다

홍능은 호찌민에서 차로 여섯 시간 거리에 있는 시골에서 왔다. 삼남매 중 장녀다. 초등학교를 졸업하고, 아버지를 도와 논농사를 지었다. 영세농이었다. 종종 남의 집에 가서 일했다.

21세에 그는 처음으로 고향을 떠나 큰 도시 호찌민으로 나왔다. 한국에서 온 남자와 맞선을 보기 위해서였다. 결혼 중개 업체와 연계된 동네 사람이 맞선을 제안했다. 그는 처음에는 만남을 거절했다. 낯선 곳으로 간다는 것이 무서웠다. 외모에도 자신이 없었다. 그가 알고 있는 한국은 텔레비전 드라마 속에 있었다. 드라마 속 한국 남자, 여자는 잘 생기고 예뻤다. 그런 사람들을 보니 자신은 보나마나 거절당할 것이라고 생각했다.

부모님이 한국에 가면 집안 살림에 보탬이 될 수 있다며 맞선을 보라고 했다. 강요는 아니었다. 자신도 돈을 벌어 집을 도와줄 수 있다는 말에 용기를 냈다. 고향에서 네댓 명의 여성들과 함께 호찌민으로 갔다. 결혼 중개 업체가 모든 비용을 부담했다. 맞선을 보기 전에 잠시 관광을 했다. 고향과 다른 넓은 도시, 호찌민을 돌아다니며 한결 마음이 가벼워졌다.

단체 맞선을 두세 번 봤다. 남편은 마지막 맞선에서 만났다. 홍능보다 20세 연상이었다. 다른 여성들도 나이 차이가 많이 나는 남성들을 만나고 있었다. 나이는 크게 신경 쓰이지 않았다. 한국에 와서야 나이 차가 많이 나는 국제결혼을 선주민들이 안 좋게 여긴다는 것을 알았다.

결혼은 빠르게 진행되었다. 만난 지 이틀 만에 호찌민에서 결혼식을 올렸다. 친정 직계 가족만이 조촐하게 참석한 예식이었다. 식장 도우미나 중개 업체 직원이 하객이었다. 남편은 결혼식 다음 날 한국으로 떠났다. 한국에서 결혼이민(F-6) 비자가 도착하길 기다리면서, 결혼 중개 업체가 준비해 둔 합숙소에서 같은 처지의 여성들과 생활하며 한국어를 배웠다.

초청장이 오고, 홍눙은 또 다른 베트남 결혼이주 여성과 함께 비행기에 올랐다. 한국까지 여정에 동행하는 사람이 있어서 다행이었다.

12월 20일에 한국에 왔어요.

한국에 도착한 날을 홍눙은 날짜까지 기억하고 있었다. 인천 공항에 도착하니 눈이 오고 있었다. 눈을 처음 봤다. 한국 날씨에 대비해 자신이 가진 옷 중 가장 두꺼운 옷을 골라 입고 왔는데도 추웠다. 공항 대합실에서 남편이 기다리고 있었다. 남편은 홍눙에게 줄 코트를 들고 있었다. 베트남에서 같이 온 친구도 기다리는 남성이 있었고, 거기서 헤어졌다. 이제는 낯선 곳에 낯선 사람들과 남았다.

호찌민에서 한국어를 배웠지만 홍눙이 할 수 있는 한국 말은 인사말 정도였다. 남편과 같이 공항에 마중 나왔던 사람들의 차로 W시까지 왔다.

남편이 차에서 내리는 거예요. 왜 내리는 줄 몰랐죠. 차 안에는 생전 처음 보는 사람들하고 있는 거였죠. 혹시 납치되는 것은 아닌가 생각했어요.

나중에서야 공항에 마중 나온 이들이 시고모 부부라는 것을 알았다. 차에서 내린 남편이 W시에 주차해 둔 자신의 트럭을 몰고 왔다. 남편 트럭으로 갈아타고 H로 향했다. 인적도 없고 차도 다니지 않는 길이었다. 침묵 속에 한참을 갔다. 무서웠다. 다행히 중간에 베트남 형님 전화가 왔다. 남편의 형도 베트남 여성과 결혼했다. 통화를 마치고서야 자신이 어디로 가는지 알았다.

홍능은 오자마자 한국의 매서운 겨울을 견뎌야 했다. 지금까지 경험하지 못한 추위였다. 도착 후 곧 임신을 했다. 시집 식구들은 기뻐했지만, 낯선 한국에서 임신까지 하니 한층 두려웠다. 입덧이 심하고 고향 음식이 많이 생각났다. 임신 중 조심해야 할 것 등을 몰랐다. 핸드폰도 없던 때라 정보를 얻기 힘들었다. 다행히 다문화가족지원센터(현 가족센터)에서 한국어교육 방문지도사가 매주 두 차례 방문했다. 한국어 공부를 하고 병원 정보도 얻을 수 있었다.

한국말을 모르니 시골 집 밖을 나갈 수 없었다. 남편은 술을 먹거나 친구를 만나고 늦게 들어올 때가 많았다. 혼자집에 있다 보면 감옥에 갇힌 느낌이 들기도 했다. 결혼을 후회하기도 했다. 자신보다 1년 먼저 온 베트남 형님도 한국어가 미숙해 베트남 말로 가끔 소통하며 외로움과 두려움을 견뎠다. 임신 중에도 밭일을 했다. 분만이 가능한 병원을 찾아주변 큰 도시인 W로 갔다. 언어 소통도 안 되는데 출산 시 이상이 있으면 어쩌나 싶어 무서웠다. 다행히 순산하고 3일 만에 집으로 왔다.

　그러고서 5년 동안 시어머니와 살았다. 원래 큰형님과 같이 사셨으나, 홍늉의 산후조리와 육아를 도우려고 같이 살았다. 시어머니에게 기초적인 한국 음식과 농사를 배웠다. 베트남에서는 밭농사를 해본 적이 없어서 작물 이름도 몰랐다. 시어머니는 착한 분이었고 자신에게 잘해 주었다. 남편보다 시어머니에게 더 많이 의지했다.

내 명의로 된 통장

　당시 다문화가족지원센터에서 결혼이주 여성들에게 친정 부모를 만들어 주는 결연 행사를 했었다. 많은 결혼이주 여성들이 이 행사로 연을 맺은 양부모의 성을 따랐다. 홍늉도 양부의 성인 P씨로 새로운 이름을 만들었고, 그 이름으로 결혼 3년 만에 한국 국적을 취득했다.

　동네 어른들에게 인사를 하고 지내면서 농사일에 익숙해질 즈음, 마을에 사는 선주민 여성이 홍늉을 지금의 경제 공동체에 소개했다. 여기에 참가하면서 홍늉은 자신 명의의 통장이 생겼다. 경제 공동체의 활동 원칙이었다. 꾸러미에 들어가는 농산물에는 생산자 여성의 이름이 적히고, 그 수입은 이들 명의의 통장에 입금되었다. 결혼 후 6년째 되는 해였다.

　그 전까지는 한국까지 먼 길을 오게 했던, 돈을 벌 수 있다는 희망과는 거리가 먼 생활이었다. 농사 수입은 남편의 통장으로 들어가고 생필품도 남편이 사왔다. 베트남 집으로 송금은 홍늉의 통장이 생기고서야 가능해졌다.

집안의 농사 규모는 크지 않았다. 자급자족할 만한 논농사와 밭농사였다. 여느 농가처럼 논농사를 제외하면 대부분 여성의 몫이었다. 농사일에 익숙해지자, 토종꿀 양봉을 하고 소를 키우기 시작했다. 남편은 집에서 가까운 축산 농가에서 월급을 받으며 일했다.

홍늉이 경제 공동체에 들어가자 부부는 가정 경제를 분담했다. 농산물 판매 수입은 판매한 사람의 것으로 하자고 남편이 제안했다. 큰돈이 되는 토종꿀과 소의 판매 수입은 대부분 남편의 수입이 되었다. 큰 지출은 남편이 부담하고, 크지 않은 생활비와 아들의 학비는 홍늉이 부담하기로 했다. 아들이 초등학교 때에는 어려서 큰돈이 들어갈 일이 없었다. 그리고 열심히 일하면 가용 수입이 늘 수 있다고 생각했다.

그는 공동체 언니들보다 많은 꾸러미 물품을 공동체에 내놓는다. 집에서 경작한 농산물뿐만 아니라, 갯복숭아로 효소를 만들고, 봄이면 산나물을 채취하고, 가을이면 밤과 대추 등을 주워 꾸러미 거리로 내놓는다. 그가 내놓는 물품만 봐도 산과 들에서 얼마나 열심히 일하는지를 짐작할 수 있다. 종종 마을에 있는 두부 공장에 나가 아르바이트도 하고, 농번기에는 다른 농장에서 일일 노동자로 일한다. 그 덕분에 3년 전에는 승용차도 샀다. 핸드폰에 이어 자신 명의의 재산이 생긴 것이다. 이제는 읍에 볼일이 있거나 공동체에 갈 때 주위의 도움 없이 나간다.

홍늉에게는 자녀가 한 명 있다. 보통의 베트남 가족처럼 아이를 세 명쯤 원했다. 남편은 생각이 달랐다. 한국에서는 자녀를 키우는 데 돈이 많이 든다며 한 명만 낳자고 했다. 노후를 위해서도 저축이 많이 필요하다고 했다. 홍눙은 남편의 말을 따를 수밖에 없었다. 한국 상황을 잘 모르기 때문이었다. 대부분의 중요한 일에 대해서는 남편의 의견을 따랐다. 그런데 홍눙은 남편이 노후를 위해 통장에 얼마나 모았는지, 남편이 그 돈으로 무엇을 하는지도 모른다.

그는 베트남 가족도 신경 써야 한다. 베트남에서 부모님을 모셔 온 적도 있었다. 친정어머니의 경우는 어린 자녀 양육 지원을 위해 초청할 수 있었다. 방문동거(F-1) 비자로 입국한 부모님은 다른 농장에서 농업 이주노동자로 일했다. 자신의 집에서 짓는 농사는 다른 노동력이 필요한 규모가 아니었다. 홍눙은 부모가 한국에 와서 돈을 벌 수 있게 된 것은 남편의 배려 덕분이라고 생각한다. 친정 부모님과 한집에서 지냈다. 홍눙의 일이 더 많아졌다. 그래도 부모님이 조금이나마 돈을 벌어 갈 수 있어서 좋았다.

올해는 한국 농촌 일손 부족으로 결혼이주자 가족 초청이 가능해졌다. 결혼하지 않은 남동생과 여동생 부부를 초청할 예정이다. 계절노동자로 입국하면 동네에서 일을 할 것이다. 이미 일하고 숙식할 곳은 정해졌다. 어머니가 2년 전에 돌아가시고 아버지 혼자뿐이라 이제는 용돈 정도만 송금한다. 홍눙은 한국과 베트남의 가족 모두에게 생계 부양자이자, 일손 부족한 한국 농촌에서 노동력 공급망의 역할까지 하고 있다.

생존 한국어 그리고 자녀 교육

읍에 위치한 가족센터에서는 결혼이주민의 한국 사회 적응을 돕는 프로그램들을 제공하고 있다. 그러나 홍눙은 바빠서 거의 참가하지 못한다. 자신과 외부 사회를 이어 주는 통로는 경제 공동체이다. 한국 음식과 문화에 대해 경제 공동체 언니들에게 많이 배웠다. 아직도 문화 차이 탓에 당황하는 일도 있지만 적응하리라 생각한다. 홍눙에게 가장 큰 어려움은 한국어 소통이다.

말이 안 통해 힘든 점이 많았어요. 아이가 뭘 원하는지 알아듣기 힘들거나 아기가 아파 병원에 갔을 때 잘 알아듣지 못할 때 마음이 아팠어요. 남편과도 말이 통하지 않을 때가 많아요.

소통도 문장으로 이어지는 것이 아니라 단어를 그저 나열하는 데 그칠 때도 많다. 가족을 포함해 매일매일 만나는 사람들과의 관계도 언어가 아닌 그저 경험으로 통할 뿐이다. 긴 대화랄 것이 거의 없는 관계가 유지되고 있다.

한국에 온 지 몇 년 지나고부터 남편은 병원, 학교 등에 동행하지 않았다. 아이가 아파도 병원에 혼자 데려갔다. 병원에서 의사의 말을 거의 못 알아들었다. 그저 간호사가 안내하는 대로 주사를 맞거나, 처방된 약을 열심히 먹일 뿐이었다. 아이 학교도 마찬가지였다. 여러 번 가정통신문이 오거나 전화가 오면 학교에 간다. 선생님이 설명하는데 잘 알아들을 수 없었다. 거기서도 병원에서처럼 그저 미소를 지으며 대충 알아듣고 돌아오곤 했다. 선생님한테 설명문을 받아 와서는 아이에게 준다. 그러면 아이가 읽는다. 그렇게 살아왔다.

　남편은 육아나 아이의 학습을 많이 도와주는 편이 아니었다. 홍눙은 아이가 뭘 원하는지 알아듣기 힘든 경우가 많았다. 아이가 어릴 때 부모와 교감하며 언어 발달이 이루어질 텐데 홍눙은 그런 도움을 주지 못했다고, 그래서 아이에게 항상 미안하다고 했다. 아이가 초등학교 입학 전에는 '자녀생활지원' 지도사가 매주 두 차례 방문해 아이의 한국어 학습, 기타 생활에 도움을 주었다. 일상생활과 놀이를 통한 언어 교육이 부족하니 읽기, 쓰기 학습도 늦었다. 아들은 초등학교 고학년이 되자 학교, 학습에 대해서는 알아서 했다.

　이런 관계는 자녀의 진로에 대해서도 나타났다. 중 3인 아들의 고교 진학에 대해서 물으니, "H 고등학교에 가겠죠."라고 답했다. 그가 아는 고등학교 이름은 그것뿐이다. 그런데 그 학교가 인문계라는 사실이나, 그 학교 말고도 다른 학교 및 다른 종류의 고교가 있다는 것을 모른다. 중학교 3학년이 되면 진로 상담이 시작된다. 아들이 지금쯤 고교 진학과 관련해 상담이 있었을 텐데 모르고 있었다. 아들이 이야기를 안 한 듯했다.

　일상에서 새로운 기술을 맞닥뜨릴 때도 언어 소통의 문제를 절감한다. 읍에도 무인 단말기가 늘고 있다. 선주민이라고 쉬운 일은 아니다. 홍눙은 사용법을 묻거나 도움을 청할 때 움츠러든다. 홍눙은 운전을 잘하지만, 내비게이션을 사용하지 못한다. 한글 입력이 서툴기 때문이다. 모르는 곳을 갈 때마다 아들이 핸드폰에 주소를 쳐준다. 내비게이션에 소리를 문자로 변환하는 기능이 있지만 발음이 부정확해 제대로 입력되지 않는다. 결국 갈 수 있는 곳이 제한된다.

내비게이션을 비롯해 인터넷에 적응하기 어려운 이유는 반복해 익혀야 하기 때문이다. 가족에게 여러 번 도와 달라고 해야 한다. 귀찮아하거나 짜증스러워하는 표정과 분위기를 접하면 위축된다. 그러니 새로운 기술이나 상황을 점점 피하게 된다. 가족센터에서 온라인 한국어 교육을 진행하고 있지만 홍능은 온라인 교육을 접한 적이 없다.

한국어를 많이 배워야 해요. 그런데 바빠요.

그에게 가장 많이 듣는 말은 "바쁘다. 돈 벌어야 한다." 이다. 결국 그의 한국어 학습을 가장 가로막는 건 일이다. 무엇이 그를 이렇게 절박하게 했을까? 그의 절박한 필요는 서로 충돌한다. 절실히 필요하다고 느끼는 한국어 학습을 경제적 필요가 가로막는다.

홍능의 꿈

인터뷰를 할 때, 홍능에게 전화가 많이 왔는데 베트남에서였다. 친구들이나 사촌들이었다. 정작 그가 살고 있는 한국에서는 전화가 안 왔다. 남편과 아이는 직장이나 학교에 있었고, 매일 만나니 통화할 일은 없을지 모른다. 홍능의 베트남 전화는 주로 영상 통화였다. 그들에게 그는 지금 무엇을 하는지, 어디로 가고 있는지, 무슨 음식을 먹는지 계속 설명하고 있었다. 그는 베트남 음악을 들었다. 어느 곳에 가나 사진을 많이 찍었고, 곧 소셜 미디어에 올렸다. 거기서는 베트남어로 소통한다.

남편과의 사이는 어떤지, 가족에게 바라는 것은 뭔지 조심스럽게 물었다. 그는 무심한 듯이 말했다.

16년 살았잖아요. 이제 그럭저럭 살아요. 부부가 다 그렇죠, 뭐.

남편의 건강이 안 좋다고 했다. 특별한 병명이 있는 것이 아니라 나이가 들어 허리도 아프고 다리도 아프고 해서 매일 병원에 간다고 했다. 홍눙은 일찌감치 노후 걱정을 하게 되었다. 그의 나이 아직 38세이다. 남편은 점점 건강한 몸에서 멀어지고 있다. 조만간 노동 능력도 현격히 떨어질 것이다. 아이는 크면서 경제적 요구가 늘고 있다. 정서적 밀착은 옅어져 간다. 마땅히 기댈 곳 없는 타지에서 마주할 노후에 대한 불안이 그를 더 힘들게 한다.

마지막으로 꿈이 뭐냐고 물으니, "아파트를 사서 혼자 사는 것."이라고 농담처럼 진담인 듯 말하며 그는 웃었다. 가족은 단출하지만 종종 가슴앓이를 했다. 농사일과 집안일로 바쁠 때, 가족과 말이 통하지 않아 답답하고 외로울 때는 어디로 도망가 하루라도 편히 쉬고 싶었다. 그러다가도 "겨울에는 베트남에서 살고, 농사철에는 한국에서 살았으면 좋겠어요."라고 말한다. 그는 한국 농사꾼이었다.

홍눙과의 인터뷰를 끝내며, 그의 현재가 농촌의 경제적

취약층에 속하는 선주민 여성과 공통점이 많다는 걸 느꼈다. 끝임없는 노동, 가족과의 소원한 연계, 그리고 불안한 노후 등이다. 타지 출신이라는 무게가 그의 어깨에 더해지고 있다.

사장님 나는 이제
돌아오지 않아요

네팔에서 온 노동자 시인·세세풍

이란주

이주 인권 분야에서 일하고 있다. 저서로 제2의 '전태일 평전'이라고 평가받은 『말해요, 찬드라』와 『아빠, 제발 잡히지 마』, 『나의 미누 삼촌』, 『이주노동자를 묻는 십대에게』, 『나는 미래를 꿈꾸는 이주민입니다』, 르포 소설 『로지나 노, 지나』 등이 있다.

앞으로 10년 후에 무엇을 할 것인가. 이 질문에 한국 이주노동 10년 차인 네팔 시인 세세풍 쎄르마 림부는 잠시 허공을 바라보았다.

아, 학교 교장선생님이요. 아니면 그냥 선생님. 무조건 학교를 열 거예요, 우리 고향에서. 지금 네팔에는 진정한 교육자가 부족해요. 마을에는 학교 못 다니는 아이들이 많아요. 아이들은 당장 먹고살 것이 없을 만큼 가난하고요. 그래도 공부하면 나중에 무엇을 성취할지 모르잖아요. 아이들에게 기회를 주고 싶어요.

그는 2013년 한국에 왔다. 10년 후인 지금까지 여기서 일하고 있을 것이라고, 그때는 상상도 하지 못했다. 그는 경기도 화성에서 철근을 만들다 거제도 대우조선 하청 업체로 옮겨 왔다. 지금은 도장 파트에 속해 수년째 야간작업에 참여하고 있다. 조선 산업이 위기를 겪는 사이 임금은 줄고 일은 더 힘겨워졌다. 익숙해진 몸이 버텨 주어 그나마 다행이다.

야간작업은 저녁 6시부터 시작해 새벽 4시까지 이어진다. 퇴근해서 자고 오후 2시쯤 일어나 다시 노동을 준비한다. 일하고 먹고 자는 시간이 온통 뒤틀어졌다. 네팔에 있는 가족들과 통화할 시간을 맞추기 어려울 때 속상하다.

거제에서 세세풍 시인을 만난 것은 2022년 7월 16일이었다. 그날의 거제는 무겁고 뜨거웠다. 조선업 위기를 이유로 삭감당한 임금을 되돌리려는 하청 노동자들의 파업 투쟁이 45일째 진행되고 있었다.

정부가 '수년간 어려움을 겪던 조선업이 바야흐로 회복의 기회를 맞이하고 있는 시기에 생산 차질을 빚고 있는 것은 너무나 안타깝고 경제 회복에 찬물을 끼얹는 상황'이라며 '법과 원칙을 내세워 엄정 대응' 하겠다고 밝힌 직후였다.

선박 건조장(도크) 안에 사방 1미터 크기의 철제 구조물을 만들어 자신을 가둔 처절한 농성 투쟁은 기약 없이 길어지고 있었다. 시인 세세풍은 그 파업 투쟁을 그저 보고 있을 뿐이라고 했다. 세세풍 시인과 만남을 주선한 김정열 마창거제 산재추방운동연합 부대표는 이렇게 말했다.

하청 노동자는 농성 투쟁 하려면 해고를 각오해야 하고, 이주노동자는 미등록될 각오를 해야 해요. 그러니 이주노동자에게 같이 투쟁하자는 말을 하지 못해요.

이주노동자는 '비자'라는 족쇄에 묶여 있다. 그러니 "외국인들은 그런 데 가지 말라."는 회사 측의 명은 지시보다 겁박에 가깝다. 고용허가제가 이주노동자에게 노동3권을 보장한다고 하지만 비자에 멱살 잡힌 노동3권은 허깨비인 듯 실체가 없다.

어디 노동3권뿐이랴. 김정열 부대표는 회사 측이 이주노동자를 얼마나 다잡는지 말도 못 한다고 했다. 한 예로, 2021년 미얀마에 군부 쿠데타가 발생했을 때 거제에서도 규탄 집회를 열었는데, 회사 측이 미얀마 노동자들 참여를 막더라고 했다. 회사가 군부 쿠데타를 지지하는 것은 물론 아니다. 집회 참여가 조직화와 권리 투쟁으로 이어질까 봐 우려하기 때문이다. 부리기 좋은 상태로 묶어 놓으려고 이주노동자를 사회와 괴리시키는 것이다. 무참하다.

세세풍 시인은 5년 전 같은 팀에서 일하던 고향 친구가 추락 사고로 사망했을 때 전심으로 지원하던 김정열 부대표의 모습을 기억하고 있다. 김정열 부대표는 대우조선해양의 정규직 노동자로 금속노조 대우조선지회 부지회장을 역임했다. 지금도 노조의 노동 안전 보건 업무를 하며 하청지회와 연대하고 있다. 그리고 당연한 듯 이주노동자들 곁에 서있다. 정규직 노동자가 하청 노동자, 이주노동자와 이토록 깊게 연대하는 일은, 안타깝게도 매우 드물다. 김정열 부대표는 세세풍 시인이 동료들과 함께 시집을 발간한 일을 본인보다 더 자랑스러워했다.

'도허리' 품에서 시를 배우다

2020년 9월, 세세풍 시인을 비롯한 34명의 네팔 시인들이 한국에서 시집 『여기는 기계의 도시란다』(삶창)를 발간했다. 시인들은 모두 이주노동자가 되어 대한민국 곳곳에서 일하는 이들이다. 그도 시 두 편을 실었다.

차가운 바람 한 점에 날려 / 그대 내 위로 내려앉았을 때 / 나뭇가지에 젊음을 싣고 / 그대 오기를 기다리고 있었네 / 눈꽃

피는 시절

_「소나무」 중에서.

시인은 네팔에서도 한국에서도 산야에 꿋꿋이 서서 푸른 잎으로 눈을 반기는 소나무를 사랑했다. 「어머니 가슴에 그어진 분단선」은 한국에 온 첫해, 화성에서 일하던 시절 쓴 시다. 당시 한국은 북한과 갈등이 깊어지고 있었다. 뉴스는 긴박했고 전투기는 자주 하늘을 오가며 긴장감을 높였다. 시인은 어릴 적 겪은 네팔 내전을 떠올렸다. 전쟁은 공포 그 자체였다. 그런 그에게 남북한의 분단과 정전 상황은 예사롭지 않았다.

매번 심장이 떨리고 / 땅속 깊은 곳에서 오만함이 진동하여 / 평화의 자손들이 유산되고 있다

_「어머니 가슴에 그어진 분단선」 중에서.

세세풍 시인은 네팔인의 시 사랑이 유별나다고 말한다. 삶이 고달프니 넋두리처럼 시가 쏟아지는 것 아니겠느냐고. 시인의 고향은 척박한데 아름답다. 물은 귀하고 길도 없는데 아름답다. 애달픈 넋두리와 고난을 누르려는 익살이 삶에 가득하다. 그 정서를 고스란히 담은 것이 '도허리'다. 도허리는 네팔 전역에서 부르는 민요로, 주로 남녀가 맞상대하며 서로 대화하듯 노래를 주고받는다. 사랑과 배신, 삶의 고통과 환희, 다양한 정치사회적 주제를 담은 해학적인 질문과 대답, 놀림과 대응이 어우러지는 즉흥 노래가 게임처럼 이어진다.

가수 혼자 노랫말을 만들기도 하고 팀을 이뤄 머리를 짜내기도 한다.

재치 있는 가사는 웃음과 환호를 끌어내고, 반복되는 부분은 떼창 하며 흥겨움을 돋운다. 도허리는 「진도아리랑」을 떠올리게 한다. 삶의 애환이 응축된 노랫말로 심금을 울리다 "아리아리랑 쓰리쓰리랑 아라리가 났네." 하며 호응과 참여를 끌어내는 「진도아리랑」의 구조는 도허리와 똑 닮았다.

「레썸피리리」라는 잘 알려진 네팔 민요가 있다. 네팔을 한 번이라도 다녀온 이라면, 골목에서 산자락에서 무수히 들려오던 노래를 기억할 테다. 비단 자락(레썸)이 바람결을 타고 산마루를 날아가는 모습에 사랑 이야기를 실은 노래가 「레썸피리리」다.

> 「레썸피리리」도 도허리에서 나왔다고 봐요. 1960년대에 음반으로 제작되었는데, 이미 널리 불리던 노래를 채집한 것이 아닐까 싶어요. 지금도 마을에 가면 도허리 할 때마다 「레썸피리리」를 부르죠. 부끄러움이 많아서 내가 직접 도허리를 불러본 적은 없어요. 하지만 항상 듣고 자랐죠. 도허리 부르는 친구와 한편이 되어 같이 노랫말을 만들기도 했어요. 도허리 문화가 네팔인들을 시인으로 만드는 거예요.

도허리 품에서 성장한 시인은 이주노동자가 되었다. 시인은 '몸을 갈아 넣는 노동'을 이국땅에 바치고 있는 네팔인들에게 「사장님 나는 이제 돌아오지 않아요」를 내놓았다. 직장인들이 저마다 주머니 속에 품고 있다는 사직서 같은 시,

사장님 나는 이제 돌아오지 않아요
네팔에서 온 노동자 시인 세세풍

참았던 숨이 터지며 나오는 긴 한숨 같은 시는 네팔인들에게
시원한 위로를 건넨다.

「사장님 나는 이제 돌아오지 않아요」

당신의 메마른 흙이
내 땀으로
목마름을 달래는 하루하루
내 꿈은 죽어 갑니다

목장갑에 손이 매이고
안전화에 발이 붙들려
내 것 아닌 노동에 갇힌 나날
인생의 길목에서
밀려난 행복은
저 멀리 묶여 있어요

열린 하늘의 새처럼 날아가야 할 시간
그래서 사장님
나는 이제 돌아오지 않아요

내 삶이 온통 녹아들어
기름진 당신의 흙은
계속 씨앗을 싹 틔울 거예요
정성들여 피워 낸 벚꽃을 당신 곁에 두고 갑니다

사장님 나는 이제 돌아오지 않아요

너무 많은 시간을
당신 농장에서 종종걸음으로 보냈어요
당신 오이 밭에
당신 딸기 밭에
비닐하우스 구석에
살아 있는 내 꿈이 갇혀 있어요

이제 당신은
홀로 사과를 따야 해요
땀 흘려
미나리를 거두러
나 없이 가야 해요
사장님 나는 이제 돌아오지 않아요

당신 꽃밭에 선 무궁화에게 빌린 웃음을
당신에게 파는 사이
내 고향의 랄리구라스*는 지고 또 졌어요
당신 벚꽃에게 주던 미소를
내 고향 천수국, 천일홍**에게 주고 싶어요
그리운 얼굴로 나를 기다리는
누이 손에서
더는 천수국 꽃잎이 시들게 하고 싶지 않아요
그래서 사장님,

사장님 나는 이제 돌아오지 않아요
네팔에서 온 노동자 시인 세세풍

나는 이제 농장으로 돌아오지 않아요

노래방 도우미에게
사랑을 구하였던가요
도허리를 부르며 만난 내 연인은
사랑이 수놓인 손수건을 들고
지금껏 나를 기다립니다
사장님 혼자 노래방에 가야 해요
나는 이제 돌아오지 않아요

세상의 절반을 건너온 철새가
수천 마일을 날아
다시 제 고향으로 가는 시간
종일 숲에서 놀던 가축들이
다시 헛간으로 찾아드는 저녁
수평선을 넘어 쉼 없이 달려온 파도가
다시 바다로 넘어가는 이때
나도
발길을 돌려
첫발을 디뎠던 땅을 향해 갑니다
사장님
나는 이제 돌아오지 않아요

* 랄리구라스: 네팔 국화.
** 천수국, 천일홍: 네팔 명절 바이티카에 사용하는 꽃. 여자 형제가 남자
   형제 이마에 붙여 주며 행복과 건강을 기원한다.

사라져 가는 림부 말을 살리려는 노력

나는 네팔어와 림부어로 시를 써요. 우리 할머니는 림부어만 할 줄 알고 아버지 어머니는 네팔어를 같이 사용하기 시작한 세대예요. 동생들은 림부어를 아예 몰라서 할머니와 대화하기 힘들어요. 언어와 문자가 급격히 사라지고 있어요.

그의 고향 빤쩌떠르는 네팔 동북쪽 산간에 자리 잡은 작은 도시다. 먼 옛날 중국에서 건너온 림부족이 다수를 이루고 불교도가 주를 이룬다. 125개 민족이 123개 언어를 사용하는 네팔은 힌두교인이 8할이다. 그 밖에 불교와 이슬람교, 기독교, 다양한 토착 신앙이 삶을 관장한다.

나라의 흐름을 엮어 가는 가장 강력한 힘은 힌두교다. 3억 3000만의 신을 섬기는 힌두교이므로 두루 넓게 포용한다지만 그래도 소수 종교인 입장에서는 그 힘을 견디기 쉽지 않다. 내부적으로도 힌두 문화를 얼마나 수용하고 따를지에 대한 논쟁이 있고 여러 의견으로 갈린다. 큰 힘에 끌려 무작정 따르다 보면 내 것이 모두 사라질까 두렵다.

림부어도 그렇다. 전국에 걸쳐 공교육이 강화되고 네팔어로 교육이 이루어지니 소수 언어가 거의 사라지고 있다. 그를 비롯한 림부족 작가들은 림부어를 비롯한 소수 언어와 문자를 계승할 수 있도록 정책적 노력을 해야 한다고 목소리를 높이고 있다.

림부어로 시를 써서 발표하고, 소수 언어를 왜 보존해야 하는

지 알리고 있어요. 림부 말과 문자를 가르쳐 주는 일도 합니다. 아, 림부 말 하나 알려드릴게요. '사랑해요'를 '밈멘네'라고 해요.

밈, 사랑. 멘네, 해요. 밈멘네! 고향에 학교를 세우면 학생들에게 림부어를 가르치고 싶다고 시인은 말한다.

네팔이 더 좋은 사회가 되기를

시인은 한국에서 지내고 있지만 네팔 사회를 조망하며 네팔이 더 좋은 사회로 변화하는 데 기여하고 싶다. 그래서 한국을 살펴 세밀히 기록하고 기사와 칼럼으로 네팔 사회에 소개한다.

내가 한국에 있는 동안 대통령 선거, 국회의원 선거와 지방선거가 여러 번 있었어요. 그 내용과 과정을 잘 살펴봤어요. 정해진 일정에 따라 자유롭고 공정하게 선거를 진행하고 굉장히 빠르게 투표하고 집계하는 것이 정말 인상적이었어요. 하지만 정치에 관심이 없고 한국어 뉴스를 보는 데 익숙하지 않은 이민자들 대부분은 한국에 있어도 선거가 언제인지도 몰라요. 이민자들이 소외되는 것이 아쉬웠어요.

2022년 5, 6월 한국에서 지방선거가 진행되던 시기 네팔에서도 지방선거가 있었다. 그는 한국의 정치, 선거운동과 투표, 집계 과정을 상세히 담은 기사를 네팔 언론에 실었다.

한국 정치 문화를 네팔에 소개하고 싶었어요. 네팔은 정치가 아직 불안정하고 격해요. 선거 때마다 폭력과 죽음이 있어요. 심지어 외국에 있어서 선거에 아무 영향을 미치지 못하는 나 같은 사람이 소셜 미디어에 좋아하는 정치인 사진을 올리고 지지 의사를 밝혀도, 당장 경고가 날아와요. "너 나중에 네팔 오지 마라. 오면 가만 두지 않겠다."

그는 네팔 정치가 변화해야 한다고 생각한다. 특히 부정선거 문제를 서둘러 해결하고, 선거 절차와 내용의 공정성을 강화하고, 선거 일정을 명확히 해서 정치인들에 의해 뒤틀리지 않도록 해야 한다고 강조했다. 네팔 정치발전에 도움이 되기를 바라며 쓴 그 기사는 이렇게 마무리된다.

한국의 정치 지도자는 어떤 갈등이 있더라도 국민의 주권, 헌법, 법률, 국가를 인질로 삼으려 하지 않는다. 그리고 대한민국 주권자들이 매 선거마다 보여 주는 높은 시민 의식은 정치의 앞날이 밝다는 것을 보여 주고 있다.

이주노동자들의 도움이 필요한 한국 그리고 네팔

그가 가지고 있는 고용허가제 비전문취업(E-9) 비자는 3년간 취업할 수 있는 비자이다. 정부는 3년으로 정한 이유를

'정주화 방지 목적'이라고 밝히고 있다. 그러나 사용자가 재고용을 원하는 경우 1년 10개월간 계약을 연장할 수 있다. 합하면 4년 10개월을 일하게 된다. 사용자 입장에서 이런 경력자를 그냥 내보내기 아깝다.

정부는 다시 사용자의 요청을 받아들여 '성실근로자 제도'를 만들었다. 4년 10개월간 직장을 옮기지 않고 일했다면 '성실근로자'로 인정해 4년 10개월간 다시 일하게 하는 제도다. 성실근로자, 이 얄팍한 이름이 스스로도 민망했던지, 정부는 후에 명칭을 '재입국특례고용허가'로 바꿨다. 직장을 옮기지 않았어야 한다는 조건도 버렸다. 동일 업종 내 이동은 인정하는 것으로 변경했다.

이주노동자가 정주하는 것은 싫고 숙련된 노동만 이용하고 싶다는 욕심이 변칙에 변칙을 부른다. 정직하지 못하다. 노동력이 필요하다면 그 노동력을 제공하는 사람을 존중해야 한다. 노동자를 3년 단위로 교체하는 '단기 순환'에서, 자리 잡고 살며 함께 일하는 '정착형 노동 이민'으로 정책을 바꿔야 할 때다.

비자를 (숙련 기능 인력에게 부여하는) E-7(특정활동)로 바꾸려고 준비하고 있어요. 지금 가지고 있는 비자는 내년으로 끝나요. 그 뒤로도 계속 일하려면 비자를 바꿔야 해요. 쉽지 않겠지만요.

하지만 그것은 「사장님 나는 이제 돌아오지 않아요」와는 전혀 다른 미래가 아닌가!

마음과 현실이 달라서 더 슬픈 겁니다. 우리 네팔 젊은 사람들은 거의 다 외국에 가서 일하고 있어요. 안에 있는 사람들이나 밖에서 일하는 사람들이나 같은 말을 해요. "네팔 사람은 네팔을 위해 일해야 한다. 고향에 돌아와 어려운 나라를 도와야 한다." 그러나 젊은이들이 아무리 네팔에서 일하고 싶어도 네팔에는 일자리가 없어요. 네팔은 절실하게 돈이 필요하고요. 네팔이 벌어들이는 달러 중 상당액이 노동자들이 일해서 벌어 보내는 거예요. 다른 방법이 없어요. 나라에서 직접 일하는 것만이 아니라 여기서 돈 벌어 보내고 기술 배워 가져가는 것도 도움이 되잖아요. 지금은 할 수 있는 만큼 돈 벌어 보내고, 나중에 돌아가서 꼭 필요한 일을 해야죠.

세계은행에 의하면 네팔 출신 이주노동자들은 2018년 82억 9000만 달러를 가족에게 송금했다고 한다. 전 세계 이주노동자 송금액 기준 19위이고, 네팔 GDP(국내총생산)의 27퍼센트에 달하는 금액이다. 이주노동자의 송금이 없으면 개별 가구가 빈곤에 빠지는 것은 물론이고, 국가 또한 큰 위기에 처한다. 지극히 개인적인 것으로 보이는 그의 선택에는 마음대로 내려놓을 수 없는 무거운 짐이 얹혀 있다.

그가 마음먹었다고 해서 E-7 비자로 쉽게 바꿀 수 있는 것도 아니다. 행정사에게 방법을 안내받고 서류 준비에 도움을 받으려면 큰돈을 줘야 한다.

행정사가 300만 원을 달래요. 나는 친구들에게 정보를 받았어요. 이미 비자 바꾼 친구들이 있으니까요. 필요한 점수를 맞추려면, 우선 월급을 일정 수준 이상 받고 있어야 하고, 법무부 사회통합프로그램KIIP 5단계를 패스해야 해요. 사회봉사 활동도 해서 필요한 점수를 맞춰야 해요.

전에는 아내와 딸들이 보고 싶어 못 견딜 지경이었는데, 요즘은 좀 나아졌다고 한다. 고향 마을 통신 상태가 좋아져 무려 화상 통화를 할 수 있다고. 사랑스러운 아이들 얼굴을 보며 이야기를 나누다니 꿈만 같다. E-7 비자를 가지면 가족을 초청할 수 있다. 비자를 바꾸면 아내와 아이들에게 한국 여행을 선물하고 싶다.

네팔에는 바다가 없잖아요. 바닷물이 짜다는 말을 책으로만 봤는데, 거제 바다에서 사실인지 보려고 찍어 먹어 봤어요. 아주 짜고 맛이 없었어요! 아이들에게 바다를 보여 주고 싶어요. 기차도 같이 타고요. 유럽이나 미국에 가는 친구들은 가족을 데리고 가거든요. 한국도 그러면 좋겠어요. 나는 초청하더라도 여행만 하고 다시 네팔에 보낼 생각이에요. 만약에 딸들이 여기서 살고 싶다 하면 고민을 많이 할 것 같아요. 돈이 많이 드니까 쉽지는 않을 거예요.

그는 이미 10년을 가족과 떨어져 지냈다. 비자를 바꿔 가족 초청이 가능해진다 해도 한국에서 아이들을 키우겠다는 생각은 돈 걱정에 멀리 밀쳐 뒀다. 몇 년 더 일하는 사이 아이들은 훌쩍 자라 아빠 품에 안기려 들지 않을 것이다. 시인에게 이주노동은 어떤 의미일까.

한국에 온 거 잘했다고 생각해요. 국제 이주는 긍정적인 일이죠. 역사를 길게 보면 국가라는 개념은 최근에 만들어진 거잖아요. 원래 세상은 하나였던 건데요. 어디라도 가서 일하고 살아야죠. 그게 인류의 역사잖아요.

세상 어디로 옮겨가 살아도 좋다고 하지만 시인의 가슴 속에는 늘 네팔이 있다. 반드시 돌아가야 한다는 강박이 있고, 고향에서 더 좋은 삶을 일구고 싶은 희망이 있다. 내일을 위해 오늘을 살아가는 노동자 시인, 그의 오늘이 너무 고되지 않기를 바란다.

2부

일하고

하루에 열한 시간 넘게
깻잎 따요

캄보디아에서 온 니몰

우춘희

이주 인권 활동가이자 연구자. 사회를 먹여 살리는 사람들에게 관심이 있고,
한국과 캄보디아에서 현장 연구를 진행했다. 현재 미국 매사추세츠 대학교
사회학 박사과정에 있으며 이주, 젠더, 농업 노동에 관해 연구 중이다. 저서로
『깻잎 투쟁기: 캄보디아 이주노동자들과 함께한 1500일』이 있다.

저는 하루에 열한 시간 넘게 깻잎 따요. 그런데 사장님이 월급을 안 줘요. 정말 참다 참다 참을 수 없어서 사장님한테 그동안 밀린 월급을 달라고 했어요. 사장님이 월급 못 준다고 나가라고 쫓아냈어요. 이런 똑같은 문제가 정말 많이 있어요.

2018년 7월 어느 무더운 날, 이주 인권 단체인 '지구인의 정류장'에서 캄보디아 출신 니몰(가명, 20대 여성) 씨를 만났다. 긴 머리에 동그랗고 앳된 얼굴의 니몰 씨는 한국어로 나에게 차분하게 설명했다.

니몰 씨와 같이 일했던 태국 출신의 미등록 노동자들은 자신의 월급이 얼마나 밀렸는지 알지도 못한 채 밤중에 가방을 싸고 쫓기듯 나갔다. 임금 체불이 계속되어도 해결될 기미가 보이지 않았다. 노동청에 신고하더라도 미등록 노동자들은 불안정한 신분 때문에 출국 조치를 당할 수 있었다.

반면 고용허가제로 온 니몰 씨는 합법 체류 상태였고, 임금 체불 문제를 적극적으로 해결하려 노력했다. 월급이 계속 밀리자 주변 캄보디아 사람들에게 도움을 요청했다. 몇몇 사람들이 지구인의 정류장에 가서 도움을 받으라고 알려 주었다. 이주노동자들의 문제를 상담하는 쓰레이나(캄보디아, 30대 여성) 씨는 니몰 씨에게 몇 시에 출근해서 몇 시에 퇴근하는지 휴대폰으로 동영상을 찍어 증거를 모으라고 알려 주었다.

니몰 씨는 자신이 6시 30분에 깻잎 밭에서 일을 시작했다는 것을 보여 주기 위해 손목시계와 깻잎을 함께 촬영했다.

10장씩 반으로 접고, 또 다른 10장을 반으로 접은 뒤 이 두 묶음을 한데 엮어 빨간색 얇은 띠로 20장의 깻잎을 순식간에 만들어 낸 뒤 포대 자루에 넣었다. 3분가량 촬영된 동영상에는 니몰 씨가 가끔 흥얼거리는 노랫소리도 어렴풋이 들렸다.

또 다른 동영상에는 월급을 달라는 니몰 씨의 말에 "그냥 가, 도장 찍어 줄게 가."라는 말들이 욕설과 함께 담겨 있었다. 사업주 아들은 큰소리를 쳤다.

(오전) 6시 시작, (오후) 6시 작업 끝, 오케이? 하루 열 시간 일해야 해. 이건 법이야 법. 어휴 짜증 나, 성질나.

니몰 씨의 표준근로계약서에는 근로시간이 "07시 00분~18시 00분, 월 226시간", 휴게 시간이 "근로시간 중 식사 시간을 포함하여 세 시간을 휴게 시간으로 함"이라고 적혀 있었다. 즉, 오전 7시부터 오후 6시까지, 열한 시간 중 세 시간을 쉬고 하루 여덟 시간 일한다는 내용이었다.

니몰 씨는 또박또박 힘주어 말했다.

계약서랑 안 맞아요. 계약서에는 하루 여덟 시간 일해요. 그런데 우리는 하루 열한 시간 넘게 일해요. 아침 6시 출근해요. 오후 6시에 퇴근해요. 점심시간 한 시간 아니에요. 40분이에요. 40분.

"이건 법이야, 법."이라고 큰소리를 치는 사업주는 오히려 법을 어기고 있었다. 첫째, 계약서에 나와 있는 대로 하루 여덟 시간 노동을 시켜야 하지만, 하루 열한 시간 넘게 일을 시켰다. 둘째, 하루 열한 시간 일을 시키고 이에 맞는 월급을 주지 않았다. 셋째, 그마저도 월급이 몇 달 치 밀리기 시작했다. 넷째, 밀린 임금을 달라는 노동자를 쫓아냈다.

불법인 줄 알면서도

니몰 씨의 고용주는 1945년생 남성이었다. 전화번호를 누르자 전화기 반대편에서 점잖은 목소리가 들렸다.

출근 시간이 없지, 촌에는. 새벽 3시에 나와서 일하기도 하고, 아침 5시나 6시에 일하기도 하지요. 촌에는 시간이라는 개념이 없어요. 그리고 시간제가 아니라 박스 1개당 4000원씩. 10상자면 4만 원.

— 그렇게 계산하셨다는 말씀이죠?

그렇죠. 여기 전부 2000명이 되는 농민들이 그런 셈법을 가지고 있어요.

— 표준근로계약서는 그렇게 안 써있는 것 같아서요.

표준근로계약서대로 하면 안 맞지. 여기 전부 다 그렇게 안 해요. 촌은 그렇게 (계약서대로) 딱딱 안 돼. 어휴 참나.

고용허가제를 통해 농민과 이주노동자가 근로계약서를 체결하면, 이제 농민은 그냥 농민이 아니다. 농민은 〈근로기준법〉을 지켜야 할 의무가 있는 고용주가 된다. 그러나 경상도 깻잎으로 유명한 이 도시에서는 고용주들이 면 단위로 '고용주연합회'라는 조직을 만들어 표준근로계약서를 지키지 않으려고 최선을 다했다. 최저 시급에도 못 미치는 임금을 주는 것이 불법인 줄 알면서도 누구도 지키지 않았다.

　깻잎 한 상자에는 깻잎 1000장이 들어간다. 깻잎 20장짜리 묶음이 50개 들어가거나 깻잎 10장짜리 묶음이 100개 들어간다. 이주노동자가 깻잎 한 상자(깻잎 1000장)를 따면 4000원을 주었다. 하루 깻잎 15상자, 즉 1만 5000장을 따야 했다. 한 상자당 4000원을 받고 15상자를 채우면 일당 6만 원이 나왔다. 2018년 최저 시급이 7530원이었고, 여덟 시간 일하면 6만 240원이었다. 그렇게 해서 하루에 깻잎 15상자를 만들면 하루 최저임금과 비슷한 금액이 나왔다.

　문제는 깻잎 1만 5000장을 따는 일이었다. 몇 년씩 숙련된 이주노동자도 그만큼 따는 데 열 시간이 걸렸다. 고용주는 열 시간에 할 일을 여덟 시간에 하라고 강요했다. 고용허가제가 인정한 최저임금은 무시되었고 고용주연합회 사업주의 말이 곧 법이었다.

　니몰 씨의 표준근로계약서에는 한 달에 두 번 쉬고, 하루 여덟 시간씩 일하도록 되어 있기 때문에 한 달 근로시간은 226시간(28.25일×8시간)이었다. 그렇게 계산하면 2018년 기준으로 226시간×7530원(2018년 최저 시급)＝170만 1780원이 월급이었다.

그러나 현실은 달랐다. 실제로 하루에 열한 시간 넘게 일했다. 월급은 계약서에 적힌 금액보다 40만 원이나 적은 130만 원이었다. 거기에 하루 두세 시간 공짜 노동을 해야 했다. 사업주가 그 월급마저도 제대로 주지 않자 니몰 씨는 불안한 마음에 출퇴근 시간을 꼼꼼하게 기록하기 시작했다. 달력에 기록한 것을 보니 여름에는 월 노동시간이 330시간에 달했다. 한 달에 100시간을 더 일했지만 월급을 받지 못했다.

니몰 씨는 관할 노동청에 조사를 받으러 갔다. 달력에 꼼꼼하게 기록한 것을 토대로 계산하면 체불임금액이 약 2000만 원이었지만 모두 인정되지는 않았다. 특별근로감독관이 인정한 체불 금액은 750만 원이었다. 이 금액만 받고 니몰 씨는 사업주와 합의했다. 이것이라도 받을 수 있어서 다행이라면 다행이었다.

2020년 다시 깻잎 밭

2020년 6월 경상도 깻잎 밭에서 니몰 씨를 다시 만났다. 상황은 별반 달라지지 않았다. 표준근로계약서에는 하루 열한 시간 중에서 세 시간을 휴게 시간으로 하고 하루 여덟 시간 일한다고 적혀 있었다. 하지만 실제로는 하루 열 시간 일하고, 여덟 시간 치의 최저임금만 받았다.

니몰 씨의 사업주가 두세 달 치 월급을 주지 않자 니몰 씨는 다시 불안해졌다. 깻잎 밭에 휴대폰을 들고 나가 기록했는데 그만 사업주에게 영상 찍는 것을 들켰다. 사업주는 다음 날 니몰 씨 컨테이너 집에 시간표를 붙였다.

이에 따르면 이주노동자는 오전에는 50분 일하고 15분 쉬고, 오후에는 50분 일하고 20분 쉴 수 있다. 이렇게 점심시간 한 시간, 휴게 시간 두 시간을 모두 모으면 하루 세 시간 쉴 수 있다고 나와 있다. 이 시간표는 지켜지지 않는다. 화장실 갈 시간도 없이 깻잎을 따야 겨우 하루 1만 5000장을 딸 수 있기 때문에 중간에 15~20분씩 쉬는 것은 꿈도 못 꿀 일이다.

니몰 씨의 사업주를 직접 만나 이야기를 들을 수 있었다. 이들은 몇 년 전 이곳으로 귀농한 50대 부부였다. 류미란(가명, 여성) 씨는 흔쾌히 시간을 내주었고 동네 한 바퀴를 돌면서 이야기하자고 제안했다. 이런저런 이야기를 나눈 끝에 그는 나에게 "애들이 뭐가 가장 힘들대요?"라고 물었다.

나는 솔직하게 말했다

— 제일 힘든 것은 임금 문제인 것 같아요. 하루 여덟 시간 일하라고 계약서에 나와 있는데 왜 하루 열 시간 일을 시키는지 궁금해요. 하루 열 시간 일을 시키면서 최저임금에 맞게 주면 괜찮은데 왜 또 여덟 시간만 계산해서 주는지 많이 물어봐요.

류미란 씨는 곰곰이 생각하더니 입을 열었다.

농장주 입장에서는 여덟 시간만 일을 시키고 여덟 시간 돈을 주고 싶어요. 그런데 (이주노동자들이) 그만큼의 실력이 안 되잖아요. 여덟 시간 안에 15박스를 따준다면 여덟 시간만 시키고 싶어요. 진짜 그게 제일 편해요.

고용주 류미란 씨의 말은 맞지 않다. 하루 여덟 시간 동안 깻잎 15상자를 따는 것은 거의 불가능했다. 4, 5년 숙련된 이주노동자도 하루 아홉, 열 시간이 걸려야 깻잎 1만 5000장, 즉 15상자를 땄다. 불가능한 목표를 제시해 놓고 그만큼을 채우지 못한다고 이주노동자를 탓했다.

나중에 니몰 씨는 계약서와 달리 하루 열 시간씩 일을 하는 것이 부당하다며 다음과 같이 말했다.

하루 열 시간 일하는데 여덟 시간만 계산해서 월급을 주는 것이 맘에 들지 않아요. 사장님한테 (최저임금을 제대로 계산해서) 달라고 하면 문제가 생기잖아요. 문제가 생기면 시간도 낭비, 일자리도 낭비예요. 맘에 안 들어도 계속 일을 하는 거예요. 우린 아무것도 할 수가 없어요.

니몰 씨는 계약이 만료되고 더는 깻잎 밭에서 일하고 싶지 않다며 다른 농장으로 떠났다. 그리고 그 빈자리는 다른 이주노동자가 채웠다.

황당한 불법 이면 계약서

그로부터 2년이 흐른 뒤 2022년에 다시 깻잎 밭을 찾았다. 사업주들이 이주노동자에게 하루 두 시간 공짜 노동을 시킨다는 점에 대해 많은 이주 인권 단체들이 문제를 제기해 왔다. 많은 사업주들이 이제 하루 열 시간이 아닌 하루 아홉 시간씩 일을 시키면서 하루 여덟 시간의 최저임금을 준다. 이전에 비해 그나마 나아진 변화다.

그러나 어떤 고용주들은 더 악랄해졌다. 고용노동부의 정식 문서인 표준근로계약서를 체결하고도 고용주연합회에서는 불법으로 이면 계약서를 만들었다. 사업주들은 이주노동자에게 서명하고 이를 따르라고 강요했다.

이면 계약서에는 다음과 같은 내용이 적혀 있다.

하루 근로시간 중 40바구니를 따야 하며 한 바구니는 1킬로그램 이상이 되어야 한다.

하루에 일하는 시간은 여덟 시간이고, 여덟 시간 안에 40바구니를 채워야 한다.

열심히 일하려고 노력하지 않으면 사장은 깻잎을 다 잘라 버릴 것이다. …… 이와 같이 깻잎을 잘라 버리는 일에 대해 직원이 말하거나 항의할 수 없다.

일을 안 하면 사장이 쫓아내어 불법(체류자)을 만들 것이다. (이탈 시) 그 직원들은 항의할 권리가 없다.

이면 계약서에 따르면 이주노동자는 하루 여덟 시간 안에 40바구니, 즉 40킬로그램을 따야 한다. 깻잎 한 장 무게가 약 1.5그램이므로, 하루 약 2만 5000장에 해당한다. 앞서 언급한 깻잎은 묶어서 한 '개비'를 만드는 방식이라면, 이면 계약서에 언급된 깻잎은 묶을 필요가 없이 차곡차곡 깻잎을 포개는 '찹찹이'라고 불린다.

개비와 달리 찹찹이는 묶는 시간을 아낄 수 있으므로 그만큼 깻잎을 더 따야 한다. 물론 깻잎 2만 5000장을 따는 데는 여덟 시간이 아닌 열 시간이 걸린다. 고용주는 불가능한 목표를 정해 놓고 이주노동자에게 이만큼의 일을 하라고 강요했다.

이주노동자가 열심히 일하지 않으면, 사업주는 "깻잎을 다 잘라"서 일감을 주지 않을 것이고 이에 대해 "직원이 말하거나 항의할 수 없다."고 못 박았다. 이렇게 열심히 일하지 않으면 "사장이 쫓아내어 불법을 만들 것"이며 "직원들은 항의할 권리가 없다."고 나와 있다.

이주노동자들이 녹음한 내용에는 사업주의 윽박이 담겨 있었다.

그렇게 일하려면 가. 일 안 시킬 거야. 캐리어 가방 싸서 캄보디아 가. 사장이 코로나 땜에 적자야. 비닐하우스 새로 만들었어. 저거 돈 얼마나 든 줄 알아? 4억 들었어, 4억. 니들이 열심히 해야 사장님이 월급 주지. 쟤들은 20분씩 쉬어도 다섯 소쿠리씩 따. 그런데 니들은 휴식 안 해도 두 소쿠리, 세 소쿠리야. 사장이 분명히 얘기해. 니네 캄보디아에 안 가고 싶으면 빨리 빨리 따!

이주노동자가 열심히 일을 하지 않는다면 해고만 하면 될 문제이다. 그런데 고용주는 이주노동자의 취업 자격뿐만 아니라 체류 자격까지 박탈하겠다고 윽박지른다. 이주노동자들이 폭언, 협박을 들으면서 딴 깻잎이 오늘의 식탁에 오른다. 이제는 이주노동자의 눈물로 얼룩진 밥상이 아닌, 이주노동자들이 인간적인 대우를 받는 밥상을 차릴 수 있도록 한 사회가 이들의 목소리에 귀 기울 필요가 있다.[+]

+ 이 사건은 고용노동청에 진정이 제출되었다.
특별근로감독관은 이주노동자 두 명에게 각각 200만 원을
지급하라는 「체불 임금 등 사업주 확인서」를 사업주에게
발급했다. 그러나 사업주는 여전히 체불 임금을 인정할 수
없다며 완강히 버티고 있다. 고용허가제로 온 이주노동자들은
최대 4년 10개월을 머물고 본국에 돌아가야 한다. 이 기간
동안 체불된 임금을 받지 못하면 빈손으로 돌아갈 수밖에
없다. 한국 정부가 발급한 공식 문서가 휴지 조각이 된 채
말이다.

일하러 왔는데
월급도 빼앗기고
자유도 빼앗겼어요

월 100만 원과 삶을 맞바꾼 이주노동자들

정윤영

이런저런 일로 밥벌이하며 르포를 쓴다. 공저로 『숨은 노동 찾기』, 『달빛 노동 찾기』, 『숨을 참다』 등이 있다.

'일하다 죽을 수도 있겠다.' 싶었다. 정말 그랬다. 커리 전문점 D 식당의 네팔 출신 요리사 창카 씨는 오전 9시에 출근해 밤 11시까지 하루 열네 시간을 일한다. 휴게 시간이나 식사 시간은 따로 없고 눈치 봐서 손님 적은 시간에 빨리 한 끼 때운다. 남들이 쉬는 연휴에는 새벽 2, 3시까지 일하기도 한다. 코로나19 방역 지침으로 영업 제한이 있던 때를 제외하고는 퇴근 시간이랄 게 없었다.

출근해서 유니폼을 갈아입으면 일이 시작된다. 먼저 화덕 숯에 불을 붙여 예열해 놓고 밀가루를 반죽한다. 다른 요리사 한 명이 커리를 만드는 동안 창카는 난과 탄두리 등 화덕에 구울 재료들을 준비하고, 야채를 씻고 썰고 볶고 튀긴다. 매일 다르지만 많을 때는 80인분을 만든다. 엄청난 양을 요리사 한두 명이 모두 책임지기 때문에 주방은 늘 바쁘고 정신이 없다. 화덕에 팔이 데는 건 일상이고 서두르다 미끄러운 주방 바닥에 넘어지기 일쑤다.

D 식당은 연중무휴 식당. 요리사는 쉬는 날이 없다는 뜻이기도 하다. 공식적으로 한 달에 두 번 휴일이 있지만, 다른 지점으로 출근할 때가 많다. 다른 요리사를 위해 휴일을 반납해야만 자신도 한 달에 한 번이나마 휴일을 가질 수 있다. 출근하지 않는 휴일은 무조건 빨래하는 날이다. 몇 벌 되지 않는 옷과 유니폼을 빨고 방 청소를 하면 하루가 끝난다. 숙소에는 세탁기가 없어 손빨래를 하기 때문에 더 오래 걸린다. 정말 쉬는 날 같다고 느끼는 순간은 네팔에 있는 가족과 영상

통화를 하는 몇십 분이 전부이다.

한국에 온 첫 1년은 휴일이 하루도 없었다. 식당에 와서 밥 먹으라는 사장의 호의가 시작이었다. 창카 역시 "갈 데도 없고 아는 사람도 없고 말도 할 줄 모르니까" 식당에 가는 게 편했다. 식당에 앉아 있으면 휴일이어도 일을 하게 됐다. 호의는 곧 그냥 일하라는 명령으로 바뀌었다. 1년 365일 연중무휴는 창카의 책임이 되었고 코피가 나면 휴지로 콧구멍을 틀어막고 일했다. 1년이 지나서야 휴일이 생겼지만 달라진 건 없었다. 노동뿐인 날들의 연속이었다. 매일 열네 시간씩 일하고 집에 돌아오면 잠자기 바빴다. 휴일은 빨래와 대타 출근으로 보냈고 아주 가끔 숙소 동료들과 외식을 했다. 오로지 일하기 위해 빨래를 하고 출근하기 위해 잤다.

2010년, 창카가 1년 동안 쉬지 않고 일해 받은 첫 월급은 70만 원이었다. 당시 최저 시급은 4110원. 주 40시간 일하면 월급 85만 8990원을 받는다. 창카는 주 98시간, 월 392시간을 일했다. 월급부터 노동시간까지, 한국에 올 때 약속한 내용과 모든 것이 달랐다.

창카는 네팔에서 요리사로 일할 때 D 식당 사장의 사촌 동생 R을 처음 만났다. 사장은 네팔 출신으로 한국인 여성과 결혼해 전국에 커리 전문점 일곱 개 지점을 갖고 있다. 아내는 서울에 있는 한 개 지점의 매니저로 일하고 사장과 동생들이 네팔과 한국을 오가며 식당 운영과 인력 관리를 책임진다. R은 창카에게 한국행을 제안하며 월급 800달러(당시 평균 환율로 약 96만 원)라고, 하루에 여덟 시간 일하고 주 1회 휴무에 1년마다 월급을 올려 준다고 했다. 가족들과 떨어져 한국으

로 갈 만한 조건이었다. 비자 발급에 드는 비용을 포함해 650
만 원을 구하는 게 문제였는데 온 가족 친지와 지인에게 돈을
빌려 해결했다. 650만 원을 R에게 지불하고 한국으로 일하
러 올 수 있었다.

월급도 환불이 되나요?

그러나 지켜진 것은 하나도 없었다. 처음 5개월 동안은
월급도 없었다. 은행 계좌가 없다는 게 이유였다. 돈을 달라
고 하면 "나중에 줄게, 나중에." 말뿐이었다. 사장의 '나중
에'는 5개월 뒤였다. 96만 원이라던 월급도 70만 원으로 줄
었고 그마저도 밀린 월급의 3개월 치만 받았다. 월급 없이 다
섯 달을 동료에게 5만 원, 10만 원씩 빌려서 생활했다. 밀린
월급 가운데 나머지 두 달 치는 1년 뒤에 나눠 받았다. 그런
뒤에도 월급은 자주 밀렸고 매년 올려 준다던 월급은 10년
동안 세 번 올랐다. 처음 R이 말한 월 800달러를 받는 데 10
년이 걸렸다.

월급을 지급하는 방식도 수상했다. 세 달 치 밀린 월급을
준 뒤에 한 달 치 월급만 제외하고 나머지는 사장이 다시 가
져가는 식이었다. 이를테면 회사 이름으로 통장에 180만 원
을 입금한 뒤, 월급 97만 원을 뺀 나머지를 현금으로 돌려 달
라는 메시지를 보낸다. 창카는 곧바로 은행으로 가서 현금
83만 원을 인출해 매니저에게 전해 준다. 창카와 사장은 이
금액을 '리턴 머니'(환불)라고 했다.

리턴 머니에 대해 매니저 R은 "출입국에 낼 돈"이라고 했고, 사장은 "한국에 새로운 법이 생겼다."고 했다. 한번은 750만 원이라는 큰 액수가 입금된 적이 있다. 통장에 찍힌 금액을 보고 놀란 아내가 한국으로 연락을 해왔다. 창카는 당연히 다시 돌려줄 돈이라 생각했다. 그래도 750만 원은 너무 큰 돈이라 이유를 묻자, R은 "비자가 잘 나오려면 계좌 관리를 해야" 하기 때문이라며 월급을 제외한 670만 원을 가져오라고 덧붙였다. 돌려주지 않으면 "비자 연장 안 해준다", "네팔로 돌려보내겠다."는 협박도 잊지 않았다. 창카 계좌에서는 670만 원이 한 번에 인출되지 않아, 100만 원씩 일곱 번에 걸쳐 현금을 뽑아 돌려줬다.

그런 뒤 어떤 서류에 지문을 찍었는데, 다른 때와 달리 R이 창카의 양손을 잡고선 엄지에 인주를 묻혀 강압적으로 날인을 찍었다. 서류는 한국어라 내용을 전혀 알 수 없었다. 무슨 서류냐고 물어보면 대답은 항상 같았다. "이거 안 하면 비자 연장 못 해." '비자 연장'은 사장이 원하는 건 무엇이든 이루어 주는 마법 같은 단어였다. 결국 양손에 묻은 인주가 서류에 찍히는 걸 보고만 있어야 했다.

창카는 웬만한 일은 다 괜찮았다. 일곱 명이 사는 숙소가 너무 좁다거나 손빨래를 해야 하는 불편함은 아무렇지 않았다. 다쳤는데 병원에 갈 수 없어도, 알 수 없는 서류에 서명을 하고 10년 동안 가족들을 세 번밖에 만나지 못했어도 정말 괜찮았다. 불만이 없는 건 아니었지만 참을 만했다. 창카에게 괜찮지 않은 것은 단 하나. 일을 못 하게 되는 것뿐이다.

월급은 한 달 생활비 10만 원을 제외하고 모두 가족들에게 송금한다. 가족은 모두 여섯 명. 부모님과 동생, 아내와 자녀 둘이 한집에 산다. 창카가 1년 동안 하루도 쉬지 못하고 화덕 앞에서 고스란히 화기를 맞으며 매일 열네 시간을 버틸 수 있던 건 갚아야 할 650만 원이 있었고 가족이 있었기 때문이었다. 사장의 '나중에'만 믿고 버틴 시간은 10년이었다.

사장이 월급 올려 준다는 말만 믿었어요. 만날 네팔 다녀와서 주겠다고 미루고 미뤘는데, 이번에는 정말 마지막이라고 생각했어요. 그런데 또 미루니까 너무 괴로웠죠. 사장 말만 믿고 쉬지도 못하고 일하는 내가 너무 바보 같았어요. 이렇게 일하다 죽을 수도 있겠다 싶었어요.

근로계약서인 줄도 모르고

웬만한 일은 다 괜찮다고 말하는 창카지만, 10년 넘게 일해도 월급이 100만 원도 되지 않는다는 사실이 내내 괴로웠다. 다른 식당은 3년 차 요리사도 월 150만 원을 받는다는 얘기를 들었을 때는 정말 괜찮지 않았다. 할 수만 있다면 식당을 옮기고 싶었다. 특정활동(E-7) 비자는 사용주가 동의해야만 근무지 변경이 가능하므로 창카는 처음으로 사장에게 '직업 변경 동의서'를 부탁했다. 아무런 대꾸도 하지 않는 사장에게 창카는 월급이라도 올려 달라고 했지만, 사장은 "네팔에 갔다 오면 올려 주겠다."는 약속으로 답을 대신했다. 이미 세 번이나 어긴 약속이었고 지키려고 한 약속이 아니었다.

창카도 더는 속아 주고 싶지 않았다. 월급을 올릴 방법은 아무리 생각해도 신고뿐이었다.

2021년 8월, 같은 숙소에서 지내는 라메시와 서울출입국·외국인청을 찾아갔다. 라메시는 한국에 온 지 9년 차로 역시나 월 97만 원을 받고 있었다. 두 사람은 정보공개를 청구하고 처음으로 근로계약서를 볼 수 있었다. 계약서에 적힌 내용은 실제 일하는 조건과 전혀 달랐다. 계약서에는 근무시간 열 시간, 휴게 시간도 세 시간이나 되었고 휴일은 매주 토요일이라고 적혀 있었다. 무엇보다 월급 차이가 컸다. 계약서에는 2012년부터 2018년까지 월 150만 원이 적혀 있었다. 실제 창카가 받은 월급은 80만 원, 계약서에 명시된 금액의 절반밖에 되지 않았다. 게다가 창카는 매해 계약서에 서명한 적이 없었다. 직접 서명한 건 세 번뿐, 나머지는 자신의 필체가 아니었다. 직접 서명한 세 번도 비자 연장에 필요하다고 해서 서명했을 뿐 근로계약서인 줄은 전혀 몰랐다.

매해 서명을 받는 사장에게 한번은 무슨 내용이냐고 물어본 적이 있다. 그때도 비자 때문이라고만 했다. 그 뒤론 서류를 다른 종이로 가리고 서명만 하도록 했는데, 그게 근로계약서인 줄 몰랐다. 비자 때문에 입금했다던 750만 원은 퇴직금 항목이었고 양손으로 지문을 찍게 한 서류는 퇴직금을 지급했다는 내용의 서류라는 것도 그때는 몰랐다. 내용을 알고 서명한 적도 있다. 코로나로 영업 제한이 있던 때였다. 창카는 오전 10시부터 오후 2시까지 근무한다는 서류에 서명한 게 생각난다며 통역을 부탁했다. 그러고는 자신의 가방을 열더니 10년 동안 사용한 통장과 근무일이 적힌 노트, 사장과 주고받은 메시지 사본 등 온갖 서류를 꺼내 보여 주었다.

> (오후) 2시까지만 근무했다고 서명을 했는데 사실과 달라요. 코로나 때문에 (서명)해야 된다고, 사장이 하라 그러면 해야지 어떻게 안 하겠어요. 같이 일하는 동료들도 원래 이렇다고 하니까 그냥 그러려니 했어요. 그래서 코로나 때 고향도 못 가고 혼자 일했는데 월급을 또 안 올려 주니까 화가 났어요. 전에는 그냥 하라는 대로 하면 된다고 생각했는데 지금은 아니에요. 제가 늦게까지 일한 증거도 다 있고 문자 기록도 남아 있어요. 계약서대로 해야죠.

근로계약서 허위 작성과 〈최저임금법〉 위반, 체불임금까지 D 식당이 문제가 많다는 걸 창카는 노무사를 통해 알게 됐다. 노무사 최미숙 씨는 동료 요리사에게 소개받았다. 그 동료 역시 상담받은 적이 있었고, 꽤 여러 명이 노무사를 통해 체불임금을 받았다고 했다.

창카와 라메시가 노무사를 통해 노동부에 신고한 걸 알고 사장은 "좋게 대화를 나누자."고 했다. 쉬는 시간도 주고 주 1회 휴무도 지켰다. 저녁 9시면 칼같이 퇴근시키고 세탁기도 사줬다. 늘 화를 내던 사장의 태도도 달라졌다. 그러나 돈에 있어서는 단호했다. 밀린 월급과 퇴직금을 달라고 하자 "너한테 이렇게 큰 돈은 줄 수 없다."고 말을 잘랐다. 그러고 는 새로운 총괄 매니저라며 L을 데려왔다. L은 유명한 커리 전문점 K 식당의 사장이었고, 그 역시 임금 체불로 노동부 조사를 받는 중이었다. L은 비자 연장을 들먹이면서 신고를 철

회하라며 협박하고, 두 사람에게 숙식 비용으로 2억 7000만
원을 청구했다.

그 얘기를 하며 창카는 갑자기 사장의 네팔 이름을 알려
줬다. 잘 알아듣지 못하자 수첩에 직접 써주고 한 글자씩 또
박또박 읽어 줬다. 사장의 네팔 이름을 왜 알려 주는지 묻자,
네팔에는 한국에 오고 싶어 하는 사람이 많다면서 네팔 사람
들이 그 이름을 알았으면 좋겠다고, 사장이 어떤 사람인지 알
리고 싶다고 답했다. 사장이 "우리 돈을 빼앗아서 굉장한 부
자"라는 얘기도 꼭 하고 싶다고 했다. 그 말을 전하는 창카의
눈매가 또렷해지고 입매가 단단해지는 게 느껴졌다.

두 사람은 신고 뒤 일을 그만두었고 체류 비자는 E-7에
서 (구직을 위한 임시 비자인) G-1로 곧바로 바뀌었다. 노무사
도움으로 비자를 받긴 했지만 기타 비자인 G-1로는 취업을
할 수 없고 체류 기간도 짧다. 두 사람이 체불임금을 받기를
바라며 매일같이 노무사 사무실과 노동부를 들락거린 지 벌
써 6개월째(2022년 6월 기준), 가족들에게 돈을 보내지 못한
지도 반년이 넘었다. 가족들은 친척에게 도움을 받아 생활하
고 두 사람 역시 동료들에게 돈을 빌려 하루하루 살고 있다.
한국에서 계속 일하고 싶지만 쉽지 않다는 걸 안다. 사장을
노동부에 신고하고도 계속 일하는 요리사는 거의 없다고 들
었다. 퇴직금과 체불임금을 받으면 네팔로 돌아가야 할 수도
있다는 걸 알지만, 가족들을 생각하면 어떻게든 빨리 상황을
끝내고 싶다.

인터뷰가 끝나 갈 무렵, 노무사에게 전화가 왔다. 총괄 매
니저 L이었다. 창카와 라메시 때문에 전화했다며 만남을 요

청했다. 노무사가 전화를 끊고 창카에게 체불 임금과 퇴직금을 얼마 요구할지 묻자 9000만 원이라고 답했다. 창카, 함께 온 동료들과 통역사는 서로를 쳐다보며 작게 소리 내어 웃었다. 그게 가능할까 하는 표정들을 보고 노무사는 딱 잘라 큰 돈이 아니라고, 10년 넘게 일했는데 더 받아야 한다고 한숨을 내쉬었다. 사장이 퇴직금을 주지 않으려고 총괄 매니저까지 데려왔지만 안 줄 도리가 없으니 전화한 것 아니겠냐는 노무사 말에 창카는 이제 돈을 받을 수 있냐고 되물었다. 너무 큰 기대는 하지 말라고 얘기하자 두 사람은 그래도 전화가 와서 너무 좋다며 처음으로 환하게 웃었다. 정말 운이 좋으면 체불임금과 퇴직금을 받고도 취업 비자를 받아 한국에서도 계속 일할 수 있을지도 모른다고 두 사람은 생각한다.

체불임금 요구했다가 '불법체류' 됐다

인도에서 온 라제쉬(가명)는 이태원에 있는 고시원에서 동료와 살고 있다. 1년 전만 해도 대학가 유명 커리 식당(C 식당)에서 일하던 요리사였다. 현재 비자는 G-1. 일은 할 수 없고 끼니를 걱정하는 지경이다. 동료들에게 돈을 빌려 유지하는 이 생활이 언제까지 가능할지 알 수 없다. 월세를 나눠 내고는 있지만 동료가 나가라고 하면 어떻게 하나 불안하다.

라제쉬가 "희망이 너무 없는 삶"을 살게 된 과정은 창카, 라메시와 너무나도 비슷했다. 월급을 떼이고 알 수 없는 서류에 서명했다. 한국에서의 기억이라고는 일하고, 다치고, 빨래한 것뿐이라는 점도 비슷했다. 다른 점이 있다면 라제쉬는 6년간 일한 C 식당 사장 김 씨의 신고로 미등록 체류자가 되었다는 점이다.

2021년 4월, 사장이 라제쉬의 숙소로 찾아와 다짜고짜 그를 출입국·외국인청으로 데려갔다. 사장은 서명 하나를 받더니, 올해는 비자가 연장되지 않았으니 인도로 돌아가라며 비행기 표를 내밀었다. 라제쉬는 한 달 전에 했어야 할 비자 갱신을 사장이 하지 않았고, 비자 만료 직전에 자신을 강제로 출국시키려 했다는 걸 알았다. 이런 일이 자신이 처음이 아니라는 것도, 밀린 월급과 퇴직금을 주지 않는 사장만의 사업 비결이라는 것도 알았다.

고향으로 가라는 말에 라제쉬는 머릿속이 하얘졌다. 이대로 인도로 가면 다시는 한국에 오기 힘들다는 걸 알기 때문이다. 퇴직금이라도 받았다면 모르겠지만 이렇게 인도로 돌아갈 수는 없었다. 절대 그냥 갈 수는 없다고 못을 박고 숙소로 돌아왔다. 그날에 대해서는 할 말이 많았는지 통역사에게 꽤 길게 이야기를 전했고 전하는 목소리의 억양이 높아졌다.

너무 슬퍼요. 왜 이렇게 하는지 이해할 수가 없어요. 당연히 줘야 할 돈을 안 주고선 인도로 안 갔다고 감시하고 협박해요. 내가 누구랑 전화하는지 확인하고 휴대폰도 봐요. 한번은 내 방으로 쫓아와서 종일 안 가고 지켜본 적도 있어요. 서명하라고 밀쳐서 피하다가 맞기도 했고요.

강제 출국 소동이 있고 나서 라제쉬가 근무한 건 일주일

정도였다. 지속적인 '감시와 협박'을 더는 참을 수 없어 숙소에서 뛰쳐나왔다. 갈 곳이라곤 동료의 숙소뿐이었다. 동료는 자신이 아는 노무사라며 만나서 상담해 보라고 연락처를 알려 줬고, 통역해 줄 사람을 어렵게 찾아 최미숙 노무사와 약속을 잡았다.

4월 19일, 구로구에 있는 사무실에서 노무사를 만났다. 라제쉬는 노무사를 대리인으로 선임하고 고용노동부에 체불임금 진정서를 접수했다. 접수를 마치고 이야기를 나누고 있는데 갑자기 사무실로 경찰이 들이닥쳤다. 미등록 체류자가 있다는 신고를 받고 왔다며, 경찰들은 눈앞에서 라제쉬의 양손에 수갑을 채웠다. 라제쉬는 출입국 위반 사범으로 외국인보호소에 구금되었다. 누구도 예상 못 한 상황이었다. 오랫동안 노무 상담을 해온 최미숙 씨도 처음 겪는 일이었다. 라제쉬를 신고한 건 식당 사장 김 씨였다.

졸지에 미등록 체류자가 되어 외국인보호소에서 보낸 시간은 아홉 달이었다. 보호소에서 어떻게 보냈는지 얘기해 줄 수 있냐고 묻자, 라제쉬는 "감옥에 간 걸 말하는 거냐?"고 되물었다. 라제쉬가 지낸 화성 외국인보호소는 새우 꺾기 고문으로 유명한 곳이었다.

나는 죄를 짓지도 않았고 실수한 것도 없는데 왜 감옥에 들어가야 돼요? 너무 슬펐어요. 거기 있는 동안은 정말 행복하지 않았어요. 나는 여기에 일하러 왔는데 월급도 빼앗기고 자유도 빼앗겼어요. 일할 수 있는 기회도 다 빼앗겼어요. 1년 넘게 가족들한테 돈을 못 보내 주고 있는데 어떻게 지내는지도 잘 몰라서 너무 답답하고 괴로워요. 어떻게 해야 할지 모르겠어요.

라제쉬 구금과는 별개로 노동부에서 진정 사건 조사가 시작됐다. 첫 번째 출석 요구일에는 노무사가 대신 출석해 체불액 약 1억 4000만 원을 산정했는데, 라제쉬가 구금된 바람에 근거 자료를 제시하기 어려웠다. 그런 데다 사장 김 씨는 "퇴직금만 일부 덜 줬다."며 체불을 부인했다.

체불은 없다던 김 씨는 노동부 출석 이후 화성 보호소에 구금돼 있는 라제쉬를 찾아갔다. 자신의 신고로 구금된 라제쉬를 앞에 두고 그는 "내가 돈 안 주면 넌 못 받아."라고 협박했다가 "나 돈 없어. 못 줘." 하더니 마지막에는 "1년 6개월 치 월급을 줄 테니 합의하자."며 회유했다. 합의금으로 제시한 1년 6개월 치 월급은 2600만 원, 노무사가 정산한 체불액의 5분의 1에 해당하는 금액이다.

2차 출석은 노동부 요청으로 라제쉬가 직접 참석했다. 보호소 안에서 자료를 준비하고 입국부터 구금되기까지 과정을 진술했지만 보호소 귀소 일정이 그의 발목을 잡았다. 결국 진술을 끝까지 마치지 못하고 중간에 돌아가야 했다. 노무사는 원활한 조사를 이유로 보호 일시 해제를 청구했고, 6개월 만에 일시 해제 허가를 받았다. 구금된 지 9개월 만에 보호소에서 나올 수 있었지만 해제 기간은 3개월, 보증금은 300만 원이었다. 라제쉬는 얼마가 될지 모르는 체불임금과 퇴직금을 받기 위해 수시로 출입국에 거주지를 보고해 가며, 또 해제 기간을 연장하고 그만큼 빚져 가며 진정 사건 조사를 받고 있다.

월급 못 받은 거랑 퇴직금만 받으면 돼요. 돈을 다 받으면 좋은 추억을 가지고 갈 수도 있죠. 그런데 돈도 받지 못하고 어떻게 가겠어요. 저도 다른 사람처럼 취업 비자를 받을 수만 있다면 계속 일하고 싶어요. 못 받으면 고향으로 돌아가야죠. 계획이랄 게 있나요? 아마 다른 사람들도 저처럼 밀린 돈도 다 받고 비자도 받는 게 목표일 거예요.

라제쉬는 구직 비자를 받지 못할 것이다. 창카나 라메시, 다른 요리사들은 시간이 오래 걸리고 체불임금을 덜 받더라도 구직 비자를 받아 다시 취업할 수 있는 기회가 있다. 힘들지만 조금 기다려도 보람이 있다고 얘기하는 이유다. 라제쉬는 얼마를 받든 한국을 떠나야만 한다. 그는 미등록 체류자이기 때문이다.

라제쉬는 한국에 처음 오려고 짐을 쌀 때, 특별히 뭐가 필요할까 싶었다고 했다. 굳이 걱정되는 거라면, 고기를 먹지 않는 그가 한국에서 먹을 만한 게 뭘까 하는 정도였다. 그래서 한국으로 올 때 렌틸콩과 쿠키를 가방에 가득 채워 왔다고 했다. 한국에서 이주노동자로 산 지 6년째, 그의 크고 색이 바랜 백팩은 창카의 것과 아주 비슷했다. 가방 안에 두툼한 서류 뭉치와 다 쓴 통장, 근무일지가 빼곡하게 적힌 다이어리가 들어 있는 것도 똑같았다. 한국행을 준비하며 가방에 쿠키를 넣던 라제쉬는 자신이 '불법체류'로 구금된다는 걸 짐작이나 했을까? 생계 부양의 꿈과 희망이 자기 두 손에 수갑을 채우고 자기 삶을 통째로 가둘 수도 있다는 걸 상상이나 했을까?

라제쉬와 인터뷰 약속을 잡고 노무사 사무실에서 만나

기로 했다. 라제쉬는 C 식당 동료 두 명과 함께 왔다. 약속 없이 동료들이 따라온 건 창카, 라메시 인터뷰도 마찬가지였다. 두 번에 걸쳐 여덟 명이 인터뷰한 셈이었다. 통역은 한국에 유학 온 인도 출신 학생과 파키스탄 출신 유학생이 도왔다. 한국말로 묻고 통역자가 자신이 이해한 게 맞는지 되물었다. 그리고 요리사들에게 힌디어로 질문을 하면 요리사가 답변하고, 다시 한국어로 전해 줬다. 요리사와 통역자가 주고받는 대화는 길었는데 한국어로 돌아오는 답변은 짧았다. 길게 얘기한 내용이 뭔지 몇 번 물었는데, 들을 수 있는 건 별로 없었다.

짧게는 4년, 길게는 10년 넘게 일한 노동자 여덟 명 모두 월급을 제대로 받지 못하고 쫓겨나게 생겼다며 이야기를 들려줬는데, 우리가 주고받은 말들이 얼마나 전달됐는지 솔직히 잘 모르겠다. 궁금한 게 많았는데 이야기를 제대로 듣지 못했다. 다만 한국어를 전혀 하지 못하는 창카와 라메시, 라제쉬가 구사하는 한국말이 있었다. 그들이 알아들을 수 있고 익숙하게 발음할 수 있는 단어는 '퇴직금'과 '노동부' 둘뿐이었다.

춤은 항상 사람들 속에 있어야 한다고 생각합니다

부르키나파소에서 온 무용수 엠마누엘

김나연

극작가. 활자 형태의 문학과 인간 중심의 무대가 만나는 공연 예술에 끌려 문예진흥원 공연예술 아카데미에서 극작·평론을 배웠다. AI가 작품을 생산하는 시대에 연극이야말로 온기 있는 두 손을 내밀 수 있는 장르라 생각한다. 주요 작품으로『아버지가방에들어가신다』,『너, 돈끼호떼』(공저),『그녀들의 첫날밤』등이 있다.

매주 일요일 오후, 서울 영등포에 위치한 스튜디오 '봉쿠라지'에 사람들이 하나둘 모여든다. 아프리카 만딩고Mandingo 춤을 배우기 위해서다. 나이도 성별도 직업도 제각각인 이들 중에는 무용수도 있고, 취미로 춤을 배우거나 춤을 처음 접해 보는 이들도 있다. 그런 그들을 반갑게 맞이하는 춤 선생님은 부르키나파소에서 온 엠마누엘 사누Emmanuel Sanou 씨다.

엠마누엘 씨는 무용 단체 '쿨레칸'Koule Kan의 댄서이자 안무가다. 서아프리카 전통춤인 만딩고를 기반으로 아프리카의 여러 안무가와 함께 현대무용을 수련했다. 자국 내 예술 경연 대회 수상 경력을 바탕으로, 2007년 아프리카 최초의 오페라인 〈사헬 오페라〉의 무용수로 발탁되어 유럽 각지에서 공연했다. 이후 유럽과 아프리카를 오가며 창작 공연과 교육 활동을 하던 중 2012년 한국에 오게 되었고, 그 인연으로 한국에 정착하게 되었다.

일요일마다 열리는 워크숍의 이름은 '일요일 춤이 있는 삶'. 코로나19 팬데믹으로 한동안 문을 닫았다가 다시 열게 된 워크숍 프로그램 중, 필자가 경험한 춤은 용기의 춤 '구룬시'다. 코로나로 힘들었지만 용기 있게 이겨 내자는 의미로 다가왔다.

봉쿠라지라는 이름도 "용기를 내자."는 뜻이다. 처음에 가벼운 몸풀기로 시작해 신나는 아프리카 음악에 맞추어 동작을 배우고 따라 하다 보니, 어느새 온몸이 땀으로 범벅이 되었다. 박자도 낯설고 동작도 서툴지만 춤을 추는 모두의 표

춤은 항상 사람들 속에 있어야 한다고 생각합니다
부르키나파소에서 온 무용수 엠마누엘

정이 즐겁고 행복해 보였다. 마지막에는 모두가 둥그렇게 원을 그리고 서서 한 사람씩 나와 춤추는 시간을 가졌다.

수요일과 일요일 스튜디오에서 하는 댄스 워크숍 말고도, 엠마누엘 씨는 매주 노들장애인야학과 성미산학교에서 장애인과 청소년을 대상으로 춤 수업을 하고 있다. 2014년부터 국내 여러 학교와 기관, 단체에서 어린이와 청소년, 장애인과 성인을 대상으로 만딩고 댄스 워크숍을 해왔으며, 노들장애인야학은 2016년부터 수업을 이어 가고 있다.

코로나로 인해 한동안 멈춘 창작 활동도 다시 하게 되었다. 2022년 5월 엠마누엘 씨는 마산 국제춤축제에 참여해 부르키나파소에서 발생하고 있는 테러를 규탄하는 내용의 공연을 발표했다. 이 밖에도 다양한 장르의 작가 및 예술가와 협업해, 아프리카 노예 역사에 관련된 퍼포먼스와 어린이·청소년을 대상으로 하는 공연을 준비하고 있었다.

코로나19가 시작되었을 때 제게는 큰 충격이었습니다. 제 일은 사람들을 만나는 일이기 때문에 이제 어떻게 내 일을 이어 갈 수 있을까, 다른 일을 해야 하나 걱정했어요. 예정된 공연들도 모두 취소되고 진행하던 수업도 잠깐 멈추었습니다. 이후에는 온라인으로 대체하거나 소규모로 이어 갔습니다.

수입은 이전에 비해 턱없이 부족했지만 지금 처한 상황에 어떻게든 대처하려고 노력했어요. 무엇보다 사람을 만나며 에너지를 주고받는 일이 제게는 아주 큰 힘이 되는데, 그럴 수 없어서 더욱 힘들었습니다.

다른 이주민 예술가들의 상황은 더 열악했다고 한다. 엠마누엘 씨의 경우 결혼이민(F-6) 비자가 있어 구청에서 지원금을 받을 수 있었지만, 예술흥행(E-6) 비자로 와있는 사람들은 정부 지원을 받을 수 없었기 때문이다. 코로나로 모든 공연과 교육 활동이 취소된 상황에서, 소규모 수업을 진행하며 경제활동을 이어 가거나 친구와 가족의 지원으로 생계를 유지한 경우도 있었다고 한다.

엠마누엘 씨도 처음에는 E-6 비자로 왔다. 2012년 포천 아프리카예술박물관과 계약을 맺고 동료 예술가들과 함께 한국에 온 것이다. 그리고 그곳에서 그는 태어나서 한 번도 겪지 못한 일을 당했다. 아프리카 출신 예술가들을 상대로 자행된 노동 착취와 인권 탄압은 당시 언론을 통해 대대적으로 보도되었다.

여전히 어려운 이야기

당시 기사들에 따르면, 박물관 측은 아프리카 예술가들에게 2년의 계약 기간 동안 비행기표 값 명목으로 10만 원을 떼고 매달 약 50만 원을 지급하고 하루 식대 4000원을 지급했다. 당시 최저임금의 절반 수준에도 못 미치는 금액이었다.

계약서상 내용도 지켜지지 않았다. 마음대로 공연 횟수를 늘리거나 계약에 없던 행사에 동원되기도 했다. 쥐가 나오고 보일러도 없는 방에서 머물렀다. 이를 견디다 못한 몇몇 동료는 박물관을 뛰쳐나갔다. 그러자 박물관은 남은 이들의 여권을 압수했다.

2년이 지나 계약을 갱신할 시기가 오자 엠마누엘 씨를 비롯한 동료 예술가들은 새 계약서를 요구했다. 그러나 박물관 측은 재계약을 거부했다. 계약이 종료되면 일자리를 잃고 본국으로 돌아가야 한다. 체불임금도 받지 못하고 쫓겨날 형편에 처한 이들의 사정은, 많은 이들의 노력 끝에 세간에 알려졌다.

여전히 그는 당시 사건을 묻는 질문이 어렵다고 말했다. 그 일을 계기로 인간을 한층 더 이해할 수 있게 되었다고.

그것은 굉장히 나쁜 경험이었지만 그 경험을 통해 많은 것을 깨달았습니다. 제 인생을 통틀어 차별을 겪은 적이 없었기 때문에 당시에는 굉장히 충격적이었어요. 과거도 아니고 지금 현재 이곳에서 왜 이런 일이 일어나는지 수없이 질문했습니다.

누군가 저를 존중하면 저도 상대방을 존중합니다. 그러나 누군가 나에게 힘을 과시하려 하면 저 또한 그에 맞섭니다. 누군가를 차별하고 무시하는 사람은 자신을 잘 모르는 사람이라고 생각해요. 자신을 존중해야 상대방을 존중할 수 있고, 그러기 위해서는 배워야 한다고 생각합니다.

아프리카예술박물관 사건은 그가 추구하는 예술 활동의 지향점을 더욱 단단하게 만드는 계기가 되었다.

사회적 이슈에 대해 작품으로 표현하는 게 중요하다고 생각해 왔지만, 이것을 계기로 그 방향성이 더욱 강해졌습니다. '사회

안에서의 소수자에 대한 이슈나 작은 목소리들, 이런 발언권이 없는 사람들을 위해 내가 함께 서야겠다. 내가 그들의 곁에 있어야겠다.'는 생각이 들었어요. 저는 굉장히 부드러운 사람인데 뭔가 되게 강한 파이터가 되었다고 할까요.

엠마누엘 씨는 아프리카예술박물관의 경험을 바탕으로 〈데게베〉Degesbe라는 작품을 만들어 2016년 첫 공연을 올렸다. 데게베는 "무엇을 찾고 있는가? 거기엔 아무것도 없어."라는 뜻으로, 사람들 간에 벌어지는 차별과 폭력을 이야기하며 같은 인간으로서 서로 존중해야 한다는 메시지를 담고 있다.

그에게 '예술은 사회를 비추는 거울'이다. 예술가의 역할은 사회에서 일어나는 여러 가지 사건들에 대해 사람들에게 그 본질을 일깨우고 "진실을 알리는 일"이다. 부와 권력이 한쪽으로 편중된 "불균형한 사회 속에서 균형을 이룰 수 있도록" 말이다.

한국에서 이주민 예술가로 살아간다는 것

엠마누엘 씨는 현재 예술흥행(E-6) 비자가 아닌 결혼 비자로 이곳에서 생활하고 있다. E-6 비자를 가지고 있었을 때는 비자 연장 문제로 항상 불안했다고 한다.

E-6 비자로 이곳에 오게 되었을 때 마치 노예가 된 것처럼 느꼈습니다. 왜냐하면 비자를 유지하거나 중지시킬 권한은 '사

장님'에게 있었기 때문입니다. 부당한 일을 당해 일을 그만두고 싶어도, 계약이 파기되면 '불법체류자'가 되기 때문에 제게는 선택의 여지나 권한이 없었습니다.

현재 외국인 예술가가 국내에서 합법적으로 체류하려면 해외에서 문화예술(D-1) 또는 예술흥행(E-6) 체류 자격으로 비자를 받고 국내에 입국해야 한다. 하지만 이 비자들로는 국내에서 안정적으로 체류하며 자유로운 창작 및 경제활동을 이어 나가기 어렵다.

D-1은 수익을 목적으로 하지 않는 학술이나 예술 분야에 종사하는 외국인에게 발급되는 비자로 사실상 경제활동이 불가능하다. 유학을 와서 생계유지에 필요한 활동을 할 수 없고, 졸업 후 활동을 계속하고 싶어도 비자 취득이 어렵다.

E-6은 외국인이 음악·미술·문학 등 예술 활동을 하며 한국에서 체류할 수 있는 비자다. 한 번에 최대 2년간 머무를 수 있고 고용계약서가 있어야만 발급받을 수 있다. 발급 분야도 방송, 연예, 스포츠, 호텔 공연 등에 한정되어 있어 순수 예술 창작을 주로 하는 프리랜서는 거의 받을 수 없는 비자이다.

무엇보다 계약관계에 있는 예술가는 고용주에게 종속되어 활동이 제한된다. 거기에 노동 착취, 임금 체불, 인신매매, 성폭력 등 인권침해까지 벌어지는 실정이다.

현행 비자 제도에서 순수 창작 활동을 하는 외국인 예술가는 배제된다. 그래서 "외국인 예술가가 기획사나 소속사 계약 없이도 독자적으로 비자를 발급받을 수 있고, E-6 비자로 왔더라도 일정 기간 국내에서 활동한 경우에는 비자 형태를 좀 더 자유롭게 바꿀 수 있도록" 제도와 방안이 마련되었으면 하는 것이 그의 바람이다.

또한 그는 이주민 예술가에게도 예술 활동을 지원받을 기회가 주어져야 한다고 덧붙였다.

한국인 예술가들도 작품 활동만으로는 생활이 어렵고 지원이 필요하다는 것을 알고 있습니다. 하지만 외국인 예술가들은 지원받을 자격조차 부여받지 못하는 경우가 많습니다. 응모해서 떨어지는 건 괜찮아요. 그저 응모할 수 있게 기회를 달라는 얘기입니다.

공동체의 힘

2014년 엠마누엘 씨는 뜻이 맞는 이들과 함께 쿨레칸이라는 무용 단체를 설립했다. 쿨레칸은 '뿌리의 외침'이라는 뜻으로, "우리 모두는 여행자들이며 어디를 가든 자신의 존엄성과 뿌리를 잊지 말아야 한다."는 의미를 담고 있다.

그의 춤의 뿌리는 만딩고다. 만딩고는 부르키나파소가 위치한 서아프리카 지역의 민족과 문화를 뜻한다. 만데, 만뎅, 말링케 등 지역에 따라 다양한 이름으로 불린다. 유럽의 식민 지배를 거치며 지금은 여러 나라로 나뉘었지만, 과거 하나의 왕국이었던 그곳 사람들은 "여전히 같은 언어를 사용하고 같은 문화를 공유하며" 함께 어우러져 살아간다. 또한 부르키나파소는 문화와 언어가 다른 60여 민족으로 이루어져 있다.

그는 만딩고 문화는 사람들이 공동체 안에 함께 어우러져 살면서도 개인의 다양한 목소리를 존중하는 강한 힘을 가지고 있다고 설명한다.

만딩고에서 둥그렇게 원을 이루어 추는 춤이 있는데, 그 원 안에서는 위아래 구분 없이 모두가 동등합니다. 모두 함께 춤을 추다가 한 명씩 혼자 나와 춤출 때가 있어요. 그 시간은 자신을 표현하는 시간으로, 부자도 가난한 사람도 어른도 어린이도 모두 자신의 목소리를 낼 수 있다는 것을 뜻합니다.

그가 아프리카예술박물관 사건을 겪고도 한국에 남은 이유는 이런 만딩고 문화를 알리고 사람들과 함께 나누고 싶어서였다고 한다.

저는 공동체에서 자라났고 그 안에서는 좋은 일도 나쁜 일도 일어날 수 있습니다. 공동체 안에는 다양한 사람들이 있기 때문이죠. 그 속에서 나를 어떻게 이해할 것인가, 나와 다른 타인을 어떻게 받아들일 것인가, 문제가 생겼을 때 어떻게 대화하고 해결해 나갈 것인가에 대해 배울 수 있어요.

그리고 공동체는 여기에 우리가 서로를 위해 함께 있음을 뜻합니다. 어떤 일이 나에게 생겼을 때 누군가 나를 위해 행동하고 목소리를 낼 거라는 믿음이 있다는 것이죠. 그런 의미에서 공동체는 중요하다고 생각해요. 공동체는 모두를 함께 성장하게 하고 인간으로서 무엇을 추구해야 하는지 일깨웁니다.

공동체 문화가 사라지고 개인 간의 소통이 단절되어 가는 현대 한국 사회에서 공동체성을 회복하고 함께 어우러져 살아가는 것. 쿨레칸이 강조하는 것도 춤과 음악으로 소통하는 '공동체'다.

춤은 빠르게 공동체를 만들 수 있는 예술이에요. 언어나 대화가 없어도 함께 움직이고 땀을 흘리다 보면, 어떤 감정과 에너지를 같이 느낄 수 있어요. 춤의 강한 힘은 우리를 혼자가 아니라 서로 연결된 존재로 인식하게 해줍니다.

저에게 춤과 삶은 분리된 것이 아니에요. 제 춤은 항상 사람들 속에 있어야 한다고 생각합니다. 춤은 우리의 삶에 중요한 요소이며 우리가 살아가게 하는 힘을 가지고 있습니다.

새로운 가족, 새로운 뿌리

한국에서 10년간 이어 온 그의 노력은 크고 작은 결실을 맺었다. 무엇보다 쿨레칸 댄스 워크숍을 통해 만난 많은 이들이 그에게 큰 의미의 가족이 되어 주었다. 그는 "지금까지 노력해 온 작업들이 커다란 사랑과 평화를 가져왔다."고 생각한다. 특히 2016년부터 함께해 온 노들장애인야학은 그에게 특별한 곳이다.

처음에는 사람들이 긴장하고 방어적인 태도를 보였습니다. 제가 가까이 다가가면 부정적인 반응들을 보였죠. 어떤 분은 항상 주머니에 손을 넣고 계셨어요. 제가 손을 잡으려고 하면 싫다고 뿌리쳤죠. 그랬던 분이 지금은 먼저 다가와 손을 건네고 포옹해 줍니다.

엠마누엘 씨는 언어의 장벽을 넘어 춤을 통해 그들과 소통했고, 마침내 서로를 이해하며 받아들였다. 몸과 몸으로 연결된 시간 속에서 더디지만 커다란 변화가 있었던 것이다.

아프리카예술박물관 사건 당시 엠마누엘 씨를 도운 한국인 친구 중에는 현재 그의 아내인 소영 씨도 있었다. 박물관의 참상을 알릴 때도, 무용 단체인 쿨레칸을 결성할 때도, 봉쿠라지라는 공간을 열 때도, 모든 중요한 순간에 항상 소영 씨가 함께했다.

연인 관계였던 두 사람은 2019년 결혼해 2년 뒤 딸을 낳았다. 그는 "이곳에서 가족을 이룰 수 있어 감사드리고 아내와 딸과 함께하는 현재의 삶에 매일 기쁨을 느끼고 있다."고 했다.

그가 고향 집을 떠날 때 부모님이 이런 이야기를 하셨다고 한다. "네가 그곳에서 너의 어머니, 아버지, 형제, 자매, 친구 모두를 가지면 좋겠다." 그리고 지금 그에게는 그런 가족들이 있다. "사람이 어디를 가든 누군가가 필요하다."는 그의 말처럼, 가족과 공동체는 멀리 떨어진 곳에서 온 이방인에게 낯선 곳에서 뿌리내리고 정착할 수 있도록 든든한 땅이 되어 주었다.

엠마누엘 씨는 자신의 딸이 "하나의 기준만 강조하지 않고 다양성을 포용하는 사회" 안에서 자라나기를 바란다. 우리 사회가 "자기 자신을 있는 그대로 받아들이고, 세상과 사람에 대해 열린 마음으로 다양성을 받아들이는" 사회가 되기를 바란다.

　사회에 질문을 던지는 그의 작업은 앞으로 계속될 것이다. 그리고 그가 일구어 온 공동체 안에서 사람들과 춤으로 소통하고 함께 성장하는 일도 멈추지 않을 것이다. 코로나로 인해 단절되어 있던 이들과 춤으로 함께 연결되고자 그가 올렸던 온라인 영상의 제목처럼, 용기를 주는 그의 외침은 계속될 것이다.

　계속 춤추자, 이 싸움 안에서!

춤은 항상 사람들 속에 있어야 한다고 생각합니다
부르키나파소에서 온 무용수 엠마누엘

네가 살던 나라에서는 그것도 큰돈 아니냐고 말하죠

중국 동포 여성 요양보호사 영애

부희령

심리학을 공부했고 인도에 체류하며 명상과 불교를 공부했다. 소설을 쓰고 외국의 좋은 책을 소개하며 영어로 된 책을 우리말로 옮긴다. 저서로 청소년 소설 『고양이 소녀』, 『엄마의 행복한 실험실: 마리 퀴리』, 『꽃』 등이 있으며, 번역서로 『살아 있는 모든 것들』, 『버리기 전에는 깨달을 수 없는 것들』, 『아미쿠스 모르티스』, 『타자기가 들려주는 이야기』, 『아무것도 사라지지 않는다』 등 80여 권이 있다.

영애(가명) 씨를 만나기로 한 곳은 서울 양천구의 어느 전철역 앞이었다. 경기도 북부에서 수도권 전철을 두 번 갈아타고 약속 장소까지 오면서 어떤 사람을 만나게 될지 상상해 보았다.

중국 동포와의 첫 만남이라고 할 수 있었다. 1980년대 후반 서울역과 덕수궁 주변 그리고 탑골공원 후문 근처에서 낯선 행색의 사람들이 길가에 늘어서서 한약재를 파는 광경을 눈여겨본 적은 있다. 식당에서 음식을 서빙할 때 특유의 억양으로 말하는 분들이 중국 동포일 것이라 짐작한 적도 있다. 인사를 건넨 것도 아니고 개인적 이야기를 나눈 것도 아닌, 잠깐 스쳐 지나가는 순간을 '만남'이라고 부르기는 어렵다. 그런 상황에서 중국 동포를 마주할 때마다 '조선족' 혹은 '연변 사람'이라는 명칭이 머릿속에 먼저 떠오르곤 했다.

'중국 동포'라는 명칭이 널리 사용된 것은 2009년 국립국어원의 제안 이후였다. 지금은 공공 기관에서 '중국 동포'라는 명칭을 공식적으로 사용하고 있지만, 따지고 보면 그 전에 쓰던 '조선족'이라는 말 자체에는 아무런 폄하의 의미도 들어 있지 않다.

1955년 중국에 연변조선족자치주가 생기면서 조선족이라 불리기 시작했다. 다민족 국가인 중국에서 소수민족에 중국 공민의 지위를 주는 명칭이었다. 조선족을 낮춰 보던 한국인의 시각이 그 단어가 품은 사회성 혹은 역사성을 오염시켜 공식적인 자리에서 밀려나게 했다. 어떤 이들은 오히려 중국 동포라는 명칭이 한국인을 중심에 둔 표현이라고 지적하기도 한다.

돌봄 노동의 자리

전철역 앞에서 금세 서로를 알아보았다. 영애 씨는 맛있는 점심을 먹으러 가자는 나의 제안에 유명한 김치찌개 집이 근처에 있다면서 앞장섰다. 중국에서 온 분을 잘 대접하려면 양고기 집이나 중화요리 집으로 가야 하지 않을까 궁리하던 나로서는 뜻밖의 선택이었다. 한국 음식이 입에 잘 맞으시냐는 나의 어리석은 물음에 영애 씨는 미소를 지으며 1997년에 한국에 와서 20년 이상 살았다고 대답했다.

영애 씨는 1975년에 중국 선양시에서 태어났다. 선양은 옛 만주의 중심 도시이며, 일제강점기에 펑톈 혹은 봉천이라 불릴 때 우리의 독립지사들이 많이 활동하던 곳이다. 영애 씨의 할아버지는 원래 충북 청주가 고향인데 잘 살아 보겠다는 각오로 식솔들을 이끌고 만주로 이주했다. 영애 씨의 부모님은 모두 중국에서 태어난 분들이다. 영애 씨 가족의 이주사를 들으면서 문득 만주 어딘가에서 돌아가셨다고 들은 나의 할아버지를 떠올렸다. 할아버지가 만주에 뿌리를 내리는 데 성공했더라면 나 또한 영애 씨처럼 그곳에서 태어나 조선족으로 살았을지도 모를 일이다.

영애 씨는 조선족 학교인 직업고등학교를 졸업한 뒤 중국 철강 회사와 중국에 진출한 한국 신발 회사에서 일하다가 한국으로 오게 되었다.

친척 방문으로 먼저 한국에 나와 있던 고모가 중매를 서서 결혼하게 되었어요. IMF가 터진 직후였죠. 저는 한국에 들어올 때나 한국에 살면서 그렇게 큰 어려움을 겪지는 않았어요. 정말 치열하게 사신 분들이 많아요.

영애 씨 말대로 결혼은 중국 동포 여성이 가장 간단한 절차를 밟아 한국으로 이주하는 방법이었다. 그렇지만 사진 한 장 보고 결혼을 결심한 상대와 함께 사는 일은 생각보다 쉽지 않았다.

처음에 한국에 왔을 때 문화와 언어가 달라서 적응이 힘들었어요. 처음 입국한 날 인천항에서 신랑을 만나 시댁으로 갔는데 시어머니께서 저를 위해 밥상을 차려 주었어요. 상 위에 간장게장이 있었는데, 도저히 못 먹겠는 거예요. 곤욕을 치렀죠. 그리고 한국 사람들은 외래어를 많이 쓰잖아요. 못 알아듣는 말들이 많았어요. 중매결혼이 대부분이잖아요. 좋은 말들을 많이 듣고 한국에 왔는데 와보니 속았다는 생각이 드는 경우가 많지요. 한국에 도착한 다음 날부터 밭에 나가 일했다거나 시어머니가 화장실 앞까지 따라오면서 감시했다는 이야기도 들었어요. 우리 때는 1000명이 결혼해 들어왔으면 100명 정도는 기막힌 사연을 안고 중국으로 돌아갔어요.

1990년대 중반에서 2000년대 초반까지는 중국 동포가 한국에 들어오려면 복잡한 서류 절차와 값비싼 비용이라는 관문을 통과해야 했다. 산업연수생 비자나 친척 방문 등으로 한국에 들어오려면 중개인에게 알선료 명목으로 300만 원에서 1000만 원 정도를 지불했다. 거의 다 빚이었다.

산업연수생으로 들어간 회사에서 받는 월급으로는 쉽게 갚을 수 없는 돈이었으므로 대부분은 회사에서 이탈해 식당 등으로 일하러 갔다. 그러나 식당은 숙식을 제공하기 때문에 주거비를 아낄 수는 있으나 긴 시간 강도 높은 노동이 필요한 자리라서 고연령 여성이 오래 일하기는 힘들었다.

그런 여성들이 돌봄 노동의 자리를 채우기 시작했다.

2004년에 개인 자원봉사 자격증을 따서 장애인 돌봄 봉사 활동을 시작했어요. 어떻게 해서든 한국 사회에 잘 적응하려고 시작한 거였어요. 그때 알게 된 한국 언니들이 요양보호사라는 직업이 있다고 알려 줬어요. 나중에 쓸모가 있겠다는 생각에 자격증부터 땄지요.

2005년에 요양보호사 자격증을 땄으나 본격적으로 일을 시작한 것은 2008년이었다. 요양보호사들이 일하는 곳은 재가방문요양센터, 주야간보호센터 그리고 요양원이다.

영애 씨는 처음에는 재가방문요양센터에서 일했다. 공공기관이 아니라 개인이나 종교 단체가 운영하는 민간 기관에서는 운영자의 재량에 따라 시급, 추가 수당, 4대 보험과 같은 노동조건이 정해진다. 따라서 추가 수당을 요구하는 것은 생각도 할 수 없었고, 아무리 고충을 호소해도 참으라는 말만 돌아올 뿐이었다.

노인들 가운데 의심병이 있는 분들이 있어서 자꾸 물건이 없어졌다면서 추궁해요. 또 "같은 아파트 단지의 누구네 요양보호사는 손발톱까지 다 깎아 주더라." 하면서 비교도 하죠. 노인을 돌보러 왔는데 가족들이 "아줌마, 아줌마." 부르면서 이것 해달라 저것 해달라 하는 것도 괴롭고요. 겉으로 보기에는 그저 말동무만 해드리면 되는 쉬운 일처럼 보이지만 씻겨 드리는 일처럼 육체적으로 힘든 일도 해요. 똑같은 말을 계속 되풀이해야 해서 스트레스도 심하고요.

민간 기관 사이의 경쟁이 치열해지자 을의 처지인 요양보호사들은 더 많은 수익을 확보하려는 센터장의 요구를 들어줄 수밖에 없다. 추가 수당을 입금했다가 다시 돌려 달라는 요구를 받은 적도 있다고 한다. 주야간보호센터도 마찬가지다. 영애 씨가 민간 기관에서 나와 프리랜서 간병인으로 알음알음 일을 하게 된 이유다.

한국인 10만 원, 중국 동포 9만 원

프리랜서 간병인은 추가 수당이나 산재 혜택을 받을 수 없다. 영애 씨는 보통 새벽 5시에 일어나 환자의 식사를 챙겨 주고, 몸을 씻기고, 운동하는 것을 돕는다. 그리고 용변 보는 일을 보조하면서 저녁 8시까지 일한다. 간이침대에서 자면

네가 살던 나라에서는 그것도 큰돈 아니냐고 말하죠

중국 동포 여성 요양보호사 영애

서 밤중에도 수시로 환자를 보살핀다. 이 때문에 손목과 허리의 통증을 달고 산다. 간병인의 직업병인 셈이다.

열두 시간 이상 일하지만 시급은 열 시간으로 계산한다.

한국인 요양보호사와 똑같이 일하면서도 돈을 더 적게 받지요. 한국인이 10만 원을 받으면 중국 동포는 8만, 9만 원을 받는 거죠. 내야 할 세금은 똑같이 내고 있고요. 돈을 적게 주면서도 네가 살던 나라에서는 그것도 큰돈 아니냐고 말하죠.

영애 씨의 시급과 월수입을 물었다. 시급 1만 원, 월수입 평균 80만~100만 원. 지금은 다른 이들을 돌보는 일을 하고 있지만, 막상 영애 씨 자신의 노후가 가장 큰 걱정이다. 그래도 영애 씨는 요양원이나 요양보호사 자격증 없이도 일할 수 있는 요양 병원에서는 일하지 않는다고 했다. 그곳은 노동강도가 엄청나게 높은 곳이다.

대소변 처리도 식사도 혼자 할 수 없는 환자 일고여덟 명을 간병인 한 명이 24시간 돌보는 시스템이다. 규정대로라면 24시간 일하고 24시간 쉬어야 하지만, 숙식을 해결할 곳이 마땅치 않은 중국 동포 간병인들은 휴무 없이 일하고 따로 잠자는 곳도 없이 병실의 간이침대에서 쪽잠을 잔다.

시간당 급여도 한국인 간병인보다 적고 추가 수당 같은 것은 생각도 못 하며 퇴직금이나 4대 보험도 보장받지 못한다. 이런 식으로 비용을 절감하기 위해 요양 병원들은 중국 동포 간병인을 선호한다. 오죽하면 노동자를 내보내고 노예를 고용하려 한다는 말이 나오겠는가.

10월 초에 20대의 캄보디아 이주노동자 여성을 돌본 적이 있어요. 처음에는 간단한 검사와 시술만 받으면 된다고 해서 2, 3일 병원에 머무를 작정을 하고 갔거든요. 그런데 검사를 받아 보니 환자의 상태가 꽤 위중했어요. 수술하고 회복하는 기간이 일주일이 넘었지요. 혼자 한국에 일하러 나온 아가씨라 주위에 돌봐 줄 친구도 친척도 하나도 없고, 말도 잘 안 통해요. 제 몸이 힘들어도 어떡해요? 나밖에 돌볼 사람이 없는데. 아가씨가 안쓰러워서 일주일 동안 병원에 갇혀 돌봐 줬어요.

코로나19 사태가 터지고 나서 요양보호사들은 아예 일터에 갇혔다. 보통은 2교대나 3교대로 일하는 주야간보호센터에서는 아예 숙식까지 하며 한 달에 한 번도 외출을 못 했다. 병원이나 요양 병원의 간병인들도 마찬가지였다.

코로나19는 중국 동포 요양보호사에게는 더 큰 어려움으로 다가왔다. 단지 코로나19 바이러스가 중국에서 처음 발견되었다는 사실만으로 중국 동포 요양보호사를 기피하는 경우가 꽤 있었다. 실제로 일할 여건이 안 되어 중국으로 돌아간 사람들도 상당히 많다고 한다. 영애 씨는 환자든 보호자든 처음 만나는 사람에게 반드시 자신이 중국에서 왔다는 이야기를 밝힌다고 했다. 혹시라도 나중에 문제가 될 소지를 없애기 위해서다.

네가 살던 나라에서는 그것도 큰돈 아니냐고 말하죠
중국 동포 여성 요양보호사 영애

'보이지 않는 심장'

영애 씨는 중국 동포를 포함해 이주노동자들을 돕기 위해 통역과 서류 안내 상담 등의 자원봉사를 하고 있다. 영애 씨 자신이 2009년 무렵에 궁금한 문제들을 상담하기 위해 이주여성긴급지원센터와 다문화가족지원센터 등을 찾아다닌 경험이 있어서였다.

처음에는 그런 지원센터에서 중국 동포를 별로 반기지 않았다고 한다. 예산이나 인원이 부족한 상태였고, 다른 외국인과 비교했을 때 언어 소통이나 문화적 차이의 문제가 별로 없을 거라고 치부했기 때문이다.

하지만 요즘은 상황이 달라졌다. 중국 동포들도 결혼이주민의 적응을 위한 교육 프로그램 같은 것을 이용할 수 있다. 이주 여성 노동자들이 겪는 산재나 추가 수당 같은 문제를 상담받을 수 있다.

지원센터 같은 곳을 찾을 여유가 있는 사람들은 그나마 형편이 나은 거예요. 절박한 사람들은 일과 시간에 쫓기며 살고 있어요. 도움을 받을 수 있다는 사실도 모르는 경우가 많아요.

이주여성긴급지원센터에서 봉사 활동을 하다가 만난 친구들과 2019년부터는 독서 모임도 하고 있다.

보통 다섯 명에서 열 명 정도 모여서 책을 읽고 이야기를 나눠요. 베트남에서 온 친구도 있고 중국 동포도 있고 한국 친구도 있어요.

읽는 책들은 주로 베스트셀러 중에서 사회적으로 중요한 이슈를 다룬 책들이란다. 최근에 가장 재미있게 읽은 책을 묻자 스마트폰을 꺼내 사진을 보여 주었다. 『돌봄 선언: 상호의존의 정치학』이라는 제목이 눈에 들어왔다.

돌봄이 종종 어떻게 이루어지는지 또 이루어져야 하는지에 대해 생각할 때 우리는 페미니스트 경제학자인 낸시 폴브레가 말했듯이 '보이지 않는 손'이 아닌 '보이지 않는 심장'을 생각해야 한다. 즉 우리는 돌봄과 연민의 힘이 시장화된 개인의 이기심보다 항상 앞서야 한다는 것을 인정해야 한다.[+]

영애 씨와 만나고 나서 며칠 뒤 『돌봄선언』을 사서 읽다가 발견한 구절이다. 현재 우리 사회 돌봄의 현장에서 '보이지 않는 심장'은 받는 사람과 주는 사람 모두에게 간절하다. 2020년도 업계 분석에 따르면 서울·경기권에서 간병인으로 일하는 사람의 80퍼센트는 중국 동포라고 한다. 영애 씨는 그들 대부분이 50, 60대 여성이며, 70대도 있다고 한다.

병원에서 숙식을 해결하는 분들도 있고요. 월세냐 전세냐에

[+] 더 케어 컬렉티브, 『돌봄 선언: 상호의존의 정치학』, 정소영 옮김, 니케북스, 2021, 143쪽.

네가 살던 나라에서는 그것도 큰돈 아니냐고 말하죠
중국 동포 여성 요양보호사 영애

따라 얼마나 힘들게 일해야 하는지가 달라져요. 저는 다가구 주택이지만 전세로 살고 있어서 형편이 나은 거지요. 아등바등 돈만 벌면서 살고 싶지 않아요. 즐겁고 의미 있는 일을 하고 싶어요.

현재 대한민국에 거주하는 사람 중에 약자라 할 수 있는 사람들이 누구인지 곰곰이 따져 본다. 여성, 노인, 이주민, 빈곤층. 요양보호사 혹은 간병인으로 일하는 중국 동포 여성은 이런 조건에 모두 해당하는 이들이다. 우리 사회에서 가장 약자라고 할 수 있는 이들이 열악한 노동환경에서 한국인과 임금 차별을 받으며 취약한 상태의 환자와 노인을 돌보고 있다.

영애 씨는 이야기할 때 이따금 "내 부모를 돌보는 마음으로"라는 표현을 사용하곤 했다. 그 말을 들을 때마다 나는 씁쓸한 심정이 되었다. 지금 이곳에서 내 부모를 직접 돌보는 사람이 몇이나 된다는 말인가. 돌봄의 문제를 개인의 선의나 민간 중심으로 돌아가는 시장에 맡겨서는 악순환만 되풀이하게 될 것이다. 돌봄의 공공성이 확보될 때 '보이지 않는 심장'도 찾을 수 있지 않을까.

이주노동자가 없으면 이 공단은 돌아가지가 않아요

스물넷에 와서 24년을 지낸 방글라데시 청년 조이

반수연

통영에서 태어나 1998년 캐나다 밴쿠버로 이주했다. 공장 지대에 식당을 열고 오지 않는 손님을 기다리며 카운터에 앉아 내내 책을 읽었다. 2002년 식당이 망하고 소설을 쓰기 시작했다. 2005년『조선일보』신춘문예에「메모리얼 가든」이 당선되며 등단했다. 청탁도 없고 기억하는 이도 없이 서서히 잊혔다. 2014년 다시 소설을 쓰기 시작했다. 이때부터 네 차례 재외동포문학상을 받았으며, 그중 2020년에는「혜선의 집」으로 대상을 받았다. 등단 16년 만인 2021년 소설집『통영』과 산문집『나는 바다를 닮아서』등을 펴냈다.

― 1998년이라고요?

나는 마스크 밖으로 나온 조이의 눈을 보며 소리를 높였
다. 내 반응에 놀란 조이의 눈이 더 동그래졌다. 1998년이라
니. IMF로 환율은 폭등했고 굳건한 생업을 가진 자들의 삶이
너나없이 흔들렸고 빈털터리로 거리에 나앉는 사람이 드물지
않았던 그해, 나는 한국을 떠났고 그는 한국으로 왔다. 그로
부터 24년간 스물넷의 방글라데시 청년 조이는 서울 언저리
에서 나는 밴쿠버 언저리에서 이주민의 삶을 살았다.

2021년 겨울이 시작되던 즈음, 우리는 인터뷰이와 인터
뷰어로 마주 앉았다. 미등록 이주자로 건너온 그는 지난한 세
월을 거쳐 이주민 복지를 위한 상담과 통역 일을 하고 있었
고, 캐나다로 독립 이민을 간 나는 오랜 이국 생활에 지쳐 한
국에 머물며 소설을 쓰고 있었다.

― 저도 외국인이에요.

캐나다 여권으로 입국했고, 외국인 등록증을 만들어 주
민증 대신 사용하고, 한국인만을 보호하는 제도와 혜택에서
멀어진 내 처지를 자조해서 한 말이었지만 그의 경계를 풀어
주자는 마음도 없진 않았다. 그는 알듯 말듯 한 표정으로 엷
게 웃었다. 아무래도 내가 같은 처지로 보이지는 않는 모양이
었다.

이주노동자가 없으면 이 공단은 돌아가지가 않아요
스물넷에 와서 24년을 지낸 방글라데시 청년 조이

한국에는 두 종류의 외국인이 있어요. 미국인과 다문화라 불리는 저희들이요. 피부가 희고 영어를 사용하는 그들은 귀한 손님 대접을 받죠. 저희 같은 이주자들은 가난한 조국을 떠나 돈을 좇아 온 노동자로만 생각해요. 어디에서든 두 부류는 구별되고 차별당합니다. 마트에만 가도 대접이 달라요.

— 왜 이곳으로 오게 되었나요?

인터뷰가 무르익을 즈음 나는 망설이던 질문을 했다. 캐나다에서 내가 그들에게 자주 받던 질문이었다. 그런 질문을 받을 때마다 내 머릿속에는 얼마간의 혼란과 회한이 들어차곤 했었다. 왜 고국을 떠났는지. 왜 하필 그게 캐나다인지를 묻는 질문이었겠으나, 나는 늘 그 말 속에서 어리석음을 탓하는 질책과 네가 선택한 길이니 네가 책임지라는 차가운 시선을 느끼곤 했다. 그 질문을 내가 조이에게 했다. 공격적으로 보이지 않게 애써 보았지만 조이의 얼굴은 복잡해졌다.

그냥 외국에서 살아 보고 싶었어요. 대학을 다니다가 싱가포르로 공부를 하러 갔는데요. 그 경험이 너무 좋았거든요. 방글라데시에서 대학을 다닐 때, 정부의 정책에 불만이 많았어요. 그 때문에 부모님도 늘 아슬아슬하게 생각했고요. 무엇보다 더 넓은 세상에서 자유롭게 살아 보자 했죠. 그때 제가 생각했던 최고의 나라가 한국이었어요.

그도 나와 다르지 않은 이유로 고국을 떠났다. 그도 나만큼 나이브했다. 고국을 떠나 사는 것은 상상할 수 있는 자유를 얻는 대신 상상하지 못했던 자유를 잃는 것임을 그는 생각지 못했을 것이다. 나도 그랬으니까.

한국에서 산다는 것

1998년 11월 조이는 관광 비자로 한국에 들어왔다. 내국인도 일거리가 없던 IMF 시절이었지만 그는 그 사실을 한국에 들어오고 나서야 알았다. 유색인종을 보는 사람들의 시선은 차가웠다. 길에서 대놓고 욕하는 사람들도 있었다. 곧 겨울이 되었다. 난생처음 겪는 추위였다. 한국만 도착하면 무슨 일이든 할 수 있을 줄 알았지만 그를 받아 주는 곳은 없었다.

고국으로 돌아갈 수는 없었다. 방글라데시에서 월급 20만 원을 받던 시절 브로커에게 1200만 원을 주고 들어온 참이었다. 그나마 가져온 돈은 이내 떨어졌다.

몇 달을 헤매다 마석의 한 가구 공장에 미등록 노동자로 취업했다. 한국인의 반도 안 되는 월급이었지만 불만을 품을 처지가 아니었다. 사측은 허가받지 못한 노동자를 함부로 취급했다. 입맛에 맞지 않으면 신고를 들먹이며 협박했고 착취했다. 출입국관리사무소에서 단속을 나오면 산으로 도망가 숨었다. 건물에서 뛰어내리고 창으로 빠져나오다 다치는 사람들이 속출했다. 사람들은 다친 채 본국으로 돌려보내졌다. 아무것도 보장되지 않고 누구의 보호도 받을 수 없었던 미등록 노동자의 삶은 비참했다. 노동자로서도 그랬고 인간으로

이주노동자가 없으면 이 공단은 돌아가지가 않아요
스물넷에 와서 24년을 지낸 방글라데시 청년 조이

서도 그랬다.

그는 본국으로 돌아가는 대신 미등록 노동자의 인권을 위해 노동운동을 시작했다. 이주노동자 평등노조에 합류했다. 뜻을 함께하는 사람들끼리 목소리를 모아 항의도 하고 저항도 했다. 세미나도 하고 피켓도 들었다.

노동운동에 관심이 있는 한국의 대학생들과 민주노총(전국민주노동조합총연맹)이 힘을 보태 줬어요. 그들과 있을 때면 든든했어요. 한국의 활동가들이 헌신적으로 저희를 보호해 주었거든요.

숨어 다녀도 언제 본국으로 송환될지 모르는 불완전한 체류 상태에서 어떻게 그런 일을 할 수 있었느냐는 내 질문에 그는 대답했다. 부당한 폭력과 임금 체불과 인정되지 않는 산재를 당한 이들을 그냥 두고 볼 수는 없었다고 그는 말했다.

그렇게라도 뭔가를 바꾸어야 했어요. 저희는 일을 하러 왔지 노예가 되기 위해 온 게 아니잖아요.

2004년 그는 정식 절차를 밟아 다시 한국으로 돌아왔다. 노동운동을 하다 만난 한국인 활동가와 결혼했고 2009년에는 아이도 낳았다. 그즈음 합법적인 이주노동자가 대규모로 한국에 들어왔다. 문제가 많았던 산업연수생 제도가 없어지고 고용허가제가 들어섰지만 이주노동자의 처우는 별반 달라지지 않았다.

대부분의 이주노동자들은 부당한 착취와 임금 체불에도 적절히 대처할 수 없어요. 여러 이유가 있지만 가장 큰 원인은 언어예요. 그들의 처지를 제대로 통역해 주기만 해도 억울함이 얼마간 덜어지지 않겠어요?

조이는 고용노동부 산하 의정부외국인력지원센터(현재 의정부외국인노동자지원센터)에서 통역 아르바이트를 시작했다. 체불임금을 받기 위해 서류를 만들어 주고, 문화의 차이로 벌어지는 오해를 풀고 서로를 이해시키기 위해 양쪽 주장을 대변했다. 해를 거듭하면서 한국인들이 회피하는 힘든 직종은 착실히 이주노동자로 채워졌다. 하지만 법과 사람들의 인식은 쉬이 바뀌지 않았다.

누군가 다치고 죽은 후에야 뭔가 달라져요.

그사이 누군가는 일터에서 죽거나 다쳤다. 비닐하우스에서 살던 이주노동자 가족은 얼어 죽거나 화재로 모든 것을 잃었다. 고국으로 돌아갈 수도 한국에 남을 수도 없어, 고립된 채 목숨을 끊는 이주자도 속출했다. 팔이 잘린 채 고향에 돌아가야 하는 이도 있었다. 수많은 이주노동자의 희생 위에 느리게 법이 생겨났다. 이주노동자도 최저임금이 보장되고, 〈근로기준법〉이 비슷하게나마 적용된다. 부당한 착취와 폭력은 법의 보호 아래 조금씩 줄어들고 있다.

여전히 생사여탈권은 회사에

하지만 아직도 고쳐야 할 부분은 많다. 조이는 가장 큰 문제점으로 고용허가제를 든다.

한국으로 들어와 일하기 전까지는 어디에서 어떤 일을 하게 될지 정확히 알 수가 없어요. 그 일이 자신에게 맞지 않는다면 돌아가는 수밖에 없는 거죠. 하지만 어떻게 돌아갑니까? 빚을 내서 엄청난 경비를 지불했고 고향에서는 그 돈을 갚을 수가 없는데요.

입국 전에 노동계약서에 미리 서명을 하고 오는 이주노동자들은 3년 동안 일자리를 옮길 수 없다. 예외적으로 정부가 고시하는 '사유', 즉 사용자의 근로계약 해지와 근로계약 만료 후 갱신 거절, 사업장의 휴·폐업으로 고용허가가 취소된 경우, 사용자의 근로조건 위반이 있을 때만 가능하다. 그 외에는 사용자의 동의를 얻거나 노동자의 책임이 없다는 점을 노동자가 입증해야 한다.

이 말은 임금을 받지 못하거나, 위험한 일을 거부하다가 출신국으로 돌려보낸다고 협박당하거나, 〈근로기준법〉에 금지된 위약금을 갈취당하거나, 유해한 유기용제를 다루다 산재를 당한 노동자의 보호 장비 요구가 묵살당하거나, 중대한 산재를 당한 후 트라우마에 시달려도 법에 명시된 '사유'에 해당되지 않아 사업장 변경이 불가하다는 말이다(실제로 이런 사유가 받아들여지지 않자, 다섯 명의 노동자가 헌법 소원을 냈으나 합헌 결정이 났다).

사측은 이런 사실을 잘 알기에 강제 노동을 시키는 데 악용하기도 한다. 어렵게 사업장 변경 신청이 받아들여진다 해도 3개월 안에 재취업에 실패하면 곧바로 본국으로 돌려보내진다.

그 불안 때문에 부당한 대우를 받아도 움직이지 못하는 경우가 허다하다. 4년 10개월을 착실히 일하면 재고용이 허용되지만 그 또한 사측의 협조와 허가가 필수다. 그러니 여전히 생사여탈권은 사측이 쥔 셈이다.

같은 일을 하면서도 내·외국인 사이의 임금격차가 크고, 그나마 5인 이하 사업장에서는 야간·휴일·연장 수당과 연차 휴가, 법정 근로시간 등에서 〈근로기준법〉이 적용되지 않는다. 이 때문에 사업장을 쪼개어 5인 이하 사업장을 여러 개 만들어 영세성을 유지하는 업체도 드물지 않다. 10년을 일해도 최저임금에서 벗어날 수 없지만, 싫으면 돌아가라는 말로 노동자의 입을 틀어막는다.

이주노동자가 없으면 이 공단은 돌아가지가 않아요.

조이는 2017년부터 남양주시외국인복지센터 이주민 사업부에서 일하고 있다. 남양주시외국인복지센터는 한국 최대의 가구 단지인 마석가구단지 내에 있다. 1997년 성공회 이정호 신부가 이주노동자와 결혼이주민을 돕기 위해 '샬롬의 집'을 만든 것이 시작이었다. 지금은 남양주시와 협업으로 운영된다.

노동 현장에서 문제가 생겼을 때 법률 상담을 하는 것이 주된 업무지요. 임금 체불과 폭력, 강제 노동 같은 거죠. 그렇다고 무조건 노동자의 편을 들지는 않습니다. 둘 사이의 분쟁을 원만하게 조정하고 해결하는 것이 목표니까요. 문제가 생겨서 센터에 찾아오면 2주 동안 조정하는 기간을 가집니다. 사측 사람들을 만나 그들의 입장을 듣고 이주노동자의 입장을 전하며 서로 수습하고 해결할 시간을 주는 거죠. 의외로 쉽게 해결되는 문제들도 있어요. 좋은 사장님들도 물론 아주 많고요.

2주일의 숙고 기간에도 해결되지 않으면 해당 관청에 사건을 접수한다. 분쟁 과정에 오갈 데 없는 노동자의 숙식도 돕는다. 그뿐만이 아니다. 심신 단련을 위한 체육 프로그램을 짜기도 하고, 집을 얻거나 아이들의 학교 문제를 상담하고, 긴급 지원이 필요할 땐 생필품을 사다 주거나 지원금을 챙겨 주기도 한다. 병원이든 경찰서든 통·번역이 필요할 땐 언제든 달려간다. 코로나19 팬데믹 시기에는 한국말이 서툰 이주자를 위해 코로나 백신 예약을 돕고 정부의 방역 정책을 설명해 주기도 했다.

오염된 말 '다문화'

센터에는 이주자와 그 가족을 위한 한국어 교실도 있고 결혼이주민의 취업을 돕는 프로그램도 있다. 부모가 상담이나 공부를 할 동안 아이들을 돌봐 주는 어린이집도 있다. 마침 조이와 내가 마주 앉은 곳은 장난감과 작은 책걸상이 가득한 놀이방이었다. 일요일이라 텅 빈 교실을 둘러보며 나는 이주자 자녀의 어려움에 대해 물었다.

이 아이들이 학교에 들어가면 '다문화'라고 불리며 놀림을 받기도 하죠. "다문화, 손 들어 봐! 다문화는 오늘 좀 남아!" 이런 식이죠. 원래 다문화는 여러 문화가 어울려 더 폭넓고 다양한 문화를 이룬다는 의미지만, 그런 의미는 퇴색된 지 오래예요. 다문화라는 말은 이주자들을 구분해서 밀어내고 고립시키는 단어로 오염되었어요. 한국에서 나고 자라 한국 국적을 가진 아이들까지 부모의 출신 때문에 이런 편견과 차별을 받는 건 참 가슴 아픈 일이죠.

학교에서는 다문화 가정을 조사해 특별히 관리한다고 한다. '다문화'는 결핍과 가난을 전제한 편견의 단어가 되어 부주의한 방식으로 아이들에게 지울 수 없는 상처를 낸다는 말에 나는 동의했다. 어떤 일은 구별하는 순간부터 차별이 되기도 하니까.

내가 사는 북미에서도 동양인 이민자를 한꺼번에 통칭해 사용하는 '오리엔탈'이라는 단어가 있다. 그 말은 이미 사전적 의미를 떠나 끊임없이 변주되며 폭력성을 띤 단어로 변질되었다. 그 단어가 "너희는 결코 아메리칸이 될 수 없어", "너희 나라는 동쪽의 어느 곳이야."라는 의미를 내포한다는 것을 더는 부정할 수 없게 되자 정부와 학교에서는 이제 동양인 이주자를 오리엔탈이라 부르지 못하게 했다. 대신 수많은

이주자들이 모인 교실에서 '다문화'multiculture와 '다양성'diversity
이 국가의 경쟁력이자 잠재력이라고 교육한다. 개인이 가진
성격을 출신국의 특성으로 오인하는 것이 얼마나 위험한지
를 자주 경고한다.

이국의 불안한 삶

코로나 이전까지 한국에 거주하는 등록·미등록 이주노
동자는 200만 명에 달했다. 그들은 남해안 굴 양식장에도 있
고, 고기잡이배 위에도 있고, 마스크를 만드는 공장에도 있
고, 제주도의 밀감 농장에도 있다. 기계가 돌아가는 공장마
다, 위험하거나 힘든 일일수록, 열악한 현장일수록 더 많은
이주노동자로 채워졌다. 그 결과 죽거나 다치는 이주노동자
의 비율이 한국인보다 여섯 배나 많아졌다. 그럼에도 그들은
조용히 숨죽여 위험을 감내한다.

〈프렌치 디스패치〉The French Dispatch라는 영화에는 유괴당
한 아이를 구하는 경찰이자 요리사인 동양인 남자가 나온다.
그는 유괴범의 소굴로 들어가 독이 든 음식을 요리해 범죄자
들을 유인하고 갇혀 있는 아이를 구해 낸다. 어떻게 그리 용
감할 수 있었냐는 동료 경관의 질문에 그는 대답한다.

"아무도 실망시키고 싶지 않았어요. 왜냐하면 나는 외
국인이거든요."

그는 그 극을 통틀어 가장 위험한 일을 한 사람이자 유일
한 동양인이었다. 인터뷰 내내 조심스러운 목소리로 자신의

생각을 들려주던 조이에게서, 한국 사람도 방글라데시 사람도 실망시키고 싶지 않아 신중히 말을 고르고 고르는 조이에게서, 영화 속 동양인이 떠올랐다. 목수 일을 하며 손가락을 잘리고도 서둘러 일터로 돌아가 묵묵히 일자리를 지켜 내던 캐나다 이주자, 나의 남편 생각도 났다.

한국인의 70퍼센트는 한 번쯤 이민을 생각해 봤다고 한다. 세계 곳곳에서 살고 있는 재외 동포는 700만 명이다. 그들은 조금만 실망시키면 적의로 가득 찬 등을 보일 것 같은 이국의 불안 속에서 꿈을 심고 키워 내며 저마다의 역할을 감당한다.

세계 최강국이라는 미국의 인구 40퍼센트는 뉴욕항을 통해 들어온 이주자의 후손이다. 중동이며 유럽에서 노동자로 일하며 가정을 일으키고 나라 살림을 얼마간 담당했던 우리의 부모님들도 수십만에 달한다.

200만 명이 넘은 한국 체류 이주민 중에는 우리가 필요해서 한국으로 초대한 사람들도 있고, 도저히 제 나라에서 살 수 없어 건너온 이들도 있다. 그들의 수고가 필요할 때면 우리는 가족이나 친구라는 이름으로 두 팔 벌려 그들을 환대했다. 하지만 우리의 환대는 그들이 우리를 실망시키지 않을 때에 한해 조건부로 사용되는 건 아닐까. 과연 고국을 떠나 산다는 것은 원죄인 걸까.

이주노동자가 없으면 이 공단은 돌아가지가 않아요
스물넷에 와서 24년을 지낸 방글라데시 청년 조이

나는 배에서 일을 가장 잘하는 선원입니다

베트남에서 온 선원 노동자 후이

고태은

연구 활동가. 유니온센터·일하는시민연구소 정책위원이며, 「다차원적 불안정 노동의 가족화: 쌍용자동차 정리해고자 가족경험 연구」를 썼다. 노동자 가족, 불안정 노동, 소수자 노동 경험에 관한 연구 작업에 참여했다. '싸람'(싸우는 노동자를 기록하는 사람들) 팀에서 노동 르포를 배우며 써가는 중이다.

봄이 끝나 갈 무렵, 어업 이주 선원을 만나 인터뷰해 보면 어떻겠느냐는 제안을 받았다. 어촌 가까이에 살던 나는 오가며 마주친 어업 이주 선원을 떠올렸다. 하지만 이들과 직접 만나 이야기를 나눈 적은 없었다.

도시가 아닌 시골에서 일하는 이주노동자들이 말도, 문화도 통하지 않는 열악한 환경에 고립되거나 선주민인 내가 상상하기 어려운 삶의 고통을 경험한다는 것은 익히 들어 왔다. 이들의 이야기가 사회적으로 더 회자되어야 할 필요성도, 어업 이주 선원에 대한 글을 실어 보자는 간절함도 마음에 와 닿았다. 나는 이내 인터뷰할 만한 이를 찾아보겠다고 했다.

그러나 바닷가 동네에서 흔히 마주치던 이주 선원들과 대화를 나누고 인터뷰할 기회는 쉽게 오지 않았다. 가까운 바닷가에서 일하는 선주민에게 부탁해 알고 있는 이주 선원을 소개해 달라고 부탁했지만 대부분 거절했다. 게다가 내가 오가며 마주한 이주 선원들은 서로 말이 통하지 않거나, 인터뷰에 참여하고 싶은 마음이 없다고 했다.

인터뷰를 부탁하는 나는 너무 먼 존재지만, 그들에게 임금을 주고 함께 일하는 선주(업주)의 존재는 너무도 가까운 터였다. "일하는 데 방해가 되지 않도록 하겠다", "글을 쓰더라도 피해가 가지 않도록 하겠다." 약속했지만 쉽지 않았다.

백방 연락을 돌려도 선주가 거절하면 당사자의 의사조차 물어볼 수 없었다. 이 또한 이주 선원이 겪는 고립과 삶의 열악함의 발현인 듯해 마음이 무거웠다. 그렇게 거절이 반복되던 끝에, 집에서 세 개의 시군을 지나야 도착할 수 있는 항에서 연근해 어업에 종사하는 이주노동자를 소개받았다. 후이(가명, 39세) 씨였다. 이미 여름이 완연했다.

바다 위를 살아가는 형제들

후이 씨와 만나기 전 내가 그에 대해 알고 있는 것은 그가 베트남 출신 선원이며, 한국어를 할 줄 안다는 것뿐이었다. 후이 씨는 이주노동자 여덟 명을 고용한 가족 사업체에서 일했다. 선주의 아내와 몇 번 통화하며 약속을 잡았다. 만나기로 한 항구 근처에서 나는 후이 씨에게 전화를 걸어 위치를 물었다. 후이 씨가 하는 말은 내가 이해하지 못하고, 내가 하는 말은 후이 씨가 이해하지 못했다. 첫 통화부터 난감했다.

우여곡절 끝에 우리는 ○○항 경찰서 앞에서 처음 만났다. 일상어를 넘어 그의 경험을 듣기에는 언어 장벽이 높았다. 헤매는 나를 앞에 두고 그는 인터뷰에 도움을 줄 사람에게 전화를 걸었다. 한국에 유학 중인 그의 조카였다. 만난 지 30여 분이 흐르고서야 인터뷰를 할 수 있었다.

후이 씨는 베트남에서 자신의 배를 몰던 선장이었다. 바다에 나가 고기 잡는 일을 자랑스러워했다. 그는 연근해 어선을 타는 노동자다. 몇 개월씩 먼바다에 나가는 원양어선과 달리 그의 배는 매일 바다에 나가고, 매일 뭍에 들어온다.

그는 배에서 그물을 당겨 수산물을 싣고 분류하고, 그물을 정리한다. 오후에는 그물을 말리며 망가진 곳을 고치고,

쉬는 날엔 선박 여기저기 고장 난 기계를 고친다. 그는 선장으로 배를 몰아 본 경험이 있어 운항도 능할뿐더러, 배의 여러 부속 기계들을 살피고 고치는 기술도 있다. "배에서 일을 가장 잘하는 선원이시겠네요?"라고 말하자 그는 수줍은 표정으로 "네."라고 답했다.

다섯 형제 중 자신을 포함해 네 명이 한국의 선원이었거나 현재 선원이다. 형 둘은 한국에서의 선원 체류 기간이 끝났다. 두 번째 만남이 있던 날, 그는 반가운 얼굴로 남동생도 곧 한국에 들어온다는 소식을 전했다. 동생도 후이 씨와 같은 배에서 일하게 된다고 했다. 그는 두 형이 그러했듯이 동생이 한국에 와 어업을 하게 하는 데에 큰 역할을 했다. 말도 잘 통하지 않는 타지에서 힘든 노동을 하는 형제이지만 그들에게는 그 모든 것이 익숙하고 당연한 듯했다.

그는 아이들이 커서 유학을 가고 싶다면 보내 주는 아버지가 되고 싶다고 했다. 핸드폰을 꺼내 배경 화면의 아들들을 보여 주며 웃었다. 그의 아들은 열네 살, 열 살이었다. 인터뷰를 도와주던 그의 조카는 큰형의 아들인데, 조카처럼 자신의 아이들이 유학해 공부하면 좋겠다고 했다.

베트남에서는 아무리 선장이라도 돈을 많이 못 번다는 그는 한국에서 돈을 많이 벌 수 있어서, 그렇게 아버지의 역할을 할 수 있어 좋다고 했다. 이야기를 나눌 동료들 몇을 제외하고는 편히 말 섞을 이가 없고, 일이 없는 시간엔 잠을 자는 것 외에는 할 게 없는 생활이다. 그의 일상은 도시 근교 외곽에 살고 있는 내 삶과 대비되었다. 으레 시골 사람들이 그렇듯 일과 일상이 구분되지 않는 생활이라는 것 외에 닮은 점이 없었다. 그의 하루가 고독해 보였다.

선원 노동자의 열악한 노동조건

　연근해 어선을 타는 어업 노동자의 일상은 일찍 시작된다. 그는 매일 새벽 4시면 배를 타고 바다에 나간다. 멀지 않은 어장에서 크레인으로 그물을 끌어올리면 수산물들이 올라온다. 노동자들의 일은 이제부터 시작이다. 이를 분리해 수조에 담고 뭍으로 들어온다. 공판장에서는 매일 경매가 진행된다. 다 팔리면 그제야 노동자들의 아침이 끝난다.

　점심 후에는 바닷가 근처 공터에서 그물을 손질하는 작업이 진행된다. 바다에서 걷어 온 어망은 더러 구멍이 난다. 노동자들은 그물을 확인하며 허리춤에 맨 빨간 노끈으로 구멍 난 부분을 메운다. 이주노동자 여덟 명이 손질해야 하는 그물은 크레인으로 오르내릴 만큼 컸다. 후이 씨가 크레인으로 그물을 내리면 다른 이주 선원들은 끈을 들고 부지런히 움직였다. 크고 무거운 검은 그물에 작고 붉은 리본들이 묶였다.

　휴무는 첫째 주와 셋째 주 월요일이다. 쉬는 날에도 오전 10시까지 쓰레기 정리를 마치고서야 휴식이 시작된다고 했다. 후이 씨는 선박의 기계를 다루거나 용접할 줄 안다. 따로 배운 적도 없이 오랫동안 배에서 일하다 보니 자연스레 습득한 기술이다. 그는 쉬는 날에도 선주가 부탁하는 선박 수리와 정비를 하고 추가 소득을 번다. 일상이랄 게 없는 타지 생활에서 돈을 더 벌 수 있는 일이 있어 반갑다고 했다.

매일 열두 시간에 달하는 육체노동이다. 게다가 그가 일하는 시간은 야간 노동으로 규정된 시간(밤 10시부터 오전 6시까지)에 걸쳐 있다. 급격한 기온차 같은 계절노동의 특성도 후이 씨를 비롯한 이주 선원 노동자들의 건강을 위협한다. 5월에서 7월, 9월에서 11월은 어획량이 느는 성어기로 업무 강도가 상상 이상이다.

바쁘고 힘들겠다는 걱정에 "고기가 없으면 쉰다."고 답했다. 그의 휴식은 어획량에 따라 결정될 뿐 그의 선택은 아닌 것이다. 노동자의 쉬는 날은 공판장이 쉬는 첫째 주, 셋째 주 월요일과 비수기. 그마저도 선박 수리 등의 일을 하니 온전히 쉬지는 못한다.

그는 4년째 한국에서 일하고 있다. 한 번 비자를 받아 한국에 오면 4년 10개월까지 일할 수 있다. 다시 베트남으로 돌아갔다가 온다 해도 추가로 그에게 허락된 시간은 앞으로 5년 8개월이 최대다. 이후 그의 삶은 어디로 갈까. 대부분의 노동자들이 먼바다로 떠나는 원양어선을 타거나 미등록 체류 상태로 머문다. 한국의 원양어선 선원 노동자에 대한 인권 실태는 해외에서도 악명이 높다. 차라리 그가 한국을 떠나 다른 곳으로 가는 게 다행이라 생각해야 할까. 이미 체류 기간이 끝난 그의 두 형 중 큰형은 아프리카에서 선원을 하고 있지만, 다른 형은 한국에 미등록 체류자로 있다. 네 형제 중 한 사람이 미등록 체류라는 말이 마음에 걸렸다.

선주는 이주 선원 노동자들을 쓰는 데 많은 비용이 든다고 했다. 임금보다도 수협이나 노동조합에서 떼어 가는 돈이 많다며, 선주 입장에서는 이제 선주민 노동자와 큰 차이가 없다고 한탄했다. 그 말에 '이주노동자는 싼 맛에 쓰는 것'이라는 인식이 담겨 있어 마음이 서늘했다.

이주 선원 노동자를 고용할 때 드는 임금 외 비용은 구조적 문제와 닿아 있다. 선원을 해외로 파견하는 것을 '송출'이라고 표현한다. 베트남에서 송출을 담당하는 에이전시는 처음 한국으로 출국하는 노동자들에게 '이탈 보증금'이라는 명목으로 돈을 받는다. 이는 한국에 와서 '관리되는 노동자'의 영역 밖으로 이탈하지 않음을 보증하는 돈이다. 이를 민간 에이전시가 요구하고 관리하는 것도 납득하기 어렵지만, 베트남 선원은 '송출 비용'이라는 명목의 돈을 매월 에이전시에 내야 하는데, 이는 이탈 보증금에서 매월 급여의 8.3퍼센트에 해당하는 금액을 제하는 방식으로 이루어진다. 결국 베트남 선원들이 한국에서 열심히 일하는 동안, 이탈 보증금은 착실히 에이전시의 소유가 된다. 이처럼 민간 송출 업체들이 이탈 보증금에 손을 대면서 이를 돌려받지 못하는 경우가 흔하다.

또 연근해 어선 노동자의 경우 자신이 조합원인지도 알 수 없는 '전국해상선원노동조합연맹'(선원노련)에 특별회비를 매월 납부하게 되어 있다. 이주 선원은 내국인 선원과 달리 특별조합원 자격이며 조합 가입 및 탈퇴도 개인의 의지와 관계없이 이뤄진다. 이주 선원에게는 조합원으로서 권리 없이 조합비 납부 의무만 있다.

그의 삶을 지탱하는 자긍심

　그는 한국 생활이 좋다고 여러 차례 말했다. 선주민 선원들보다 임금이 낮고 고강도 신체 노동이 이어져도, 제대로 된 보상이나 보호 조치가 없어도 그랬다. 그는 자신의 고향보다 선박의 엔진이 좋아서, 임금이 높아서, 일터에서 사장님도 동료들도 자신을 인정해 줘서 만족스럽다고 했다.

　배를 보여 줄 수 있냐는 나의 말에 그는 선뜻 항에 정박된 배로 데려갔다. 어업에 대해 잘 알지 못하고, 기계는 더욱 알지 못하는 나에게 여러 기계에 대해 오래 설명해 주었다. 카페에 앉아 이야기 나눌 때와는 딴판이었다. 그는 영락없는 바닷사람이었다.

　힘들지 않느냐고 했더니 그는 손사래를 쳤다. 그는 한국 배의 엔진이 좋아 베트남 어선보다는 훨씬 덜 피로하다고 말했다. 베트남은 중국, 인도네시아와 더불어 한국에 선원 송출이 가능한 3대 국가 중 하나다. 베트남의 선원들은 본국보다 돈을 조금 더 벌 수 있고, 조금 나은 배를 탄다는 이유로 한국에 들어오고 있다.

　그는 ○○항과 그 인근에서 어업 일을 하는 베트남 이주 선원들과 함께 숙소 생활을 하고 있다. 일하지 않는 시간은 대부분 이 숙소에서 동료들과 지낸다. 방마다 네 명씩 생활하고, 숙소에 총 스무 명의 베트남 선원이 산다.

　그에게 숙소 생활은 어떤지 묻자 별다른 어려움이 없다고 말했다. 바닥은 난방이 잘되고, 에어컨이 있어 여름에 시원하다고. 그의 한국에서의 삶은 먹고 자는 데 무리가 없으나, 그 이상은 없는 삶으로 보였다. 그는 쉬는 시간 대부분 잠을 잔다고 했다.

후이 씨는 동료들과 돈독하고, 사장에게 일 잘하는 선원으로 인정받고 있다고 자랑스레 이야기했다. 그는 다른 동료들보다 높은 임금을 받는다고 했다. 연차에 따라서도 임금이 달라지지만, 기계를 다룰 줄 아는 후이 씨에게 특별히 더 얹어지는 수당이 있단다.

그러나 그의 지난해 임금은 성어기에 붙는 비정기적인 수당을 합쳐서 선주민 선원 노동자 평균 임금에 조금 못 미쳤다. 기본급에 성어기 때의 어획량에 따라 수당이 붙는데 올해는 고기가 많지 않아 걱정된다고 했다. 임금수준이 높지 않은 데다 불안정하기까지 한 것이다.

두 번째로 그를 만났을 때 코로나19 기간에 쓰지 못해 밀린 휴가를 가기 위해 동료 중 한 사람이 베트남으로 떠났다며 그 동료는 열흘 뒤쯤 돌아온다고 했다. 타지에서 생활하면서 사진으로만 가족의 존재를 느끼며 살았던 후이 씨도 다음 달 베트남에 다녀온다고 했다. 오랜만에 베트남에 가는 거라 할 일이 많다고 하는 그의 입가에 미소가 번졌다.

그는 이주민, 선원, 노동자로서 고생스러운 삶을 살면서도 여전히 낙천적이었다. 배의 곳곳을 구경시켜 주고, 한 시간 넘게 배를 타고 나가야 도착하는 어장에서 어획하는 장면을 사진으로 보여 주며 즐거워했다. 그의 삶에는 이주 선원으로서 겪는 열악한 노동조건이나 고독한 이주민으로서의 삶도 보였지만, 뱃사람으로서의 자긍심도 가득했다. 그 자긍심이 무거운 삶을 버티는 힘일 것이다.

인권의 사각지대에 놓인 이주 선원들

그는 선주와 관계가 좋은 곳에서 일하고 있고 가능하다면 다시 한국에 와서도 이곳에서 일하고 싶다고 했다. 선주는 최선을 다해 그에게 임금이나 복지에 대해 상세히 설명해 주고, 추가 노동에 대한 비용도 지불해 왔다. 후이 씨는 일 잘하는 노동자로서 일터에서 인정받고 있다. 나와의 짧은 만남에서도 이 생활의 만족감을 여러 차례 내비쳤다.

하지만 후이 씨의 만족은 선주의 호의로 지켜질 뿐 권리로서 보호받지 못하고 있다. 어업 이주노동자에게 제공되어야 할 모국어 계약서는 없고, 이주 선원의 송출과 송입 등을 맡는 수협중앙회에도 전문적 통역 인력이 없어 노동자의 권익 보호에 도움이 되기 어려웠다. 후이 씨는 곤란한 상황이 생겼을 때에 충분히 자신의 권리를 주장하고 도움받을 공적 체계에서 배제되어 있었다. 선원으로서 선원재해보상 보험에 가입해야 했지만 이런 정보조차 제공되지 않았다.

어업 이주 선원 노동자들의 노동환경은 여전히 열악하고 인권침해도 만연해 있다. 섬에 거주하거나 장시간 원양어선을 타는 노동자들의 열악한 환경에 대해서는 비교적 연구가 많이 진행됐다. 그러나 후이 씨의 삶을 이해해 보려 찾아봤지만, 연근해 이주 선원 노동자의 삶에 대한 기록은 거의 눈에 띄지 않았다.

2012년 국가인권위원회 실태 조사 결과에 따르면 고용허가제로 입국한 국내 이주노동자 중 미등록 체류자 비율은 19.3퍼센트인 데 반해 고용허가제 대상이 아닌 어업 이주노동자의 미등록 체류자 비율은 29.9퍼센트로 높은 수준이다. 이들을 상담한 자료들과 소송 관련 문서들은 인권침해, 임금 체불, 연장 근로 등 이들 삶의 실상을 보여 주고 있다.

그러나 이에 대한 관리 감독을 맡아야 할 정부는 여전히 이주 선원 문제에 무관심하다. 이주노동자를 연수생 신분으로 들여오던 산업연수생 제도가 폐지되었지만 이주 선원의 도입과 관리는 민간 대행 업체가 그대로 맡고 있다.

이주 선원들은 한국에서 일하기 위해 수협과 송출 업체, 송입 업체, 노동조합 등에 높은 비용을 지불한다. 그럼에도 권리는 제대로 보장받지 못한다. 인권위는 실태 조사 결과를 토대로 정부의 역할을 강조했으나 10년이 지나도록 별다른 변화는 없다.

후이 씨가 자신이 좋아하고 잘하는 어업 선원으로서의 삶을 지켜 갈 수 있으면 좋겠다. 그와 함께 일하는 또 다른 후이 씨들에게도 그런 삶이 보장되길 바란다. 호의가 아니라 권리로서. 운이 아닌 제도로서. 그러한 삶이 그의 앞에 펼쳐지길 바라본다.

3부

돌아갈 나라가 없다

외국인보호소의 난민들

고기복

이주 인권 전문 저널리스트. 대학 졸업 후 인도네시아와 필리핀에서 살면서
'차별 없는 세상'에 관심을 갖기 시작했다. 〈오마이뉴스〉에 오랫동안 '이주
노동자 이야기'를 연재했다. 20년 넘게 이주노동자 지원 단체에서 활동했고,
현재 (사)모두를 위한 이주인권 문화센터 대표이다. 저서로『내 생애 단 한
번, 가슴 뛰는 삶을 살아도 좋다』,『(다르지만 평등한) 이주민 인권 길라잡이』
(공저)가 있다.

아르메니아 대학살을 언급했다는 이유로 튀르키예 정부로부터 국가 모욕죄 혐의를 받고 기소되기도 했던 엘리프 샤팍Elif Shafak은 그의 소설 『이스탄불의 사생아』(한은경 옮김, 생각의나무, 2009)에서 "일어서서 항거할 수 없는 사람이나 반대할 능력이 결핍된 사람은 살아도 사는 게 아니다. 저항 안에 삶의 열쇠가 들어 있다."고 말한 바 있다. 그러나 어느 나라든 권력은 자기 권리를 주장하기 위해 항거하는 이들을 불온시하는 경향이 있다. 이들이 외국인일 경우에는 더욱 그렇다.

1995년 〈유엔고문방지협약〉에 가입한 대한민국이라고 다를 바 없다. 국제법이 보장하는 난민의 권리를 주장하다 외국인보호소에서 고초를 겪은 이들이 있다. 외국인보호소는 법무부 출입국·외국인정책본부 소속 기관이다.

난민 신청자들은 출입국 심사 과정에서 진의를 의심하며 반복되는 질문에 답해야 하고, 고향을 떠날 수밖에 없었던 이유를 스스로 증명해야 한다. 그 과정에서 자신들이 겪은 생명의 위협을 다시 떠올려야 하고 채 아물지 않은 상처는 덧나기 마련이다.

그런 까닭에 난민 신청자들이 묻지도 않은 사연을 누군가에게 말할 때는 저마다 절박한 이유가 있다. 정치적 박해를 피해 한국에 왔다가 외국인보호소에 구금된 일로 심리적 외상을 겪고 있는 두 사람의 이야기를 들은 건, 난민 지위 신청 중에 강제 퇴거 명령을 받고 화성 외국인보호소에 갇혀 있던 M 씨가 일명 '새우 꺾기'라는 가혹 행위를 당한 사건 때문이었다.

난민 신청자였던 M 씨는 강제 퇴거 명령을 받아 외국인 보호소에 갇혀 있던 중 특별계호라는 명목으로 3개월 동안 열두 차례나 독방에 구금되었다. 이 과정에서 출입국은 M 씨 팔을 뒤에서 포승줄로 묶고, 그 포승줄을 다시 발목과 연결해 사람 몸을 새우처럼 휠 정도로 당긴 상태에서 머리에 헬멧을 씌워 방치했다. 어떤 이들은 이를 '돼지 묶기'라고도 했다. M 씨가 저항하지 못하도록 포박하고 독방에 구금한 이 사건은 군사정권에서나 있을 법한 고문 그 자체였다.

〈유엔고문방지협약〉은 고문과 그 밖의 잔혹하고 비인도적이거나 굴욕적인 대우와 처벌을 금하고 있다. 그런데 '보호소'라는 이름으로 운영되는 법무부 산하 기관에서 목숨을 구하기 위해 난민 신청을 한 사람을 가두고 고문하는 일이 벌어지자, 시민단체들은 '현대판 관타나모'라고 비난했고, 국가인권위원회는 이 사건을 명백한 인권침해라고 판단했다.

말로 다 할 수 없는 일들이 일어나는 외국인보호소

2021년 9월, 공중파 방송에서 M 씨가 당한 일이 보도된 다음 날 미툼바(가명)는 방송 영상 링크와 함께 문자를 보내 왔다.

내가 전에 말했잖아요. 한국 외국인보호소에서는 말할 수 없는 일들이 일어난다고.

미툼바를 처음 만났을 때 그는 묻지도 않은 이야기를 꺼냈다. 외국인보호소 이야기였다. 난민 신청자로 있다가 체류기한을 넘겨 외국인보호소에 구금됐던 미툼바는 자신이 어떤 형사사건이나 범죄에 연루되어 구금되었던 게 아니었음을 설명하고자 했다. 그런데 정작 외국인보호소에서 어떤 일들을 겪었는지에 대해서는 말을 아꼈다.

보호소에 있던 기간이 길지 않아서 할 말이 없어요.

— 2년 9개월이 길지 않다고요? 다른 사람에 비해 그렇다는 건가요?

거기엔 몇 년 동안 있었는지 기억나지 않는다는 사람도 있어요. 네, 저는 짧게 있었죠. 제 인생을 봐도 그렇고, 한국에 있던 날들과 비교해도 그래요. 불평할 일은 아니라고 봐요.

— 2년 9개월이면 제 군 생활 기간보다 길어요. 우린 그곳에서 평생 이야기할 일들을 겪고 나와요. 당신은 어떤가요?

저라고 할 말이 없겠어요? 다만 말로 다 표현하지 못할 뿐이죠.

다른 사람과 비교하거나 본인 인생을 봤을 때 2년 9개월은 짧은 기간이었다는 말로 그는 자신을 위로하고 있었다. 반백에 가까운 그의 나이에 비하면 2년 9개월은 그리 긴 세월이 아니라고. 그러면서도 외국인보호소에서 말할 수 없는 일들이 일어난다는 말로 미툼바는 떨치고 싶은 기억이 있음을 암시했다.

　M 씨 사건이 불거졌을 무렵 외국인보호소에 '보호'라는 명목으로 3개월 이상 장기 구금된 이들은 100명에 가까웠다. 외국인보호소 새우 꺾기 관련 뉴스가 전해지고, 시민단체들이 국가인권위원회 앞에서 규탄 기자회견을 가진 이후, 미툼바는 해외에서도 외국인보호소 관련 뉴스가 헤드라인을 장식했다는 소식을 전하며 의미심장한 말을 했다.

　제가 말로 표현할 수 없다고 했던 건 외국인보호소에서 일하는 사람들이 다 다르기 때문이에요. 어떤 사람은 좋아요. 친절해요. 하지만 대부분은 항상 화난 얼굴이에요. 외국인들을 핍박하려고 잘 훈련받은 사람들 같아요. 아주 잔인해요. 아, 진짜……

　미툼바는 고개를 크게 흔들며 손을 내저었다. 그 후로도 그는 외국인보호소에서 자신을 울분에 차게 했던 기억을 털어놓곤 했는데 한 번에 모든 이야기를 하는 적이 없었다. 어떤 심리적 압박이 발생할 때마다 사연을 하나씩 털어놓는 식이었다.

　미툼바가 가장 억울해하는 건 난민 신청자인 자신을 거짓말이나 하는 사람 취급하는 외국인보호소 직원들의 고압적 태도였다.

　왜 내 말을 못 믿는다고 하는지 모르겠어요. 나는 돈을 벌겠다는 것도 아니고 한국에 정착하겠다는 것도 아니라고요. 육체

노동을 해본 적이 없는 제가 한국에서 무슨 일을 하겠어요? 난 단지 안전을 원할 뿐이에요. 본국에서 정치적 핍박을 받았다는 증거를 외국인보호소에서 모아야 했어요. 인터넷이나 전화를 마음대로 이용할 수 있는 것도 아니고, 편지로 모으라고요? 증거를 달라고 할 거면 밖에 나와서 준비할 수 있도록 허락해야죠.

미툼바는 의과대학 재학 중에 민주화 시위를 벌이다 경찰에 체포된 적이 있다. 그 후 반정부 활동가들과 함께 시위했다는 혐의로 몇 차례 경찰 조사를 받았던 그는 신변에 위협을 느끼고 출국했다. 대학을 졸업했으면 의사가 되었을 그가 귀국했을 때 안전을 담보할 수 없다고 한 이유다.

외국인보호소를 관할하는 법무부 출입국 직원들은 뭔가 묻지 않고도 자신들은 다 안다고 생각해요. 출입국이 법원에 제출한 자료를 보면 제가 하지 않은 말들, 제 형편과 전혀 다른 이야기들이 있는 경우가 있었어요. 난민 신청자들 모두가 같다고 생각하는 사람이 서류를 그렇게 만드는 거예요. 변호사가 잘못 기록된 부분을 지적하면, "아, 그거 실수예요."라고 말하고 쉽게 지나가요. 그런데 제가 흐릿한 기억 때문에 "그랬을 거 같다."고 했다가 나중에 말을 바꾸면 무조건 거짓말이라고 하죠. 아주 큰 죄를 지은 사람을 다루듯이 실수를 하나라도 찾기 위해 작정하고 달려드는 질문에 답하고 나면 진이 다 빠져요. 제가 어떻게 말해요.

출입국은 자신들의 기록 오류는 실수라고 치부하면서도 미툼바의 미묘한 진술 차이는 거짓말이라고 단정했다. 한국어가 서툰 미툼바는 모국어가 아닌 제2 외국어로 진술해야 했다. 그 내용이 통역을 통해 전달되는 과정에서 '아 다르고 어 다른' 일들이 일어나는 건 본인 의도가 아니었는데도 출입국이 거짓 진술이라 할 때마다 미툼바는 말문이 막혔다.

외국인보호소에 오래 있었다고 나쁜 일 많은 것도 아니고 짧게 있었다고 일 없는 게 아니에요. 우리가 군인도 아닌데 보호소에서는 유니폼을 줘요. 누구도 그 옷을 함부로 벗으면 안 돼요. 잘 훈련받은 군인들이 신병들을 훈련시키는 것 같아요. 말 잘 듣는 사람은 그냥 둬요. 국가인권위원회에 전화하고 편지 쓰는 사람, 나처럼 난민 신청을 한 사람을 외국인보호소 직원들이 싫어해요. 자꾸 그냥 한국 떠나라고 해요. 안전이 필요한 사람에게 말이에요. 그게 외국인보호소예요. 아, 진짜······.

고개를 설레설레 흔들며 어디서 배웠는지 서러움이 잔뜩 묻어나는 "아, 진짜."라는 한국어를 내뱉는 미툼바는 끝내 속내를 다 털어놓지 않았다. 그는 트라우마를 극복하고자 외국인보호소에 대해 말을 아끼고 있었다.

환승하려고 도착한 인천공항에서 벌어진 일

국경은 물리적으로나 심리적으로도 사람을 통제한다. 특

별히 폭탄이나 탄환이 날아드는 분쟁 지역일 경우 국경은 긴장을 놓을 수 없고 비정하고 강력한 통제를 요구받는 현장이다. 그런 국경을 목숨을 걸고 넘는 사람들이 있다. 난민이다.

인도와 파키스탄 국경 분쟁 지역으로 알려진 카슈미르에서 자치권 획득을 목적으로 무장 독립운동을 하던 사다르는 2013년 목숨을 걸고 국경을 넘었다. 파키스탄 정보 당국에 끌려갔던 동료들이 죽고, 곧바로 그에게 체포 영장이 발부된 직후였다.

카슈미르해방전선 지역 당대표였던 사다르가 고향을 등지고 수십 킬로미터를 걸어 아프가니스탄 등의 국경을 넘어서 가려던 나라는 뉴질랜드였다. '신변 안전'을 위해 출국한 사다르가 환승할 목적으로 2013년 1월 인천공항에 도착했을 때 출입국은 여권에 문제가 있다며 그를 화성 외국인보호소로 보냈다.

그에게 외국인보호소는 악몽 그 자체였다. 매일 아침마다 외국인보호소 직원들은 그에게 귀국을 회유했다. 목숨을 구하기 위해 고향을 떠났는데, "너희 나라로 돌아가라."는 말을 반복하는 외국인보호소 직원들에게 "돌아갈 나라가 없다."는 말은 씨알도 안 먹혔다.

자기 나라에서 살 수 있는 사람이면 왜 다른 나라에 가나요? 아무 데도 갈 필요가 없죠. 돌아가지 않겠다고 하니까 그곳에서 계속 머물게 하는 거예요. 화성 외국인보호소 옆이 교도소예요. 그곳에 있는 사람들은 형기가 정해져 있어요. 형사 범죄를 저지른 사람도 기한이 되면 교도소를 나가요. 그런데 외국인보호소는 그런 희망이 없어요. 몇 년? 죽을 때까지? 최악이에요. 수감 기간이 끝나고 자유를 얻을 수 있다는 희망을 가질 수 없어요.

외국인보호소 직원들은 수용 중인 난민 신청자들을 불법이라는 이름으로 존재를 규정해 버렸다. 사다르는 국가가 한 인간의 존재를 불법으로 규정했을 때 얼마나 비인간적인 일이 쉽게 일어날 수 있는지 실례를 들었다.

교도소에 수감된 사람들은 하루에 한 시간 야외에서 운동할 수 있다고 들었어요. 보호소에서는 1주일에 30분 정도 보호소 건물들 사이 공간에 나가게 해요. 운동장이 아니에요. 그 시간에 보호소 직원들은 외국인들이 뭔가 숨기지 않았는지 방 검사 하고 신체검사를 해요. 배식하는 직원 실수로 국을 쏟았을 때 다시 떠달라고 했더니 "오늘은 더 줄 수 없다."고 해요. 개에게 음식을 던져 주듯 하면서 먹든지 말든지 하라는 거였죠. 외국인보호소 직원들이 외국인들을 사람으로 대하지 않고, 쓰레기 취급 하도록 훈련받았는지 모르지만 직원들 태도가 그랬어요. 그래서 단식했더니 독방에 집어넣어요. 그런 문제를 외부에 알리기 위해 팩스 발송을 요구하다가 또 독방 생활을 하기도 했고요. 사나흘, 열흘, 열하루…… 18개월 동안 단식투쟁을 56일간 했어요.

사다르는 외국인보호소 직원들이 자신을 나쁜 사람으로 만들었고, 정당한 권리를 주장하면 독방에 가뒀다는 사실을 강조했다. 생명과 안전을 추구했던 사다르에게 대한민국은 야만의 얼굴 그 자체였다.

그는 보호소 직원들 중에는 외국인들을 하느님의 형상대로 창조된 사람으로 여겨 인격적으로 대하는 직원들도 있었지만 다시는 만나고 싶지도, 떠올리기도 싫은 직원들이 더 많았다고 말한다. 그들은 수감 중인 난민 신청자 등 장기 구금자들을 불편하게 하고, 말로 위협해 어떻게든 빨리 나가게 하려 했고, 상당한 성과를 거두기도 했다. 그에 대해 사다르는 단호하게 외쳤다.

나는 달라요.

그는 위협에 물러설 사람이 아님을 분명히 했고, 싸워서 바꾸겠다며 행동했다. 그 결과 인간적인 모멸감을 느껴야 했다. 외국인보호소에 갇힌 후 난민 신청을 한 처지에서 보호소 직원들과 갈등을 자처할 이유가 없었다. 자신을 통제하고자 하는 보호소 직원들에 대한 두려움 속에서도 그가 투쟁을 선택했던 것은 생명과 안전을 보장받겠다는 마음 때문이었다. 모든 미등록 혹은 서류 미비 외국인을 불법으로 규정하는 출입국 관행에 저항했던 그는 한국 입국 후 3년 만에 난민 인정을 받았다. 늦게나마 대한민국 정부는 그가 돌아갈 수 없다는 사실을 인정했다.

사다르는 M 씨가 화성 외국인보호소에서 새우 꺾기 고문을 당했다는 소식을 듣고 독립운동가이자 인권운동가로 살고 있는 자신이 뭔가 해야 한다고 생각했다. 그는 외국인보호소 고문 사건 대응 공동대책위원회가 마련한 "외국인보호소인가, 강제수용소인가: '새우꺾기' 고문을 비롯한 인권침해 증언대회"에서 자신의 경험을 증언했다.

사다르는 2013년부터 2015년까지 자신이 경험했던 외국인보호소보다 더 열악해진 현실에 분노했다. 자신의 증언으로 외국인보호소 인권이 개선될 거라고 보지 않지만, 부당한 처우에는 항거해야 한다고 말했다.

우리는 인도와 파키스탄으로부터 자치권을 얻기 위해 투쟁했어요. 국적이 없는 인간에게 세상은 정글과 같아요. 독립을 요구한다는 건 인간으로 인정받기 위해 싸우는 거예요. 국적 정체성 때문에 체포되고 고문당하는 걸 피하기 위해 난민 신청했어요. '안전'을 위해서요. 그건 범죄가 아니죠. 국제법이 인정한 권리잖아요.

그는 이어서 말한다.

한 사람 한 사람 다 사연이 있어요. 자기 나라에서 살 수 있는 사람이면 해외로 떠날 이유가 없어요.

사다르는 외국인보호소에 있을 때 난민 인정을 받지 못할 수 있다며 침묵을 강요하는 분위기에도 자기 자리에서 할 수 있는 일을 하고자 투쟁했다고 했다. 독립 투쟁이라는 거창한 말이 아니더라도 일어서서 항거하고 반대할 능력을 지닌 그는 지금 우리 이웃으로 살고 있다.

난민 인정을 받았지만 어떻게 살아가야 할지 잘 모르겠습니다

288일간 인천공항 46번 게이트에서 산 루렌도

홍주민

독일에서 디아코니아학, 개신교 사회실천학을 공부했다. 현재 한국에서 난민과 노숙인 현장에서 일하며, 수원에서 난민 센터와 쉼터, 사회적 기업인 케밥집을 운영하고 있다. 저서로 『개신교 연대정신과 디아코니아』, 『디아코니아 백서』가 있다.

국가가 없다고 상상해 보세요. 무엇을 위해 누군가를 죽이거나 죽거나 할 필요가 없죠. 거기엔 종교도 없죠. 모든 사람이 정말 평화롭게 사는 것을 상상해 봐요.

1971년 존 레넌John Lennon은 소유도 탐욕도 없는, 오직 우애만을 가진 사람들이 평화롭게 공존하는 세상을 상상하는 노래 「이매진」Imagine을 발표했다. 이 노랫말에 특별히 관심이 가는 대목이 있다. 바로 세상이 '하나'가 되기 위해서는 '국가'도 '종교'도 없어야 한다는 부분이다.

하지만 현실은 그렇지 않다. 우리가 사는 이 세상은 경계선으로 가득하다. 그리고 자기가 살아온 땅에서 더는 생존할 수 없어서 경계선을 넘어 이주를 선택한 이들이 있다. 바로 난민이다.

유엔난민기구UNHCR에 따르면(2019년 기준), 전 세계 강제 실향민 수는 7950만 명이라고 한다. 그중 약 2600만 명이 난민이다. 난민은 목숨을 건다. 국경을 넘고 바다를 가로질러 이동하며 머물 곳을 찾는다. 지금 한국에도 그런 난민이 3만여 명에 달한다.

하지만 1994년 이후 2023년 8월까지 한국의 난민 인정률은 1.47퍼센트로 세계 최하위 수준이다. 이 수치는 2018년 기준 유럽연합 회원국의 평균 난민 인정률 34퍼센트와 비교하면 무척 낮은 수준이다.

난민 인정을 받았지만 어떻게 살아가야 할지 잘 모르겠습니다
288일간 인천공항 46번 게이트에서 산 루렌도

루렌도 가족과의 만남

한국에 온 난민들은 다양한 얼굴로 살아간다. 그중에도 특히 막막한 상황에 내던져진 이들이 있다. 입국 후 난민 인정 신청을 하지만 심사조차 거부된 채 강제로 출국되거나 공항에 머무는 사람들이다. 2016년부터 2021년 9월까지 1156건의 공항 난민 인정 신청 중 심사에 회부되지도 못하고 거부된 사례는 무려 757건(65.5퍼센트)이다.

아프리카의 앙골라에서 인종 문제로 박해를 당하다 한국에 온 루렌도 씨 가족은 2018년 12월 28일 인천공항에 도착해 난민 인정 신청을 했다. 하지만 한국 정부는 루렌도 씨 가족에게 난민 인정 심사를 받을 기회도 주지 않고 입국을 불허했다. 인천공항출입국·외국인청은 루렌도 씨 가족에 대한 강제송환 시도를 세 차례나 했다.

돌아가면 죽음이 기다리고 있기에 루렌도 씨 가족은 사력을 다해 강제송환을 거부하고 공항 출입국장 안에서 288일을 보내야 했다. 다행히 언론을 통해 이들의 사연이 알려졌고 시민사회의 도움으로 공항 밖으로 나올 수 있었다.

루렌도 씨는 콩고에서 1972년에 출생했다. 1989년 아버지가 사망하고 1992년 내전의 한복판에서 어머니도 사망했다. 2남 1녀 중 맏이인 그는 대학에 입학하지만 생계 때문에 학업을 계속할 수 없었다. 5년간 행상으로 의류와 모기장을 팔다가 앙골라로 이주해 수도인 루안다에 있는 건설 회사에서 13년간 일했다. 2009년 1월에는 교회에서 만난 바체테 씨와 결혼을 했다. 바체테 씨 역시 콩고 출신이었다. 이후 비교적 안정된 생활을 하며 네 아이를 낳아 키웠다.

루렌도 씨 가족에게 먹구름이 밀어닥친 것은 2018년 10월이다. 앙골라에서 콩고 출신 거주민들(바콩고인) 40만여 명을 폭력적으로 추방하는 사태가 벌어졌다. 오랜 전쟁을 겪으며 앙골라인들이 묵혀 온 콩고인에 대한 깊은 적대감이 폭발했던 것이다. 많은 이들이 살해되거나 다쳤다.

당시 루렌도 씨는 다니던 회사가 경제적으로 어려워져 그만두고 택시 운전을 하고 있었는데 우연히 특수 경찰차와 부딪히는 사고가 났다. 사고 경위를 조사하는 과정에서 루렌도 씨가 바콩고인이라는 사실이 드러났다. 루렌도 씨의 팔뚝과 어깨에 바콩고 표식이 있기 때문이었다. 이 때문에 루렌도 씨는 경찰에게 고문을 받고 그사이에 아내 바체트 씨는 경찰에게 성폭행당한다.

루렌도 씨는 열흘 만에 탈출해 한 교회로 피신했다. 부인과 아이들은 어느 목사의 사택에서 한 달여간 피신 생활을 하다가 2018년 12월 27일 루렌도 씨와 만나 극적으로 한국행 비행기에 올랐다.

앞서 말했듯이 루렌도 씨 가족은 인천공항에 도착한 뒤 난민 인정 신청을 했으나 제대로 심사받지도 못한 채 강제송환 시도만 세 차례 당했다. 그러고는 공항 출국장 46번 게이트 옆에서 살아가는 신세가 됐다.

2019년 2월 초 필자는 난민 활동가들과 함께 루렌도 씨 가족을 만나러 갔으나 출입국·외국인청으로부터 거부당했다. 이후 변호사들은 법원에 소송을 청구하고 활동가들은 공항에서 사는 가족을 지원했다.

난민 인정을 받았지만 어떻게 살아가야 할지 잘 모르겠습니다
288일간 인천공항 46번 게이트에서 산 루렌도

1심 재판에서 출입국은 루렌도 씨가 앙골라에 살던 집주인에게 여러 차례 한국에 가고 싶다고 말했다는 주장을 하면서 루렌도 씨 가족이 오로지 경제적인 이유로 난민 인정을 받으려 한다는 논리를 폈다. 재판부는 2019년 4월 26일 출입국의 손을 들어주었다.

　　활동가들과 변호인단은 항소를 도왔다. 변호인단은 루렌도 씨가 한국에 가고 싶다는 말을 한 적이 없다는 집주인의 진술을 얻어 법원에 증거로 제출했다. 루렌도 씨가 2018년 11월 16일 교통사고 후 경찰에 연행되어 고문과 폭행을 당한 뒤 감금되었고, 열흘 만에 탈출해 어느 교회에 한 달간 피신해 있다가 한국행 비행기를 탔다는 증거도 확보했다.

　　루렌도 씨를 돕던 단체 '한국디아코니아'는 덴마크에 있는 세계 헤른후트 형제단(이하 형제단)에 도움을 요청했다. 개신교 공동체인 형제단은 40여 개국, 120만여 명이 연대하고 있다. 한국에서는 한국디아코니아가 함께하고 있다. 루렌도 씨 가족이 공항에 억류당했을 당시 형제단 대표가 내한한 적이 있었는데 이때 루렌도 씨와 전화 통화를 해 그가 처한 상황을 듣게 되었다.

　　형제단 대표는 앙골라 헤른후트 형제단과 연계해 루렌도 씨를 피신시켜 주었던 앙골라 현지의 목사를 만나 진술을 얻어냈다. 변호인단은 진술 확인서를 법원에 제출했다.

　　결국 2심 재판부는 2019년 9월 27일, 루렌도 씨 가족에 대한 난민인정심사불회부결정을 취소하라고 판결했다. 2심에서 패소한 출입국·외국인청은 대법원에 상고했다. 그렇지만 대법은 최종적으로 루렌도 씨 가족의 손을 들어주었다. 출입국이 루렌도 씨의 입국을 거부한 것은 정당하지 못한 월권이라는 것이 판결의 한 사유였다.

이로써 2019년 10월 12일 루렌도 씨 가족은 억류된 지 288일 만에 공항 밖으로 나왔다. 국경과 대륙을 넘어선 연대의 결실이었다. 루렌도 씨 가족이 정식으로 난민 인정을 받은 것은 2021년 10월 8일로, 한국에 도착한 지 1014일째 되던 날이었다.

새로운 시작, 하지만 힘겨운 난민의 일상

공항에 있을 때 루렌도 씨의 열한 살 난 큰아들 레마에게 물은 적이 있다.

― 가장 힘든 게 무엇인가요?

저는 지금 학교에 못 가는 것이 힘든 것이 아니에요. 만약 우리가 다시 앙골라로 돌아가면 부모님이 죽을까 봐 무서운 마음이 자꾸 들어요.

루렌도 씨 사건은 난민으로 인정될 가능성이 있는 난민 신청자들이 난민인정심사불회부 결정으로 강제송환 되었거나 그랬을 가능성이 있다는 사실을 보여 준 심각한 사건이다. 망망대해에서 유영하다가 구조된 이를 다시 물속으로 밀어 넣어 수장시킬 수도 있다는 말이다.

난민 인정을 받았지만 어떻게 살아가야 할지 잘 모르겠습니다
288일간 인천공항 46번 게이트에서 산 루렌도

난민 인정을 받은 루렌도 씨 가족은 이 땅에서 거주의 자유와 직업의 자유를 얻었다. 기나긴 싸움은 이제 막을 내렸다. 하지만 제2, 제3의 루렌도가 나오지 말라는 법이 없다. 억울한 난민 불인정 사례를 줄이려면 뚜렷한 기준과 일관성이 부족한 난민 심사·소송 체계를 근본적으로 바꿀 필요가 있다.

　토요일 밤, 엿새 동안 가구 공장에서 힘든 노동을 하고 돌아온 루렌도 씨의 얼굴에 지친 기색이 역력했다. 인터뷰 도중 눈가에 눈물이 맺힌 루렌도 씨가 말했다.

　무기력한 감정이 지배하고 있어요. 이제까지 아픔을 잘 표현할 수 없었어요. 난민 인정을 받았지만 어떻게 살아가야 할지 아직 잘 모르겠습니다.

사장님이 알까 봐 배를 꽁꽁 싸매고 일을 했습니다

캄보디아에서 온 로타

정은주

안산에서 이주민들과 이웃, 친구로 살고 있는 독서 운동가.
인권 지원 단체 지구인의 정류장에서 활동했다.
저서로 『즐거운 다문화도서관』이 있다.

2021년 1월 아주 추운 날 오후. 한 이주노동자가 급하게 안산에 왔다. 그녀는 2019년 12월에 캄보디아에서 한국으로 온 로타(가명) 씨이다. 나는 처음 로타 씨를 만난 날을 잊을 수 없다. 천천히 한 걸음씩 힘을 주어 내딛는 로타 씨의 이마에는 추위가 무색하게 땀방울이 맺혀 있었다.

내가 활동하고 있는 곳은 누구나 목적지를 가기 위해 머물다 갈 수 있는 곳이라는 의미를 가진 '지구인의 정류장'이다. 소수자, 이민자, 당사자가 참여해 함께 소통하고 노동 인권 활동을 지원하는 조그마한 단체다. 주로 월급을 떼이는 문제나 정해진 근무지가 아닌 곳에서 일하는 불법 파견, 안전하지 못한 숙소 문제 등으로 이주노동자들이 많이 찾아오는데, 요즘은 몸이 아파서 오는 사람들이 늘고 있다. 2021년 한 해만 해도 건강권 주제로 찾아와 함께 의료 기관을 찾은 이주노동자가 100여 명에 달한다.

로타 씨에게 편안한 자리를 권하고 따뜻한 물을 건네면서 나는 최대한 밝은 얼굴을 유지하려고 노력했다. 얼핏 봐도 산달이 얼마 안 남은 임산부처럼 배가 불러 있었고, 그 배를 감싸 쥔 손은 전체가 붉게 얼룩지고, 군데군데 피부가 벗겨져 있었다.

경기도의 한 농촌 비닐하우스에서 상추, 치커리, 케일 등을 수확하는 일을 했다고 했다. 채소들이 물기가 있고, 잎 표면이 까칠까칠해 겨울에는 장갑을 끼고 채소를 따다 보니 그 습기 탓에 손가락이 붓고 곧잘 언다고 했다. 같이 일하는 사람

사장님이 알까 봐 배를 꽁꽁 싸매고 일을 했습니다
캄보디아에서 온 로타

들 손도 자기와 똑같다고 이야기하면서 손을 뒤로 숨겼다.

어디서 지냈는지 알고 싶어 숙소 사진이 있으면 보여 달라고 했다. 핸드폰 속 사진에는 그녀가 찾아오기 불과 한 달 전, 비닐하우스 숙소에서 생을 마감한 속헹 씨의 숙소와 비슷한 비닐하우스가 담겨 있었다.

한국에 비닐하우스 같은 숙소가 있는 것은 여기 와서 처음 알았어요. 겨울에는 춥고, 여름에는 너무 더워서 일을 마치고 편안히 쉬기가 힘들었습니다.

로타 씨의 이야기는 이렇게 시작되었다. 한국에 오기 전에 이주노동이 쉽지는 않을 거라고 거듭 각오하고 왔지만, 이 나라에서 맞닥뜨린 노동환경은 로타 씨가 견디기 힘든 것이었다. 이주노동자들은 한국에 오기 전에 건강검진을 받아서 건강에 이상이 없는 사람만 올 수 있다는 이야기, 자신도 고향에서는 한국에 일하러 오기 위해 한국어도 열심히 공부하고, 친구들과 만나서는 남산서울타워며 남이섬에 꼭 가보고 싶다는 이야기를 주고받은 평범한 청년이었다고 했다. 그런 젊은이가 어쩌다 이런 모습으로 우리에게 오게 되었을까.

2021년 6월부터 조금씩 배가 아파 오기 시작했습니다. 일하는 시간 대부분을 쭈그리고 앉아 채소를 따기 때문에 그럴 것이라고 생각했습니다. 처음에는 참을 만했습니다. 사장님한테는 말하기가 힘들었어요. 평소에도 빨리 일하라고 하는데, 아파서 쉰다고 하면 싫어할 것 같았어요. 11월부터는 배가 커지고, 참기 힘들 정도로 아파 왔어요. 그래도 아픈 것을 사장님이 알까 봐 배를 천으로 꽁꽁 싸매고 일을 했습니다. 일을 못하면 캄보디아에서 한국에 오려고 빌린 돈도 갚을 수 없고, 제가 꿈꾸는 일도 이룰 수 없으니까요.

한두 달 만에 허리를 숙이고 일할 수 없을 만큼 배가 부풀고, 걷는 것조차 힘들 정도로 아팠다. 동료들에게 도움을 요청했고, 누군가가 지구인의 정류장을 알려 줘 안산까지 오게 되었다고 울먹이면서 말했다. 고통이 커지는 동안 얼마나 두려웠을까 싶어 눈시울이 붉어졌다.

먼저 와서 상담을 기다리는 노동자들이 있어서 로타 씨와는 다음 날 함께 병원에 가야겠다고 생각했다. 내일까지 괜찮겠냐고 묻자 그녀는 아무 말 없이 웃옷을 걷어 올려 배를 보여 주었다. 그 순간 우리는 모든 일을 뒤로하고 병원으로 향할 수밖에 없었다.

선생님이 이 노동자의 인생을 책임질 수는 없어요. 한시라도 빨리 고향땅으로 돌아가 가족과 만나게 해야 해요.

평소 이주노동자와 자주 찾던 병원이라, 의사는 진심을 다해 조언했다. 손쓸 시간도 없이, 타국에서 온 이 청년이 잘못되기라도 할까 봐 순간 겁이 났다. '가족이라도 하루빨리 만나게 해줘야 하는 것이 아닐까?' 하는 생각이 들 정도로 로타 씨의 상태는 위태로웠다.

여러 단체를 통해 난소 낭종 전문가를 수소문해서 긴급

입원을 하고 수술을 받았다. 난소에 자리 잡은 지름 30센티미터의 낭종을 제거했고, 조직 검사 결과 난소암 판정을 받았지만, 다행히 한쪽 난소를 살릴 수 있었다. 이 과정에서 100명이 넘는 캄보디아 이주노동자들과 이 소식을 전해 들은 지역 주민, 이웃, 단체 등이 응원하고 마음을 모은 덕분에 로타씨는 1차 수술을 무사히 끝내고 퇴원했다.

해피엔딩으로 끝날 수 없는 이야기

이 과정을 함께 겪으며 나는 궁금했다. 왜 건강보험에 가입되어 있는데도 건강검진을 받지 않았을까. 왜 아프다는 사실을 숨겨야 했을까. 퇴원하고 그녀는 어디로 갈까.

건강검진을 통과해 우리나라에 일하러 온 청년이 일하던 도중에 위중한 병을 얻었다. 누구나 갑작스럽게 아플 수도 있고 다칠 수도 있다. 이런 일에 대비해 건강보험 제도가 있고, 2019년 7월부터 이주민 건강보험 가입이 의무화되어 이주노동자 대부분이 가입되어 있다.

그러나 이주노동자들은 제때 건강검진을 받고 의료 기관을 이용하기가 쉽지 않다. 농업에 종사하는 이주노동자의 경우는 더욱 그러하다. 2020년 국가인권위원회에서 실시한 「이주민 건강권 실태와 의료보장제도 개선방안 연구」에 따르면 제조업·건설업에 비해 농업에 종사하는 이주노동자의 건강 상태는 열악한 반면, 의료 기관을 이용한 비율은 가장 낮았다.

건강 문제로 의료 기관에서 진단, 검사 또는 치료가 필요하지만 받지 못한 비율을 나타내는 '미충족 의료율'도 제조업이 17퍼센트, 건설업이 22.3퍼센트인 데 비해 농업은 62퍼센트로 가장 높다. 매일 노동시간이 길고 한 달 평균 휴일이 2일뿐이라 병원에 갈 시간이 없고, 의료진과 의사소통하기 어려우며, 거리가 멀거나 교통편이 불편하기 때문이다.

한편 농업 사업장의 다수는 사업자 등록이 되어 있지 않다. 이 때문에 농업에 종사하는 이주노동자들은 건강보험 직장 가입이 불가능해 지역 보험 가입 비율이 높다. 사용자와 노동자가 보험료를 반씩 부담하는 직장 보험과 달리 지역 보험은 보험료 전액을 노동자가 부담한다. 게다가 외국인은 자산과 소득을 정확히 파악하기 어렵다는 이유로 내국인의 평균 보험료를 납부하게 하고 있다. 그러니 100만 원을 벌건 200만 원을 벌건 외국인 지역보험 가입자는 13만 원가량의 건강보험료를 낸다.

게다가 농업 사업장은 5인 미만인 경우가 많아서 산재보험에서도 배제되어 있다.

"안 나으면 자기네 집에 가야지"

로타 씨가 입원 후 수술을 하고 회복하는 데는 3, 4개월이 걸렸다. 위중하다 보니 중증 환자로 등록했고, 이후에도 계속적인 검사와 관리가 필요하다는 안내를 받았다. 일하던 사업장에 이 사실을 알리고 휴가를 받아야 해서 로타 씨와 함

사장님이 알까 봐 배를 꽁꽁 싸매고 일을 했습니다
캄보디아에서 온 로타

께 고용주와 전화 통화를 여러 번 했다. 고용주와의 첫 통화부터 나는 가슴이 쿵 내려앉았다.

바빠 죽겠는데! 나도 몸이 아픈데 밭에 나와 일하고 있고. 나도 꼴이 말이 아니야. 애들 때문에 스트레스 받아서 나도 병 생겼다고. 그까짓 자궁에 혹 좀 달렸다고, 떼면 그만이야. 요즘은 암이라도 치료하면 다 나아. 안 나으면 자기네 집에 가야지. 아픈 사람들이 한국에 뭐 하러 돈 벌러 왔어!

왜 고용주는 아픈 사람을 위로하지 못할까? 자신의 농장에서 일하는 노동자가 얻은 병에 대해 "그까짓"이라고 할 만큼 질병에 대해 잘 알까? 건강검진에서 통과한 20, 30대의 젊은이들이 이주노동자로 온다는 사실을 생각해 본 적이 없을까?

돈만 좇아 온 기계가 아니고 저마다 꿈도 가지고 온 사람, 우리와 함께 있는 동안은 우리의 이웃, 우리의 친구가 될 사람들이라고 한 번도 느껴 보지 않은 걸까? 많이 아파서 지금은 쉴 수밖에 없지만, 빨리 나아서 농장으로 돌아가겠다고 말하는 노동자에게 아프면 자기 집으로 돌아가라는 말밖에 할 수 없었을까?

로타 씨는 고용주의 이런 반응을 예상하고 아픈 것을 꽁꽁 숨겼을 것이다. 고용주가 하는 이야기를 듣고 있다가 울음이 터진 그녀를 보면서 어쩌면 몸이 아픈 것만큼이나 마음이 아플지도 모른다는 생각이 들었다.

어디로 가야 할까

수술한 지 몇 달이 지나도 로타 씨는 일을 할 만큼 회복되지 않았다. 수술은 성공적이었으나 워낙 큰 낭종을 제거한 데다 길고 깊은 상처가 배에 남았다. 병원에서도 당분간 힘든 일은 하지 않을 것을 권고했다.

그러나 그녀는 고용허가제 비전문취업(E-9) 비자를 가진 이주노동자였다. 고용허가제도 안에서 이주노동자는 정해진 기간, 지정된 업체에서만 일할 수 있다. 로타 씨처럼 큰 병에 걸려도 충분한 휴식 기간을 갖지 못하고 자유로이 일터를 옮길 수 없다. 업무상 재해, 질병, 임신, 출산 등의 사유가 있을 때는 참작한다지만, 로타 씨가 수술 후 받은 진단서로는 〈외국인근로자의 고용 등에 관한 법률〉에 의거해 최대 3개월에 한 달의 유예기간만을 더 받을 뿐이다.

그동안 구직 등록을 하고, 여러 곳에 면접을 보러 갔으며, 수술로 일을 구하지 못할까 봐 노심초사하는 시간이 이어졌다. 처음 일한 농장에서는 건강상 이유로 사업장 이동을 신청했고, 그 후 정해진 기간에 새로운 일을 구하지 않으면 로타 씨는 첫 고용주의 말대로 고향에 돌아가든지 미등록으로 남아야 했다.

부지런히 구직 활동을 한 덕분에 그녀는 새로운 일을 찾아 충청도의 한 농촌으로 떠났다. 그때도 몸이 회복되지 않은 채였다. 결국 며칠 되지 않아 수척해진 얼굴로 돌아왔다. 버섯을 기르고 상자에 담아 옮기는 일을 했는데 힘에 부쳤던 것이다.

사장님이 알까 봐 배를 꽁꽁 싸매고 일을 했습니다
캄보디아에서 온 로타

돌아와 있는 동안에도 3개월 안에 일을 구해야 한다는 압박에 시달렸을 것이다. 그동안 틈틈이 병원에 가서 정기검진도 받으면서 혹시나 전이되지 않았나 하고 가슴을 졸이기도 했다. 가끔 통증이 찾아왔지만 열심히 구직 등록을 해서 새로운 일을 구했다. 새로운 일터의 고용주는 로타 씨가 병원에 가기 위해 안산에 올 때면 경과가 어떻게 되었느냐고 나에게 자주 연락해 온다. 그리고 자신이 해줄 수 있는 일이 무엇인지도 물어본다. 이런 '사장님'을 만나는 노동자가 얼마나 될까.

우리는 분명 기억하고 있다. 2020년 12월 20일 냉기 가득한 비닐하우스 숙소에서 숨을 거둔 이주노동자 속헹 씨를. 그 후 우리 사회는 여러 시스템의 한계 속에서도 더는 제2, 제3의 속헹 씨가 생기지 않도록 한목소리를 내고 있다. 비닐하우스 내 가설건축물을 숙소로 사용하지 못하게 하고, 건강보험의 비합리적인 적용을 고쳐 보려는 시도 등이 이어지고 있다. 그러나 여전히 노동자가 일터와 숙소에서 쓸쓸히 죽음을 맞이하는 일이 일어난다. 로타 씨는 그런 위험한 상황에서 겨우 한 발자국 비켜선 셈이다. 이주노동자의 일만이 아니다. 조금만 넓게 보면 이 땅에서 일하고 있는 모든 노동자의 이야기이다.

2022년 1월 7일 캄보디아에서 속헹 씨의 유가족이 보낸 국제우편이 왔다. 안에는 속헹 씨의 산업재해보상보험 관련 청구를 우리가 제안한 법률사무소에 위임한다는 가족의 위임장이 들어 있었다. 그녀의 죽음을 막지 못했으니 온당한 보상이라도 해야 한다는 우리의 바람이 1년 넘어서야 답을 받은 것이다.

　이주노동을 끝내고 집으로 돌아갈 날을 20일 남겨 두고 죽음을 맞은 그녀는 우리 사회에 큰 질문을 남겼다. 우리 사회는 그 질문의 답을 찾기 위해 끊임없이 살피고 논의해 갈 것이다. 비록 아주 느리지만, 속헹 씨의 가족들에게서 온 우편처럼 우리 사회는 그 답을 찾을 수 있을 것이라 믿는다.

사장님이 알까 봐 배를 꽁꽁 싸매고 일을 했습니다
캄보디아에서 온 로타

왜 다쳤는지 말하지 말래요

회사 이름도 모른 채 방치된 동포 노동자들

우삼열

목사이자 2001년부터 이주노동자 인권운동가로 살고 있다. 현재 아산이주
노동자센터 소장이며, 충남인권위원회 위원장 등으로 일했다. 이주노동자의
노동권 보장을 위한 운동에서 출발해 차별과 혐오에 대한 대응으로 더 넓혀
가고 있다.

몰라요.

일하다가 손을 다쳐 찾아온 아르투(가명, 55세, 러시아) 씨에게 회사 이름을 묻자 돌아온 대답이다. 회사 이름조차 모른다면 상담을 시작할 수도 없다. 회사 간판을 찍은 사진이 있다며 보여 주기에 살펴보니 직원 수가 400명 이상 되는 규모의 기업이다. 그는 고려인 출신 동포 노동자이고, 한국어도 미숙해 통역을 거쳐야 대화가 가능했다. 그가 이 회사의 직원일 리가 없으니 이런저런 질문으로 작은 실마리나마 찾아야 한다.

이주노동자가 회사의 이름을 모르면 자기 권리를 지키기 힘들다. 근로계약 내용, 잔업 수당, 4대 보험 가입 여부 등 다른 정보도 잘 모르기 십상이다. 직업 소개 업체를 통해 하청 회사로 들어간 경우 이주노동자는 근로계약서는 고사하고 급여 명세서도 받지 못하는 경우가 대부분이다. 아르투 씨는 자신을 하청 업체로 보낸 직업 소개 업체의 이름도 기억해 내지 못했다. 근로관계의 기초 내용을 파악하지 못한다면 그는 '노동자'로 인정받기 어렵다.

고려인 출신 이주노동자들은 재외동포(F-4) 비자를 취득해 살고 있는데, 법무부가 정한 규정에 따르면 F-4 비자를 가진 동포들은 기능사 자격증을 취득해 전문 업종에서 일해야 한다. 그런데 자격증 취득을 해도 취업하지 못해 어려움이 많다는 하소연이 끝이지 않는다.

기능사 자격증 따느라고 학원비만 75만 원 들었어요. 방수 기능사 자격증을 땄는데 3개월 동안 낮에 힘들게 일하고 밤새 공부해서 간신히 시험에 붙었어요. 그런데 이 자격증을 가지고 취업할 회사가 없었어요. 함께 자격증 딴 사람들도 이 분야에 취직을 못 했고요. 지금은 다시 직업소개소 통해 회사를 소개받아 일하고 있어요. 기능사 자격증을 왜 따야 하는지 이유를 전혀 모르겠어요.

100인 이상 사업장인 원청의 사내 하청 업체에서 일하는 김올가(42세 여성, F-4 체류 자격) 씨는 이렇게 말했다. 그녀는 법무부가 정한 규정에 따라 기능사 자격증을 땄지만, 결국 일용직 노동자로 전전하고 있다며 한탄했다. 이처럼 F-4 비자를 위해 기능사 자격증을 취득했다 하더라도 해당 분야에 취업하기 어려워 대부분 전업이 아닌 알바 등 임시직으로 일하면서 고용 불안정에 시달린다.[+] 이런 사정을 법무부가 제대로 파악하고 있는지 의문이다.

F-4 비자를 취득한 동포들은 결국 직업소개소를 통해 업체를 구한다. 이 업체에서 동포들을 대기업에 파견하는 것이다. 외국 인력 정책에 따르면 이주노동자는 제조업의 경우 노동자 300인 미만 규모의 기업이 적용 대상이다. 이 중에서 50인 이하의 소규모 기업들에 이주노동자를 제공하는 것이

+ 이규용, 「외국인 비합법 노동시장 연구」, 한국노동연구원, 2019.

우선이다. 아르투 씨처럼 텔레비전 광고까지 하는 대규모 기업 내에서 이주노동자가 수십 명씩 일하는 것은 대기업과 하청 업체와 직업소개소의 삼각관계 때문이다.

고려인 동포들은 한국어에 미숙하고 한국 사회에 대한 이해가 부족한 데다 자신들끼리의 네트워크도 빈약해 정보력이 크게 떨어진다. 이 때문에 산업 현장에선 이들을 가리켜 '목에 빨대 꽂기 쉬운' 대상이라는 말이 나돈다.

국내 체류 외국인 245만 3572명 중 고용노동부가 관리하는 고용허가제 이주노동자는 총 44만 2809명으로 18퍼센트이다(2023년 7월 기준).[+] 반면 법무부가 관리하는 F-4 자격 동포는 52만 3871명(21.4퍼센트)으로 규모가 더 크다. 외국 인력 정책을 담당하는 고용노동부가 법무부보다 더 적은 이주노동자를 관리하는 셈이다.

허울뿐인 법

산업 현장에는 비자 유형에 따라 일반 고용허가제 비전문취업(E-9) 노동자, 특례 고용허가제 방문취업(H-2) 노동자, 재외동포(F-4) 노동자가 섞여 일하고 있다. 이들 중 동포에게는 두 가지 비자가 주어진다. 동포의 정체성은 동일하지

+ 법무부 출입국·외국인정책본부, 『출입국·외국인정책 통계월보』(2023년 7월호).

만 H-2 비자 소지자는 미숙련노동자로, F-4 비자 소지자는 숙련노동자로 분류된다.

H-2 비자 소지자가 한 사업장에서 2년 이상 일하거나, 기능사 시험에 합격해 전문성을 인정받으면 F-4 비자를 받을 수 있다. F-4 비자 소지자는 기능사 자격에 해당하는 업종에만 취업이 가능하다. 그러나 노동 현장에서 이런 구분은 무의미하다. H-2 비자 소지자와 F-4 비자 소지자가 직업소개소와 파견 업체를 통해 대량으로 사내 하청 업체에 유입되어 단순노동에 종사한다.

하청 업체에서 일하는 이들 중 상당수는 직업소개소 이름을 기억할 뿐 실제 일하는 회사의 이름이나 정보는 모른다. 일용직처럼 일하는 것이니 작업하는 회사가 어딘지는 중요하지 않고 알 필요도 없다고 생각한다. 직업소개소에서 보내주는 월급이 중요할 뿐이다.

임금의 일부를 직업소개소가 떼고 나머지를 입금하는 방식이므로, 통장을 열심히 살펴봐도 진짜 일하는 회사의 명칭은 보이지 않는다. 직업소개소가 회사 측과 맺은 계약 내용도 알려 주지 않기 때문에 노동자는 급여의 정확한 내용을 모른다. 어느 정도 금액의 급여를 받게 될 것이라는 말만 듣고 가서 일하고, 그에 준하는 돈이 통장에 들어오면 맞는 것으로 생각한다.

센터를 방문하는 F-4 비자 노동자들 중 80퍼센트는 회사 이름을 모르고 있어서 답답해요. 한 건 한 건 상담을 진행할 때마다 실제 근무한 회사와 작업 내용을 확인하느라 힘듭니다.

이주노동자를 상담하는 단체 활동가의 하소연에서 무기력감마저 느껴졌다. 그는 때로 노동자가 회사 이름을 그림 그리듯 종이에 써주면, 이걸로 인터넷을 통해 주소 검색을 하고 연락처를 찾아내기도 한단다.

직업소개소를 통해 일하다가 임금을 떼이면 실제 임금 지급처를 확인하기가 더욱 어려워진다고 했다. 직업소개소들은 어느 지역에 일자리가 있다고 페이스북과 같은 소셜 미디어에 올리는데, 대개 20만 원가량의 소개비를 받는다고 한다. 정보가 잘못되거나 신분이 확인되지 않는 경우도 있어 노동자가 피해를 입기도 하고, 심지어 소개비를 주고 들어간 회사에서 며칠 못 버티고 그만둘 경우 소개비를 돌려받으려는 과정에서 직업소개소와 실랑이가 벌어지기도 한다.

이처럼 F-4 비자를 가진 동포들에 대한 관리가 부실해 산업 현장에서는 혼란과 부작용이 발생하고 있다. 동포들 중 제과, 제빵, 도배, 장판, 컴퓨터 등 자신이 기능사 자격증을 가진 분야에서 일하는 이들은 매우 드물다. 직업 교육과 취업 연계가 부족하니 자연스럽게 일용직으로 일하는 동포들이 많아진다.

H-2 비자로 일하면서 체류 기간이 끝나게 되어 기능사 시험을 준비했어요. 시험에 합격하면 3년마다 연장되는 F-4 비자를 받을 수 있거든요. 어차피 해당 분야에서 일하는지에 대해 법무부는 물어보지 않아요. 그래서 내가 아는 F-4 동포들은 자격증 분야와 관련 없는 회사에서 일해요. 고용허가제 노동자들과 함께 일하는 경우도 많아요(김타냐 씨, 43세 여성).

대기업의 책임과 정부의 과제

'현대판 노예제도'로 비판받고 지금은 사라진 산업연수생제도의 모델은 '해외투자법인 연수생 제도'였다. 이 제도는 대기업들이 자회사인 아시아 지역 해외 법인을 통해 저임금 이주노동자를 들여오는 방식이었다.

지금도 다르지 않다. 대규모 사업장들은 사내 하청 방식을 통해 편법으로 이주노동자를 고용한다. 이주노동자를 이용해 부당이득을 취하는 기업들과 직업 소개 업체들의 불법 행위는 더욱 노골화되고 있다. 그 속에서 이주노동자들의 인권과 노동권은 더욱 취약해진다. 산업 현장에서 더 다양하게 나타나는 부작용을 막기 위해서라도 시급히 대책을 마련해야 한다는 목소리가 높다.

이주노동자들에 대해 반드시 노동자의 권리를 알 수 있도록 교육을 해야 하며, 산업 현장에서 임금 체불과 산업재해 등 피해를 입지 않도록 제도를 보완해야 한다. 또한 부처별로 역할이 복잡하게 얽힌 제도적 맹점을 단일한 시스템으로 정리하고, 이민 정책과 노동정책이 시행 과정에서 원칙과 일관성을 유지하도록 운용돼야 한다.

자신이 일하던 회사의 이름도 모르던 아르투 씨는 이렇게 말했다.

직업소개소를 통해 회사에 들어간 후 제품을 운반하는 일을 했어요. 큰 회사 안에 있는 작업장인데 한국인은 거의 없었습니다. 2년 정도 일하던 중 갑자기 한국인들만 많이 일하는 곳으로 보내졌어요. 거기에선 저만 '알바 사람'이었어요.

철판을 롤러에 밀어 넣어 평평하게 만드는 일을 했는데, 이 일을 시작할 때 아무런 안전 교육을 받지 않았어요. 2주 동안 일을 하다가 철판을 잡은 손의 장갑이 기계에 말려들어 갔고, 둘째 손가락을 크게 다쳤어요. 세 번 수술을 받았는데 의사는 앞으로 제가 손가락을 제대로 쓰지 못할 것 같다고 합니다. 직업소개소는 제가 왜 다쳤는지 남들에게 말하지 말라는데, 저는 손 때문에 걱정이 많이 돼요.

병원에 못 가는 사람이 많아요

한국에서 코로나19를 겪은 베트남인들

명숙

사회의 주변으로 밀려난 사람들의 목소리와 삶을 현장에서 듣고 기록하는 것을 좋아하는 인권운동가. 저항과 연결의 힘이 다른 세상을 만들 것이라고 믿으며, 인권운동네트워크 바람의 상임활동가로 활동하고 있다. 공저로 『밀양을 살다』, 『금요일엔 돌아오렴』, 『다시 봄이 올 거예요』, 『재난을 묻다』가 있다.

5월 말이지만 햇살이 유난히 뜨겁다. 대구여서 그런가. 베트남인들이 주로 다니는 교회에서 이주노동자들을 만나기로 해 서대구역에서 내렸다. 신세계백화점 등 화려한 매장이 있는 동대구역과 달리 서대구역은 차분한 분위기였다. 그럼에도 내 눈을 사로잡는 현수막들이 버스 정류장 앞에 있었다.

근조 ─ 서대구역사 개통의 희생자 세입자의 희생을 애도합니다.

아, 기차역을 신축하면서 사람들이 쫓겨나고 다치고 죽었구나! 애도의 현수막을 보며 생각한다. 쫓겨났지만 살아남은 그들은 어디로 갔을까.

이주는 한 나라 안에서도 일어난다. 국경을 넘는 이주든, 국경 안에서의 이주든 온전히 개인의 선택과 의지로 이루어지는 경우는 과연 얼마나 될까. 먹고살기 위해서든, 국가에서의 탄압을 피해서든, 더 자유로운 삶을 위해서든 간에 살던 곳을 떠나는 것이 이주다. 국민만을 인권의 주체로 한정하려는 국가주의가 팽배한 현실에서 국경을 넘는 이주노동자들은 더 많은 차별과 희생의 대상이 된다.

심지어 코로나19 팬데믹 상황에서도 이런 경향은 바뀌지 않았다. 감염병 예방 대책은 차별의 벽에 갇혀 있었다. 코로나 초기 국내에서 집단감염이 가장 심했던 대구에 사는 이주노동자들의 삶은 어땠을까. 코로나 2년이 넘은 2022년 5월,

이주노동자 집단감염이 심했던 대구로 갔다.

코로나 감염 경험이 있는 이주노동자들을 만나러 서구 달서촌으로 이동했다. 버스 유리창 너머로 이슬람사원이 보인다. 이주노동자가 많은 공단 지역이라 이슬람사원이나 기도처가 많다. 그런데 대학가인 북구에 이슬람사원을 건축하면서 최근 몇 년간 무슬림에 대한 노골적인 혐오와 차별이 이어지고 있다. 이슬람교가 종교인 동남아시아나 아랍권에서 온 이주노동자들이 느꼈을 모욕감과 두려움을 생각하다 보니 어느새 중국어로 쓰인 상점들이 보인다. 중국계 이주민들은 코로나 시기에 혐오와 차별의 대상이 됐다.

통계청에서 발표한 대구 지역 이주민은 2020년 기준 5만 명이고, 이 중 한국 국적이 없는 사람은 3만 7000명이다. 통계에 잡히지 않는 미등록 이주노동자까지 하면 그 수는 더 많을 것이다.

버스에서 내려 걸었다. 교회는 공단과 공단 사이에 위치했다. 일요일이라 그런지 오가는 사람은 많지 않다. 이주민을 대상으로 하는 교회 중 국적별로 신도들을 모아 선교 활동을 하는 경우가 있다. 하나의 언어만 사용하니 소통도 쉽고, 커뮤니티 같은 느낌도 있다. 교회 입구에 '대구이주민선교센터'라는 표지가 보인다. 설교를 하는 단상 앞에도 큼직하게 베트남어로 쓰여 있다. 40명 정도의 사람들이 예배를 보았다. 연령과 성별이 다양했다.

서로 인사를 주고받으며 웃는다. 한국 국적의 사람도 대여섯 명 보였다. 성경책과 찬송가책도 베트남어로 되어 있다. 예배는 베트남 자막과 베트남어로 진행됐다. 예배 중간에 간간이 한국어로 안내를 했다. 여느 교회가 그렇듯이 이곳에서도 예배가 끝난 뒤 새로 참가한 사람들을 소개하고 음식도 나눴다. 신도들이 나간 후 사무실에서 이야기를 나눴다. 교회에서 사무를 보고 있는 이유진 씨가 통역을 맡아 주었다. 베트남에서 온 그녀는 한국 국적을 취득해 교회에서 이주민을 지원하는 일을 하고 있다.

"아기도 있는데 생활은 어떻게 하라고"

작업하기 전에 코로나 검사를 하거든요. 그런데 그날은 몸이 안 좋아서 코로나 (검사) 테스트 했는데 양성이 나와서 병원에 갔어요.

예배를 마친 후 줄곧 아이와 놀아 주던 호아이 씨가 먼저 입을 뗐다. 건설 현장에서 일하는 그는 백신을 2차까지 맞았는데도 코로나에 감염되었다고 했다. 하필 그날이 본인 생일이었다며 아쉬움을 비쳤다. 2015년에 한국에 들어온 그는 일하다가 만난 한국 여성과 결혼했다. 그는 "합법 비자" 이주노동자라 코로나 검사나 치료를 병원에서 했다며, 미등록 이주노동자보다 낫다고 했다.

테스트기 보니까 양성이 나왔어요. 회사에서 보건소 가라고 했어요. 합법 비자라 병원이든 보건소든 아무 데나 가도 돼요. 건설 현장 근처에 있는 병원에 갔다 왔어요. 미등록 사람들은 건강보험이 없기 때문에 무조건 보건소에 가야 받을 수 있어요. 안 그러면 7만 원 정도 든다고 해요. 저는 검사 비용과 약값까지 6600원밖에 안 들었어요. 그때가 (2022년) 2월이라 막 추웠는데, 미등록인 동료들은 보건소 앞에서 한참 기다렸어요.

'합법 비자'는 미등록 이주노동자들의 어려움을 상대적으로 드러낸 표현이었다. 이주노동자들은 합법과 불법이라는 단어를 많이 듣기도 하고 많이 사용하기도 한다. 법의 이름으로 강제 추방 되는 등 삶을 제한당하는 일이 많다는 뜻이다. 그들은 법의 경계에서 위태로운 삶을 살고 있다. 사업장 이동을 제한하는 고용허가제 탓에 수많은 미등록 이주노동자가 생겨난다. 이주노동자는 자기 마음대로 사업장을 바꿀 수가 없다.

때로는 사장 마음에 안 든다는 이유로, 때로는 체불임금 등 부당 행위에 대해 문제 제기하다가 사업장에서 쫓겨난다. 그렇게 미등록 이주노동자가 된다. 고용허가제도 때문에 사업장 변경을 신청하더라도 1개월 안에 구직 등록을 해야 하고 구직 등록 후 3개월 안에 새 직장을 구해야 한다. 정해진 기간이 지나면 미등록 상태가 된다. 미등록 이주노동자가 되면 여러 가지 어려움에 처한다. 심지어 전 세계적인 감염 위기 속에서도 감염을 피하거나 치료받을 수 있는 기회까지 줄어든다.

호아이 씨에게 코로나에 감염됐을 때 어떤 점이 어려웠냐고 물으니 생계비를 꼽았다.

격리 기간 동안 일을 못 했잖아요. 일당 20만 원 받고 있었는데 일주일 격리 지나고 나서 받은 돈이 20만 원밖에 안 됐어요. 아기도 있는데…… 가족들이 많이 힘들어했어요.

아프면 쉬라고 하지만 자가 격리를 하는 동안에 필요한 만큼의 생계비는 지원되지 않았다. 대기업 정규직 정주 노동자는 유급으로 쉬지만, 건설 현장 노동자, 비정규직 노동자, 이주노동자는 생계를 이어 갈 만한 지원은 받지 못한다. 그에게 지원된 돈은 20만 원이 전부였다.

나는 2020년에 전 국민에게 주었다는 재난지원금은 받았는지 물었다. 대답은 "못 받았어요."였다. 이 재난지원금을 받은 이주노동자는 얼마 되지 않는다. 이주민 인권조례 등이 있는 몇몇 지방자치단체만이 이주민을 포함했을 뿐이다. 공중 보건 위기에도 이주노동자는 뒤로 밀렸다. 뒤로 밀린 것은 지원금만이 아니었다. 코로나 확산 초기인 2020년에는 코로나와 관련된 정보도 제대로 통역되지 않았고 공적 마스크 분배도 체류 자격과 건강보험 가입 여부에 따라 주었다. 어디든 벽이 세워졌다.

코로나 검사도 백신 접종도 차별적이었다. 초기에는 신분증이나 건강보험 가입자를 중심으로 백신을 접종하다 보니 미등록 이주노동자는 엄두도 못 냈다. 나중에는 임시 번호를 발급해 미등록 이주노동자들도 접종할 수 있게 되었다. 그러나 미등록 이주노동자가 백신 접종 후 강제 추방 됐다는 보도가 나올 때면, 그들은 바이러스보다 추방의 공포에 더 떨었다. 반면 코로나 검사는 더 자주 요구했다. 이주노동자와 정주 노동자가 같이 일하는 곳에서도 이주노동자만 코로나 검사를 받도록 하는 행정명령을 내린 지방자치단체가 많았다.

2021년 6월 20일 중앙사고수습본부는 사회적 거리두기 개편을 발표하며, 이주노동자 밀집 사업장 등을 중점관리사업장으로 지정했다. 서울·경기·인천·대구 등 지방자치단체는 이것과 연계해 이주노동자만 PCR 검사를 하라 했다. 열악한 노동환경과 숙소 환경을 개선하기보다 이주노동자를 감염원으로 바라본 것이다. 국가인권위원회와 서울시인권위원회는 차별이니 시정하라고 권고했지만 이를 받아들인 곳은 많지 않다. 그가 일하는 건설 현장에서도 이주노동자는 꼬박꼬박 코로나 검사를 해야 했다.

미등록 이주노동자들의 상황은 더 나빴다. 통역하던 유진 씨는 미등록 이주노동자는 코로나 검사를 받고 양성으로 나와도 음식 지원은 물론 약조차 받지 못했다고 덧붙였다. 코로나 확진자에게 주는 생활지원금은 엄두도 못 냈다. 2021년과 2022년에는 지원금 대상을 중위소득 100퍼센트 이하 가구의 격리자로 제한했지만, 격리자 모두에게 지원금을 지급했던 2020년에도 미등록 이주노동자는 대상이 아니었다.

베트남으로 돌아가고 싶어도 갈 수 없었어요.

손가락을 감싸고 연신 밝게 웃던 듀엔 씨가 이야기를 이어 갔다. 그는 프레스에 절단된 손을 어떻게 돼야 할지 몰라 했다. 그가 산재를 당한 지 얼마 되지 않아 코로나가 확산됐다. 코로나 팬데믹이 장기화되면서 이주노동자들의 대응도 바뀌었다. 초기였던 2020년 초에는 한국에 있던 많은 이주 노동자들이 코로나 감염을 피해 본국으로 떠났다. 한국은 중국과 근접한 나라이기도 했고 코로나에 대한 제대로 된 정보가 없는 상황이었기 때문이다. 대구시는 특히 코로나 집단감염으로 봉쇄될 정도로 심각한 단계였다.

그때 코로나 감염자가 아주 많아서 베트남에 돌아가고 싶었는데 돌아갈 수 없었어요. 한국에 일하러 왔는데 프레스 공장에서 일하다 다쳐서 베트남에 돌아가지도 못했어요.

듀엔 씨는 산재가 난 지 얼마 되지 않았던 때라 고향으로 갈 수 없었다. 수술을 마쳤지만 통원 치료도 해야 해서 한국을 떠날 수 없었다. 그는 프레스 공장에서 손가락 네 개가 모두 절단되는 큰 산재를 당했다. 현재까지 총 10회의 대수술을 했다. 산재보험에 가입돼 있었고 근로복지공단에서 산재 인정도 받았으나 10퍼센트는 본인 부담이다.

그때는 통원 치료 중이었어요. 수술을 많이 했기 때문에 몸이 약해서 조심을 했어요. 감염될까 봐 버스도 안 타고 걸어 다녔어요. 몸이 약하니까 기침을 할 때도 있었는데 기침하면 사람들이 이상하게 쳐다보는 게 느껴졌어요.

듀엔 씨는 한국으로 온 유학생이었다. 생활비를 벌기 위해 아르바이트를 하러 갔다가 사고가 났다. 현재 산재 기간은 끝났지만 일도 공부도 할 수 없다. 한국의 외국인 출입 정책 때문이다. 대구출입국·외국인사무소는 베트남에 다시 가서 유학 비자를 받으라고 했다. 치료를 받느라 체류 기간이 2년인 유학 비자가 아니라 질병으로 인한 치료를 받는 기타(G-1) 비자로 변경됐기 때문이다.

제 꿈은 통역사였어요. 그런데 이제는 공부도 할 수 없어요. 베트남에 들어가서 다시 한국에 오려면 유학 센터에 준 1500만 원을 갚아야 해요. 은행에서 돈 빌려서 온 거예요. 그런데 제가 지금 돈 없잖아요. 그런데 공부하고 싶으면 베트남에 들어가서 다시 비자 받고 오라고 해요. 출입국사무소에서 동의만 해준다면 저는 학비 400만 원만 납부를 하면 다시 공부를 할 수 있어요. 손을 다쳤으니 한국어를 공부해야 베트남에 가서 일자리라도 얻을 수 있어요.

손을 많이 다쳐 현재 한국에서 돈을 벌 수 없다. 일을 하지 못하니 생활도 걱정이다. 그럼에도 자신은 나은 편이라고 했다. 사촌 형과 같이 지내 생활비는 거의 안 들기 때문이다. 사고가 크게 났음에도 부모님께 알리지 않았다. 농사를 짓는 부모님의 생활도 힘들 텐데 차마 말하기 어려웠다고 했다. 그러나 고향 친구들이 치료비를 모아 부모님께 전달하는 바람에 집에서도 알게 됐다. 부모님이 충격을 받을까 봐 아직도 다친 손은 보여 주지 않았다고 했다.

지금 부모님도 아파서 매달 병원에 가야 해요. 한국에 와서 공부만 하고 싶었는데 생활비, 기숙사비, 학비 다 필요했어요.

유학 올 때 진 빚도 갚아야 해요. 말레이시아 갔다가 한국은 인권이 좋다고 해서 한국에 왔는데……. 외국인 노동자들 인권은 아무도 신경 안 써요. 저는 어떻게 사나요?

그의 나이 스물일곱, 통역 공부는 어떻게 할 계획이냐고 묻자 한참 동안 말을 못 했다. 유난히 큰 눈에 그저 눈물만 그렁거렸다. 그는 교회 등 주변의 도움으로 휴업급여와 병원비는 받았고 현재는 회사를 상대로 장해보상금 등 사고 책임을 묻는 소송을 하고 있다. 어떻게 사냐는 그의 물음에 아직 한국 정부는 답이 없다.

코로나에 감염된 사촌 형을 돌보다가 그도 감염된 적이 있다. 하지만 돈 때문에 약국에서 구입한 코로나19 자가 검사 키트로 검사하고 집에서 쉬기만 했다. G-1 비자가 있었지만 건강보험은 없어서다. 수입도 없고 건강보험도 없는 그에게 검사나 치료에 드는 비용은 큰 부담이다. 코로나 시기에도 건강보험에 가입되지 않은 이주민들은 불이익을 온몸으로 감수하고 있었다.

주변에 건강보험 없어서 걱정하는 사람이 많아요. 건강보험 있는 사람들은 공짜로 검사받는데 (건강보험) 없는 사람들은 아니에요. 병원비를 걱정해야 해요. 그래서 주변에 코로나 걸릴까 봐 두려워하면서도 병원에 못 가는 사람이 많아요. 우리 같은 외국인들에게 너무한 일이에요.

통역하던 유진 씨도 아프면 건강보험 가입 여부에 상관

병원에 못 가는 사람이 많아요
한국에서 코로나19를 겪은 베트남인들

없이 치료해 줘야 하지 않냐며 맞장구쳤다. 미등록인 사람들도 보험에 가입할 수 있으면 좋겠다는 말도 했다. 그래야 아프면 바로 병원에 갈 수 있지 않겠냐고.

목발 짚고 오산에서 대구까지 온 까닭

듀엔 씨 옆으로 목발을 짚고 한 사람이 들어섰다. 유엔 씨였다. 그도 유학생으로 왔다가 산재를 입었다. 해양대학교 한국어학당에 다니다가 생활비 때문에 공장에서 일하게 됐다. 유학생들 중에는 생활비를 벌고 유학을 오느라 진 빚을 갚으려고 일을 하는 학생들이 종종 있다고 했다. 유럽으로 유학 간 친구들의 현지 아르바이트 경험담이 떠올랐다. 그들도 다쳤을 때 이렇게 방치되었을까.

유엔 씨는 경기도 오산에 있는 텔레비전 모니터를 만드는 공장에서 일하다가 다쳤다. 추락했는데 다리가 꺾였다. 오송에서 수술한 후 도와 줄 사람도 의지할 거처도 없어서 수소문 끝에 대구로 왔다. 유진 씨는 대구시 북부정류장에서 홀로 목발을 짚고 걸어오는 모습이 참 안쓰러웠다고 기억했다. 두 다리를 다쳐 사용하지 못하니 응급차 이용이 나은 선택이지만 돈 때문에 그럴 수 없었다. 그는 버스를 혼자 타고 올 수밖에 없었다.

산재로 인정돼서 병원에서 치료를 받고 퇴원했어요. 퇴원했는데 어디로 가야 할지, 어떻게 해야 하는지 도와주는 사람이 없었어요. 아는 사람이 베트남 누나가 대구 교회에 있는데 잘 도와준다는 이야기를 했어요.

외국에서 온 이주민을 위한 정책이 없는 대한민국에서 이주민들이 당장 의지할 곳은 국가별 커뮤니티다. 코로나 위기 상황에서 정보도 얻을 수 있고, 불이익을 최소화하기 위해서도 말이 통하는 신뢰할 만한 집단이 필요하다. 한국의 공식 기관에서 생긴 불신과 의문 그리고 상처를 풀 곳이 바로 국가별 커뮤니티다. 이주민들에게 국가별 커뮤니티는 병원이자 학교이자 쉼터이다. 그가 대구까지 올 수밖에 없는 한국 상황이 너무 씁쓸해 나도 모르게 고개를 숙였다.

부러진 다리에 박은 철심 제거 수술이 남았기 때문에 아직 일할 수가 없다. G-1 비자이기도 해 일을 할 수도 없으니 생활비는 친구들에게 손을 벌린다고 했다.

그가 코로나에 감염된 것은 2022년 초였다. 열이 많이 나고 가슴이 아팠다. 그는 보건소에서 검사를 했다. 보건소에서 지원하는 약이나 물품을 받지 못해 주변 형들이 먹는 약을 같이 먹었다. 증상은 좀 나아졌지만 불안감이 가시지는 않았다. 그에게 마스크는 최소한이자 최대한의 방역 대책이기에 꼭 쓰고 다닌다. 수술이 남았으니 더 조심해야 하기 때문이다.

세 명의 이야기를 듣다 보니 예배 중 나온 성경 말씀이 겹친다.

…… 말세에 고통하는 때가 이르러 사람들이 자기를 사랑하

며 돈을 사랑하며 자랑하며 교만하며 ……

_「디모데후서」3장 1, 2절.

국적이 있는 자들만을 돌보는 한국의 정책은 '자기를 사랑하며 돈을 사랑하는' 것과 다를 바 없다. '자기'만을 사랑하는, 타자와의 경계 긋기의 대책은 연결된 사회의 방역 대책이 될 수 없다. 바이러스는 국적과 인종을 가리지 않지만 치료와 피해 지원은 인종과 국적을 따지는 현실에서 이주노동자의 피해는 더욱 클 수밖에 없다. 코로나의 피해가 불평등할 수밖에 없는 이유다.

유엔 씨와 이야기를 마치고 교회 안을 둘러봤다. 벽마다 본국에 남기고 온 가족들과 찍은 사진, 한국에서 동료들과 놀러 가 찍은 사진이 붙어 있다. 사진으로 그리움을 달래기도 하고 새롭게 추억을 쌓고 있기도 했다. 오늘 만난 이주노동자들에게 과거의 사진은 어떤 의미일까. 한국에서 산재와 코로나를 경험한 그들에게 따뜻한 추억의 사진을 남기려면 우리는 무엇을 해야 할까.

불쌍해서 바꿔야 하는 것이 아니에요

나오미센터 난민 지원 활동가 라연우

희정

기록노동자. 싸우고 살아가고 견뎌 내는 일을 기록한다. 저서로 『베테랑의 몸』, 『일할 자격』, 『문제를 문제로 만드는 사람들』 등이 있다.

제주에 사는 이주민을 인터뷰하고 싶었다. 제주에 거주하는 사람과 이주민에 관해 이야기를 나눈 적이 있었다. 대화를 이어 가다가 깨달았다. 그는 '육지'에서 온 이주민을, 나는 외국에서 한국으로 온 이주민 이야기를 하고 있었다. 바다를 건너온 것만으로 이주라 이름 붙일 정도의 무게를 지닌다. 더 먼 곳에서 타국의 작은 섬으로 온 사람들이 있다. 2018년 예멘 난민이 제주에 입국한 일이 있었다. 그 일을 두고, 내가 사는 도시에선 사람들이 날것의 혐오를 드러냈다. 그들이 섬 밖으로 나올 것을 염려했고, 섬 안에 있음에 안도했다. 종종 그 일이 떠올랐다. 그래서일까. 예멘 난민들을 만나고 싶다는 생각은 차마 하지 못했다. 말을 돌려 제주에 사는 이주민을 인터뷰하고 싶다고 했다. 그렇게 소개받은 이가 라연우(아메드 라바비디)이다. 그는 시리아에서 온 사람이었다.

난민이 되다

아메드 라바비디가 제주에 온 것은 2012년. 지금으로부터 10여 년 전이다. 당시 제주도민에게 외국인이란 관광객이나 아시아권 이주노동자만을 의미했다. 아메드에게도 한국이라는 나라가 낯설긴 마찬가지였다. 2011년 봄, 시리아에선 독재자 바샤르 알아사드의 퇴진을 요구하는 반정부 시위가 일어났다. 시위는 걷잡을 수 없이 커져 정부군과 반군의 내전으로 치달았다. 정부군에 의해 젊은 남성들은 군대로 끌려갔다.

　검문이 심했어요. 군인들이 길에서 젊은 사람만 보면 끌고 가는 거예요. 저도 세 번을 잡혔어요.

　대학생 신분증과 얼마간의 돈으로 위기를 모면할 수 있었다만, 그런 행운이 계속되길 기대할 순 없었다. 얼마 후 대학도 문을 닫았다. 아메드는 시리아를 떠날 것을 결심한다. 친동생은 이미 한국에 있었다. 한국과는 아버지가 사업차 만난 지인이 있다는 인연 정도였다. 얇은 실 같은 연에 의지해 몸을 피해야 할 만큼 다급했다. 일단 3개월짜리 방문 비자로 한국에 왔다. 상황을 보며 잠시 머물 생각이었다. 그러나 시리아의 상황은 심각해져만 갔다.

　어느 날은 군인들이 집에 쳐들어왔다고 하더라고요. 부모님이 여기 오면 안 될 것 같다고.

　대학 때 정부군에 반대하는 시위에 참가한 것이 이유인 듯했다. 돌아갈 곳은 없는데, 비자 기간은 끝나 가고 있었다. 그러다가 출입국관리사무소에 가서 어떤 서류를 작성하면 한국에 계속 머물 수도 있다는 이야기를 들었다. 제주에 머물던 아메드는 서울출입국관리사무소를 찾아갔다. 그가 작성한 것은 난민 체류 신청서였다.
　하지만 난민 인정 심사는 1년 넘게 치러지지 않았다. 아랍어를 쓰는 통역관이 없다는 이유였다. 2013년 한국에 〈난민법)이 시행됨에 따라 난민 신청자도 급증했으나[+] 이를 심사하는 담당자나 통역관은 증원되지 않았다.[++] 난민 신청을 하고 싶다는 시리아인 한 명을 위해 통역관을 제주까지 보낼 정도로 한국 정부는 친절하지 않았다. 결국 아메드는 서툰 영어로 심사에 응했고 인도적 체류 허가 통보를 받는다.

인도적 체류 허가란, 난민 지위는 아니나 생명이나 신체의 자유를 침해당할 수 있다고 판단되는 사람을 임시로 국내에 머물며 경제활동을 할 수 있도록 권한을 주는 일이다. 다만 1년마다 체류 연장을 해야 한다. 이후 아메드는 10년 넘게 제주에 머물고 있다.

제주에 머물다

제주는 통역사도 없을 정도로 시리아와 연관이 적은 지역이었다. 아랍 문화를 공유한 사람도 만나기 힘들었다. 그럼에도 그는 제주를 고집했다. 동생과 지인들은 육지로 떠난 지 오래였다.

[+] 2009년 300명 선이던 국내 난민 신청자는 2011년 1000명을 넘어서더니, 2014년에는 2896명으로 급증한다. 난민인권센터 정보공개청구 결과(법무부 난민과, 2022.01.26. 회신).
[++] 2019년 기준으로, 난민 심사 담당관은 총 65명이다. 난민 신청은 연 1만 5000건으로, 심사관 1인이 연간 평균 230건을 심사했다.

불쌍해서 바꿔야 하는 것이 아니에요
나오미센터 난민 지원 활동가 라연우

저는 어릴 적부터 시리아가 답답했어요. 그 사회와 좀 안 맞는다고 해야 할까. 보수적이고 자유가 없는 면이 그랬어요. 무엇을 하려고 해도 막혀 있달까. 어릴 적부터 성인이 되면 이곳을 떠나고 싶다고 생각했던 거 같아요.

시리아 사람들과 공동체를 이뤄 지내면, 고국에 있을 때와 마찬가지로 답답함을 느낄 것 같았다. 고민 끝에 외떨어져 제주에 머물기로 했다. 듣는 나로선 의아했다. 외로움이 답답함을 이기지 않나.

— 외롭지 않았나요?

외로웠다.

그렇지만 일만 했어요. 시간이 없었어요.

생존이 외로움을 이겼다. 그가 한국에 왔을 때가 스무 살. 식당, 농장, 공사 현장을 돌며 일했다. 휴일 없는 일터에서 적응하느라 분주했다. 젊었고 인생이 아까웠다. 일만 하고 싶진 않았다. 한국어를 우선 배워야 할 것 같았다. 사람들을 따라다니며 말을 익혔다. 그러나 한국 사람들 있는 자리에는 늘 술과 고기가 있었고, 돼지고기와 술을 금기시하는 문화권에서 온 그에겐 새로우면서도 곤혹스러운 경험이었다. 두어 해가지나자 대화에 어려움이 없을 정도로 한국어가 능숙해졌다. 다른 일자리를 찾고 싶었다.

고된 일 사이에도 아메드에겐 취미가 있었다. 쉬는 날 카페에 가는 거였다.

여기 와서 카페모카를 처음 마셔 봤어요. 진짜 맛있는 거예요. 너무 좋아서 나 이거 만들고 싶다.

카페를 열고 싶었다. 외국인이라는 이유로 최저임금도 못 받는 사람이 바리스타를 꿈꾸었다. 그 무모함을 비웃는 사람들도 있었다.

동생이랑 친구들은, 나 커피숍에서 일해서 커피 만드는 걸 배울 거라고 했더니 비웃는 거예요. 무슨 난민이 커피숍이냐. 그냥 폐차장에서 일해라.

그런 말들은 아메드의 기세를 꺾진 못했다. 구인 공고가 올라온 카페마다 이력서를 넣었다. 면접 보러 오라는 연락조차 온 곳이 없었다. 내가 외국인이라서 그런가 보다. 그는 상심했다. 그래서 폐차장으로 갔느냐고? 아니, 그는 카페로 직접 찾아갔다.

가서 사장님 어디 있냐고 해서 사장님이 나왔어요. 이력서를 냈는데 연락이 없다고 했더니 바로 그 자리에서 면접을 보자고 해서 뽑혔어요.

그는 말했다.

불쌍해서 바꿔야 하는 것이 아니에요
나오미센터 난민 지원 활동가 라연우

267

제가 운이 좋아서 그런지, 아마 세상에 그런 사장님은 없을 거예요. 너무 잘해 줬어요.

낯선 곳에서 용기를 내는 일도 어렵고 낯선 사람들 사이에서 선량한 사람을 만나는 일도 어려웠다. 두 가지를 모두 갖췄으니, 운이 좋았다. 그 카페에서 2년을 일했다. 이렇게 난민 아메드 라바비디가 바리스타가 되는 이야기를 듣나 싶었는데, 2018년이 된다. 제주에 온 난민 500여 명에게 출도出道 제한 조치가 취해진 것이다.

예멘 난민을 만나다

출입국관리사무소에 갔는데 사람들이 엄청 많은 거예요. 저도 처음에 놀랐어요. 제주도에 살면서 아랍어 쓰는 사람들을 처음 봤던 거라.

2011년 아랍의 봄은 예멘에도 찾아왔다. 대규모 시위는 권력 세습을 꿈꾸던 살레 대통령을 퇴진시켰으나, 시아파 후티족의 쿠데타가 일어나 오랜 내전을 겪게 되었다. 외신 보도에 따르면 내전으로 인해 약 5만 명이 사상했고, 200만여 명이 난민이 되어 떠돌았다. 이 중 수백 명이 무사증(무비자) 입국이 가능했던 제주로 왔다. 제주는 관광객 유치를 위해 무비자 입국을 허용했고, 이 정보를 공유한 예멘 난민들은 제주공항 편 비행기에 올랐다. 대부분 가진 돈을 모두 털어 치른 비행기 삯이었다. 그렇게 제주출입국관리사무소에 모인 수백 명의 예멘 사람들과 아메드가 조우한 것이다. 모든 것이 소란한 가운데 이들의 말을 전해 줄 통역이 턱없이 부족했다.

제가 처음 제주도에 왔을 때 느꼈던 어려움을 그 사람들도 느낄 수 있다는 생각이 들었어요. 들어 보면 진짜 여기까지 올 수밖에 없었구나 하는 사람들이 많았고 도움을 줘야겠다고 생각했어요.

그는 예멘 난민들의 통역을 맡았다. 너무 무서웠단다. 자신이 옮기는 말이 누군가의 인생을 결정짓는 순간이 된다.

무서웠어요. 저도 그 사람들한테 외국인이잖아요. 시리아에서 18세까지만 자랐고, 쓰는 용어도 익숙하지 않고, 전쟁이나 예멘의 정치 상황에 관해 모르는 단어도 많은 거예요.

한 손에 번역기를 들고 종일 매달렸다.

아침 7시에 나와 밤 10시에 집에 돌아가요. 그땐 진짜 감당이 안 됐어요.

소액의 보수를 받긴 했다만 자원 활동이었다. 약속된 통역 시간을 번번이 넘겼다. 난민은 많았고 전해야 할 말은 더 많았다. 이들은 입국 심사만을 받는 게 아니었다. 먹고 자고 살아야 했으므로 생활용품이 필요했고 병원에 가야 했다. 그 모든 곳에 아메드는 동행했다.

그때 제 인생이 많이 바뀌었어요. 그 전까지는 외국인에 대한 교류라든지 아예 없었고, 나는 한국 사람들 사이에서 살고 있구나 하고 생각했을 때, 난민들이 온 거예요. 내가 처음 왔을 때 겪었던 것을 그들은 더 어렵게 겪고 있구나. 그때부터 저는 돕는 사람이 된 거예요.

국내 여론은 들끓었고, 정부는 입장을 내지 않았다. 그것은 정부 지원의 부재를 의미했다. 그 빈자리를 채운 것은 자발적 행동에 나선 제주도민들과 지역 시민사회단체였다. 이들은 머물 곳을 내주고 후원받은 생필품 및 의료 활동 등을 연계했다. 이 중 나오미센터도 있었다. 천주교 제주교구 이주사목인 나오미센터는 예멘 난민 문제에 적극적이었고, 아메드는 나오미센터로 자리를 옮겨 지원 활동을 하게 된다.

같이 살아야 하는 사람들

예멘 사람들과 만나지 않았더라도 2018년은 아메드에게 중요한 해였다. 당시 그는 한국으로 귀화를 결심하고 사회통합프로그램KIIP 평가를 준비하고 있었다. 한국어와 한국사 공부에 전념했다.

그때쯤 제가 많이 안정되었다고 느꼈어요. 제 주변에 다 한국 사람들이고, 그 사람들이 저를 특별하거나 이상하게 여기지 않았고. 제가 외국인이라는 사실을 잊을 정도? 새로운 꿈을 갖고 싶었고, 귀화를 알아보게 됐어요.

결론부터 말하자면, 그는 2020년 한국 국적을 가지게 된다. 국적 변경에 따른 이름은 라연우. 원래의 성 라바비디에서 첫 글자 '라'를 가져왔다.

라연우와 만나기 전, 나는 그가 나온 기사 몇 편을 읽었다. 한국으로 귀화한 시리아인이라니. 기사에 나올 만한 일이었다. 그는 인터뷰마다 한국인이 되어 너무 좋다고 했다. 다시는 고향 땅을 밟을 수 없을지도 모르는 사람이 말하는 기쁨을 복잡한 마음이 되어 들여다보듯 기사를 읽어 내렸다.

어느 누가 물어봐도 이제 저의 고향은 제주도라고 이야기합니다. 그런 이야기를 하면 사람들이 의아해하지만 저의 마음속 고향은 제주입니다.[+]

귀화로 인해, 집이 생긴 것 같다고 했다.

소속감이라고 해야 하나. 그 전에는 약간 제가 없는 거예요. 나라가 존재하지만 없는 거랑 마찬가지였고. 귀화하기 전까진

+ 라연우, 「내가 사랑하는 제주도」, 『한울안신문』 2020.11.25.

불쌍해서 바꿔야 하는 것이 아니에요
나오미센터 난민 지원 활동가 라연우

귀화밖에 계획이 없었어요. 나 이거 진짜 안 되면, 그러면 나는 못 사는 거지. 계속 난민으로 살 수 있을까. 그럴 수 있을까.

1년마다 체류 연장을 하면서 소속된 곳 없이, 집 없이, 계속 살아갈 수 있을까. 그에게 귀화란 정착을 의미했다. 정착의 기쁨과 안도에 대해 물어야지 생각하면서도, 나 또한 덩달아 기뻐하지 말아야겠다고 생각했다. 외국인마저 '대한외국인'이길 바라는 한국의 정서를 향한 나의 반감이었다. 그 정서가 라연우를 존재하지만 존재하지 않게 했다. '우리'(정주민)에게 외국인은 떠날 사람이다. 대한외국인을 보는 흐뭇함과 관광객을 대하는 다정함은 떠날 것이 명확한 사람들을 향한 것이다. 그러나 이곳에 머물겠다고 자리 한 칸을 요청하는 이들에겐 빠르게 환대를 철수시킨다. 정착과 안정을 얻을 자격은 한국(으로 귀화한) 사람에게만 내준다. 그 자격을 얻으려고 라연우는 지난 10년간 그리 애써 왔다.

1994년 이후 지금까지 난민 신청자 대비 인정률은 1.47퍼센트에 불과하다(2023년 7월 기준).[+] 한국 사회가 내주지 않은 것은 환대가 아니라 생존할 권리였다. 그럼에도 라연우는 10년을 이곳에서 살았다. 권리의 빈틈을 메운 것은 개별적 선의였다. 면접을 보자마자 선뜻 직원으로 채용한 카페 사장, 머물 곳이 없다고 하자 방 한 칸을 몇 년이나 내준 지역민(지

+ 법무부 출입국·외국인정책본부, 『출입국·외국인정책 통계월보』(2023년 7월호).

금은 가족처럼 지낸다고 한다), 자신의 친구가 되어 준 지역 또래들 덕분이었다.

앞서 한국에 처음 와서 외로울 새도 없이 바빴다고 했지만 몸은 솔직했다.

몇 개월 동안 가족도 연락이 안 된 때가 있었어요. 공습이 심해서. 살아 있는지도 알 수가 없는 거예요. 나 이제 정말 갈 데가 없구나. 스트레스가 크고 몸은 힘들고. 크론병(만성 염증성 장질환)에 걸린 거예요. 대장에 염증이 생겨 피가 계속 나오고.

지금은 많이 나아졌다고 웃으며 말하지만 당시엔 수혈 받을 지경으로 출혈이 컸다.

내 몸에 한국인 피가 있다고 농담으로 말해요. 그때 수혈을 많이 받아서.

건강보험이 없었다. 인도적 체류 허가자에게 취업 허가(단순 노무직) 외엔 주어지는 권리가 거의 없던 때였다. 병원비를 감당할 수 없었다. 그때 의료 비용을 지원해 준 곳이 난민인권센터NANCEN였다.

너무 고마운 거예요. 그렇지만 왜 저 사람들이 나를 도와주나? 그때 그랬어요.

덕분에 살았다만, 자신을 대가 없이 돕는 것이 의아하긴

했다. 그 질문이 해소된 것은 자신이 예멘 난민을 밤낮없이 지원하면서였다.

그때 안 도와주었으면 저는 치료를 받을 수 없었겠죠. 그런데 도와주지 않는다고 나가는 게 아니에요. 어차피 여기 있는 사람들이에요. 어차피 같이 살아야 하는 사람들이잖아요.

같이 살아야 하는 사람들이다. 유엔난민기구UNHCR 보고서에 따르면, 국경을 넘는 난민이 2540만 명을 웃돈다. 이는 "한국 전체 인구인 5170만 명의 절반에 가깝다."+ 우리가 떠올리는 일상과 거리가 먼 모습으로 지내는 이들이다. 세계를 펼쳐 놓고 본다면, 기근과 전쟁, 폭력과 빈곤 사이에서 일상이라는 말이 이상하게 들릴 정도이다. 한국은 사우디아라비아와 아랍에미리트연합UAE 등에 미사일과 수류탄 등 군수무기를 수출하고 있다. 한국 마크가 찍힌 무기를 예멘 내전의 주범인 후티 반군이 사용하는 일이 목격되곤 한다. 이 사실이 보도되자, 국방부 관계자는 "중동에서 현궁(한국산 대전차유도미사일)은 훌륭한 무기로 평가받고 있다. …… UAE가 자신들도 현궁을 사고 싶다고 문의할 정도"라며 의기양양했다.++

+ 박이랑, 「예멘, 난민, 예멘 난민」, 제람 외, 『암란의 버스/야스민의 자전거: '난민됨'을 배우고 경험한 3년의 여정』, 제람씨, 2021, 25쪽.
++ 이재호, 「예멘 전쟁터의 메이드 인 코리아」, 『한겨레21』 2018.11.02.

이 훌륭한 수출품은 누군가를 난민으로 만드는 데 일조하고 있다.

전범이라는 과도한 죄책감을 가지라는 말이 아니다. 타인의 삶과 연결되지 않은 채 무고한 삶은 없다. 연결되었기에 살아진다. 우리가 우리의 자리를 만들려고 분투하기에 일어나는 일이다. 예멘 난민들이 제주에 온 이래 한국 사회는 무수한 배척을 보여 주었고 동시에 어떤 타인도 온전히 내칠 수 없음을 배웠다. 돕고 도움받는, 그것으로 서로를 이어 보려는 사람들이 있기 때문이다.

섬을 떠나는 사람들

한국 정부는 입국한 500여 명 중 두 명을 난민으로 '인정'했다. 400여 명은 인도적 체류 허가를 받았다.

요사이 센터로 도움을 요청하는 사람이 많이 줄었어요. (예멘) 사람들도 어느 정도 적응이 되고 도움 없이도 살 수 있는 상황이 되었구나 생각해요.

인터뷰하는 도중에도 라연우에겐 도움을 요청하는 전화가 몇 차례나 걸려 왔다. 그렇지만 눈코 뜰 새 없이 지원 업무를 하던 시절은 지났다. 그의 말대로 어느 정도 안정기에 오른 것이기도 했고, 일자리를 찾아 제주를 떠난 사람도 많았다. 그들은 '육지'로 가서 조선소 하청 노동자나 농촌 계절노동자가 되어 살아간다. 이 또한 일자리를 얻고 지낼 곳을 마련했으니 '안정'이라 말할 수 있겠다. 그러나 먹고사는 일만을 안정이라 할 수 없음을 라연우는 누구보다 잘 안다. 이주의 끝은 먹고사는 일이 아니다. '내가 있지만 없던 시절'을 지나 라연우라는 이름으로 산 지 2년. 이제 자신을 찾으려 한다고 했다.

귀화 전에는 귀화만 생각했어요. 그거 안 되면 나는 못 산다. 그것만 생각해서, 이제 무엇을 해야 할지 모르겠어요. 육지에서도 한번 살아 보고 싶고. 가면 배울 수 있는 게 더 있지 않을까 싶어서요.

지역 청년들이 하는 고민과 비슷하다. 그의 나이, 이제 서른. 안 그래도 친구가 된 또래들끼리 서로 자기를 버리고 서울 가지 말라고 농담을 한다고 했다.

그렇지만 육지에는 아는 사람이 없고. 여기 있는 가족 같은 사람들 놔두고 가는 것이 쉽지가 않고.

농담이 잦을 만큼 이주를 하고자 하는 사람도, 망설이는 사람도 많다. 터전을 옮기는 일은 용기가 필요하다. 그 두려운 일을 꿈꾼다. 떠날 이유가 있기 때문이다. 마치 10년 전 라연우처럼.

그렇지만 제가 전 세계를 돌아다녀도, 마지막으로 돌아올 곳은 여기 제주예요. 사람들이 저에게 당신은 고향이 어디냐 하면, 아무래도 제 고향은 제주인 것 같아요.

중간자이자 한국인

예멘 난민들이 온 시기, 연우 씨는 자신이 중간자적 위치였다고 말한다. 난민에 대한 공포를 드러내는 한국 정주민을 이해하면서도 이곳으로 온 난민들의 사정에 공감하는 입장. 이쪽도 저쪽도 다 이해한다고 했다. 대인배라며 농담으로 넘겼지만 사실 이 생각을 했다. 그는 모든 것이 이해 가능한 위치가 아니라, 모든 것을 이해해야 하는 위치는 아니었을까.

이질적인 존재를 받아들이지 않는 사회에선 그 이질적인 존재가 이해의 폭을 넓힐 수밖에 없다. 이해하고, 인내하고, 긍정하지 않으면 낯선 땅에서 버틸 수 없다. 그곳에서 자리 한 칸을 만드는 데 집중할 수 없다.

2018년 그 일이 있을 때, 나는 미국과 유럽 등 서구권 사람들에겐 관대하면서 그 외 문화권에 편견을 드러내는 한국 사회가 싫었다. 이런 말을 자유로이 꺼낼 수 있는 것은 내가 태어날 때부터 한국 국적을 가졌기 때문일 것이다. 정주민인 나는 이해의 폭을 넓히지 않아도 되는 권리를 가졌다. 물론 이 권리는 한시적인 것이다.

라연우는 난민 제도에 관해 이렇게 말했다.

불쌍해서 바꿔야 하는 것이 아니에요.[+] 옳지 않기 때문이에요.

불쌍해서 바꿔야 하는 것이 아니에요
나오미센터 난민 지원 활동가 라연우

277

그는 자신이 받은 선의와 도움이 시혜가 아님을 알았다. 같이 살아가는 일이 옳을 뿐이다. 그렇기에 라연우는 '돕는 사람'이다. 현재 그는 법무부가 주관하는 사회통합프로그램 멘토단으로 활동하고 있으며, 이주민과 난민에 대한 인식 개선을 위한 강연('난민과의 대화') 등도 진행하고 있다.

+ 현재 법적으로 난민 인정자에게 주어지는 사회보장 제도는 기초생활보장 수급 신청에 불과하다. 법적으로 난민 신청자에게 제공 가능하다는 생계비(심사 기간 동안 경제활동이 제한된다)와 주거 시설 지원 등은 현실에선 수혜 가능성이 없다. 예산이 책정되지 않기 때문이다. 인도적 체류자에겐 취업 활동 허가만이 지원될 뿐이다.

4부

바꾸렴

쿠데타가 생겨서
모든 계획, 우리 꿈이
다 엉망이 되어 버렸어요

미얀마군부독재타도위원회 운영위원 띤테이아웅

이란주

이주 인권 분야에서 일하고 있다. 저서로 제2의 '전태일 평전'이라고 평가받은 『말해요, 찬드라』와 『아빠, 제발 잡히지 마』, 『나의 미누 삼촌』, 『이주노동자를 묻는 십대에게』, 『나는 미래를 꿈꾸는 이주민입니다』, 르포 소설 『로지나 노, 지나』 등이 있다.

한국에서 거주하는 미얀마인들이 결성한 미얀마군부독재타도위원회(이하 타도위)는 2022년 1월 1일 민주노총 인천지역본부 강당에서 '민중혁명의 해 2022' 행사를 가졌다. 기온이 뚝 떨어진 날씨에도 행사장의 열기는 높았다.

행사장 입구에서 'People's revolution 2022'(민중혁명의 해 2022)라고 새겨진 기념품을 판매하는 두 그룹은 서로 경쟁하듯 즐거운 열정을 쏟아 냈다. 그런데 내놓은 상품이 눈에 띈다. 예전 같으면 구호나 상징이 그려진 면 티셔츠나 배지가 올랐을 매대에 이번에는 후드 티셔츠와 야구 점퍼가 놓여 있다. 젊은 취향이다. 군부 쿠데타에 맞선 민주화 운동에 젊은 이들이 많이 참여하고 있어서 생긴 변화다.

행사장에도 20대 초·중반 젊은이들이 다수를 이뤘는데, 너나없이 멋스러운 야구 점퍼를 사 입었다. 젊은이들은 초로의 선배에게 야구 점퍼를 입혀 놓고 "형님도 잘 어울린다."며 너스레를 떨었다. 물론 나이 지긋한 형님들은 "애들 덕분에 이런 옷을 다 입어 본다."며 끄덕이는 미소로 화답했다.

한국에서 할 수 있는 일

행사에서 띤테이아웅(30세)은 동료들과 팀을 이뤄 노래 「원데이 챌린지」One Day Challenge(하루의 도전)를 불렀다.

'원데이 챌린지'는 타도위가 기획한 모금 프로젝트로, 한

쿠데타가 생겨서 모든 계획, 우리 꿈이 다 엉망이 되어 버렸어요
미얀마군부독재타도위원회 운영위원 띤테이아웅

국 거주 미얀마인들이 6~18개월간 매월 정기적으로 자신의 일당에 해당하는 금액을 기부하는 것이다. 모금 참여자 중에는 매달 30만~100만 원을 박봉에서 뚝 잘라 내는 이들도 있다. 2022년 1월 현재 1600여 명이 참여해 매달 1억 5000만 원 이상을 모으고 있는데, 모두 NUGNational Unity Government(민족통합정부)로 보낸다.[+]

NUG는 한국을 비롯해 전 세계에서 미얀마인들이 보내는 기부금과 혁명 채권을 팔아 마련한 돈으로 여러 소수민족

[+] 2021년 2월 군부가 쿠데타를 일으킨 직후, 2020년 12월 총선에서 당선되었으나 군부에 의해 밀려난 국회의원들이 CRPHCommittee Representing Pyidangsu Hluttaw(연방의회대표위원회)를 꾸렸다. 4월에는 CRPH가 주축이 되어 군부에 맞서는 민간 정부 NUG를 구성했다.
NUG는 미얀마의 모든 구성원을 아우른다는 목표를 세우고 소수민족들에 사과하며 함께하기를 제안했다. 이는 영국 식민 통치 시절을 비롯해 역사의 소용돌이를 거치며 갈등 관계에 놓였던 소수민족들과 손잡으려는 노력이었다. 특히 군부가 2017년 자행한 로힝야 민족 대학살 사건에 아웅산 수지 국가고문을 비롯한 버마족 민주 진영이 옳게 대처하지 못하면서 더욱 깊어진 상처를 봉합하고 화합을 이끌어 내 함께 민중 혁명을 완수하겠다는 절박한 제안이었다.
NUG는 대통령 대행(부통령), 총리와 국방부, 인도주의재난관리부 등 17개 부처를 두고 33명의 장관을 임명했다. 이어서 8월에는 체코와 오스트레일리아에 이어 대한민국에 대표부(대사관과 같은 개념)를 설치하고 타도위 얀나잉툰 공동위원장을 특사로 임명했다. 대표부는 군부가 아니라 NUG를 미얀마 공식 정부로 인정하고 지지해 달라는 외교적 노력을 기울이는 한편 미얀마인을 결속하고 투쟁 자금을 모으는 데 주력하고 있다.

무장 단체, 400여 개 PDF People's Defence Force(시민방위군)와 함께 민중 혁명을 도모하고 있다. 이들은 국제사회를 향해 공식적으로 무기 지원을 요청하고 있다.

타도위를 구성하는 이들은 말한다. 몸이 미얀마에 있었다면 총을 들었을 것이라고. 그러나 한국에 있으니 여기서 할 수 있는 일에 노력을 다하겠다고. 모금, 한국 사회에 정확한 소식을 전달하고 지지를 호소하는 일, 외교적 노력을 통해 한국 정부가 NUG를 공식 인정 하고 지원하게 하는 일, 미얀마에서 활동하는 시민들을 지지해서 동력을 유지하는 일 등이 그런 노력의 일환이다.

이번 행사에서 선보인 노래 「원데이 챌린지」는 한국과 미얀마를 오가며 만들었다. 노랫말과 곡은 한국에서 짓고, 연주와 녹음은 미얀마 본토 음악인들과 프로듀서들이 참여했다. 미얀마에서는 노래를 빼고 반주 음원만 만들었다. 검열과 단속, 무자비한 살상이 난무하는 미얀마에서 "우리 피로 새 역사를 쓰자, 독재를 끝장내자."라는 노랫말을 들켰다가는 참여자들이 어떤 고초를 당할지 모르기 때문이다. 음원에 노래를 더하는 과정은 다시 한국에서 진행했다.

이처럼 미얀마 현지와 한국은 서로 주고받으며 운동을 이어 가고 있다. 포스터 역시 마찬가지다. 타도위는 나름 큰 상금을 걸고 혁명의 해 홍보 포스터를 공모했다. 공모에 접수된 포스터 37개는 모두 미얀마 본토 거주자들의 작품이다.

타도위와 같은 해외 운동 그룹들은 모금을 하고, 모금액은 NUG로 넘어가 혁명 세력의 결속과 투쟁을 돕는다. 자금으로 난민을 구호하고 시위와 전투 자원을 마련한다. 비교적

쿠데타가 생겨서 모든 계획, 우리 꿈이 다 엉망이 되어 버렸어요
미얀마군부독재타도위원회 운영위원 띤테이아웅

활동이 자유로운 해외 그룹은 온라인을 활용한 각종 기획으로 본토의 평범한 시민들이 혁명에 참여할 기회를 확장한다. 시민들은 냄비를 두드리고, 소셜 미디어에 글과 사진을 올려 소식을 전한다. 더 적극적인 이들은 지역마다 가두시위를 조직하거나 CDMCivil Disobedience Movement(시민불복종운동)과 PDF에 참여한다. 미얀마 운동가들은 이처럼 맞물린 구조가 혁명 완수로 가는 기틀이 될 것이라고 믿는다.

쿠데타 소식에 뭐라도 해야겠다 결심

'민중혁명의 해 2022' 행사 1주일 후, 인천 부평에 있는 NUG 한국대표부 사무실을 찾았다. 사무실은 바쁘게 돌아가고 있었다. 얀나잉툰 대표부 특사는 여러 나라에 설치된 대표부 특사들과 온라인 회의를 하고 있고, 묘헤인 노무·공보관은 미얀마 연방의회대표위원회와 한국 국회의원들이 함께할 온라인 간담회를 준비하느라 분주하다. 소모뚜 사무처장은 소셜 미디어에 미얀마어와 한국어로 운동 소식을 올리고 있다. 자그만 사무실은 사뭇 역동적이다. 한국을 발판으로 10여 개 나라를 넘나들며 운동을 조직하고 협력한다.

막내 격인 띤테이아웅 운영위원 또한 매우 분주하다. 그의 손가락은 휴대전화 화면을 빠르게 오가며 원데이 챌린지에 참여하겠다고 신청한 친구들의 정보를 모금 사이트에 대신 입력하고 있다.

친구들이 직접 입력하는 것을 어려워해 도와주고 있어요. 저도 10만 원씩 하고 있고 친구들도 50명쯤 모금에 참여하게 했어요. 제가 2014년에 와서 3년 일했고 2019년에 다시 왔어요. 저처럼 다시 들어온 친구들이 꽤 많아요. 친구들에게 이거 안할 거면 아는 척하지 말라고 했죠. 물론 농담이고요, 다들 기쁜 마음으로 참여해요. 지금은 코로나 방역이 강화돼서 집회를 하지 못하니까 지금 할 수 있는 일을 찾아서 하는 겁니다.

꼭 1년 전인 2021년 2월 1일, 미얀마에서 다시 발생한 군부 쿠데타는 띤테이아웅처럼 평범한 생활인들을 민주화 운동에 나서게 했고, 심지어 전선에 서게 했다.

쿠데타 소식을 듣고 가슴이 벌렁벌렁 했어요. 세종시에 있는 케이블 회사에서 일하고 있었는데, 뭐라도 해야겠다는 생각에 주말마다 서울 미얀마 대사관 앞에 가서 시위했어요. 금·토·일 주 3일을 참여했죠. 거기서 미얀마 형님들, 누님들을 만났는데 저에게 같이 타도위를 만들자고 했어요. 저는 단체 같은 거 처음이에요. 미얀마에서도 해본 적이 없어요. 하지만 누님들이 다 같이 배우면서 하면 된다고 걱정 말라고 했어요. 타도위 멤버 25명 중에 여섯 명이 E-9(고용허가제 비전문취업) 노동자예요. 한국에서 오래 정치 난민으로 살아온 분들도 있고 유학생도 있죠.

띤테이아웅은 세종에서 서울까지 세 시간씩 걸리는 거리를 매주 오갔다. 회사는 평일로 일을 몰아주고 주말을 활용할 수 있도록 편의를 봐주면서도, 코로나 감염을 우려해 한 달에 두 번만 가라고 했다.

하지만 온 신경이 다 시위 현장에 쏠려 있는 띤테이아웅 입장에서는 서운한 일이었다. 그러다 보니 일에 집중하지 못하고 실수를 하는 일도 생겨 회사에 폐를 끼칠까 걱정스러웠다. 결국 회사에 요청해 '외국인 근로자 고용변동 신고서'(고용허가제 노동자는 고용주가 이 신고서에 서명을 해줘야만 회사를 그만 둘 수 있다)에 서명을 받았다.

회사가 정말 고마웠어요. 그동안 회사를 옮길 때 쉬운 적이 한 번도 없었거든요. 전에 일했던 회사에서는 회사가 법을 안 지켜서 문제가 됐을 때도, 취급 물질 때문에 심한 알레르기를 앓을 때도 사인받기가 어려웠어요. 이번에도 어렵겠지 생각했는데, 뜻밖에 선뜻 도와주는 거예요. 형님들이 모여 있는 인천으로 옮겨서 회사를 찾고 주말마다 활동에 참여하고 있어요. 지금 일하는 회사 사장님은 뉴스에서 저를 봤대요. 너 그런 일도 하냐고 묻더니 그 뒤로는 아무 말도 안 해요. 회사가 미얀마를 도와주는 거라고 생각해요.

부평은 미얀마인들에게 아주 특별한 곳이다. 2000년대 초·중반 즈음부터 미얀마인들이 부평에 깃들기 시작하면서 미얀마인의 생활과 학습·종교·문화·노동운동과 정치 운동의 본산이 되었다. 이번 쿠데타에 맞선 민주화 운동 역시 부평에서 주된 활동이 이루어지고 있다.

한국에서 미얀마인들이 조직화를 시작하던 1990년대

중반, 경기도 부천 소재 인권 단체와 불교 사찰의 지원으로 공간을 마련하며 탄력받았는데, 이후 시간이 지나며 조직이 분화되고 각자 공간을 마련하면서 비교적 임대료가 낮은 부평으로 하나둘 옮겨 갔던 것이 그 시작이었다.

처음 한국에 왔을 때 〈한국유아〉라는 페이스북 그룹을 알게 됐어요. 유아는 미얀마 말로 마을이라는 뜻이죠. 한국에 오래 살고 있는 형님이 운영하는데 한국에 일하러 와서 겪는 일, 대처 방법, 미얀마 사람들 소식, 미얀마와 한국의 정치·경제·사회 뉴스를 올려 줘요. 알고 보니 미얀마에 있는 사람들도 한국 소식 궁금하면 이 그룹을 방문해서 정보를 얻고 있었어요. 저도 그 그룹에 올라온 글을 보다가 부평을 알게 됐어요. 부평에는 미얀마 사람들이 많이 모이고 미얀마 가게나 식당, 절도 많아요. 설이나 추석 연휴 때 가끔 부평에 왔었는데, 지금은 아예 여기서 살다시피 하고 있어요.

1992년생인 띤테이아웅은 민주주의가 무엇인지 모르고 자랐다. 학교에서 배운 적도 없었다. 미얀마의 국부로 알려진 아웅산 장군의 딸이자 민주화 운동의 상징인 아웅산 수지가 2010년 가택 연금에서 풀려나고, 2012년 치러진 국회의원 보궐선거에서 당선되어 정치 활동을 펼치면서 미얀마는 조금씩 변화하기 시작했다. 민주주의에 대해 들을 기회도 조금씩 늘어났다. 그즈음 대학을 마치고 커피숍에서 아르바이트하던 띤테이아웅은 한국에 오기 위해 준비하기 시작했다.

쿠데타가 생겨서 모든 계획, 우리 꿈이 다 엉망이 되어 버렸어요
미얀마군부독재타도위원회 운영위원 띤테이아웅

누나가 언제까지 아르바이트만 할 거냐고 한국에 가보라고 하는데, 정보가 전혀 없어서 엄두가 안 났어요. 누나가 우선 한국어를 배우래요. 하지만 저는 학교 졸업할 때까지 부모님께 받아 쓰기만 하고 한 푼도 드리지 못했거든요. 다시 돈 들여 무엇을 배운다는 것은 말도 안 되는 거예요. 제가 망설이니까 누나가 돈을 줬어요. 간호사로 일해 번 돈 중에 급할 때 쓰려고 부모님 모르게 조금씩 따로 모아 뒀대요. 마음이 찌르르했어요. 제 고향 마궤에는 한국어 학원이 없어서 양곤으로 갔어요. 혼자 방 얻어 살며 학원에 다녔어요. 다 마치고 보니, 학원비에 생활비, 불법체류 안 한다고 나라에 내야 하는 보증금까지 합쳐서 300만 짯(약 300만 원) 정도 돈이 들었어요. 한국어 시험에서 좋은 성적을 받은 덕분에 시험에 붙은 지 두 달 만에 한국에 왔어요. 돈 벌어서 제일 먼저 누나 돈을 갚았죠.

민주주의 다시 빼앗길 수 없어

띤테이아웅이 한국에서 일하고 있던 2015년, 아웅산 수지가 이끄는 정당 NLD National League for Democracy(민주주의민족동맹)는 총선에서 압도적으로 승리하고 군부로부터 정권을 이양받아 민주주의의 싹을 키우기 시작했다.

그러나 군부와 권력을 나눈 불편하고 불안한 동거였다. 정치제도는 불안정했고 군부는 통제되지 않았다. 대표적으로 군부가 로힝야 민족을 잔혹하게 학살해 민족을 멸절하려든 사건이 일어났다. 이에 대해 아웅산 수지가 옹호하는 입장을 취한 일은 민주 투사라는 그의 정체성까지 흔들었다. 실망한 국제사회는 비난을 쏟아 내며 지지를 철회했다. 반대로 내부적으로는 아웅산 수지와 문민정부를 지켜야 한다는 목소리가 매우 높아졌다. 2020년 총선에서 NLD는 더욱 큰 지지를 받았고, 정치적·경제적 기득권을 빼앗길 것을 우려한 군부는 부정선거라 주장하며 선거 결과 수용을 거부하다가 급기야 쿠데타를 일으켰다.

띤테이아웅의 활동이 고향까지 알려졌는지, 쿠데타를 일으킨 군부에서 별 두 개를 달고 있는 친구가 연락해서 충고한 적이 있다. 너는 한국에 있어서 괜찮겠지만 부모님과 가족은 위험할 수 있으니 조심하라고. 하지만 목숨 걸고 CDM에 참여하거나 총 들고 PDF에 나서는 친구들도 있는데, 안전한 한국에 있으면서 이런 것도 못 하면 너무 부끄럽다고 그는 말했다. 아주 가끔 걱정이 들지만 바로 밀어낸다고. 대신 꼭 승리해야 한다고 다짐에 다짐을 거듭한다고.

소수민족 그룹들을 포함해 한국에서 꾸려진 미얀마인 단체 40여 개가 민주화 운동에 참여하고 있다. 그중 30여 개 단체는 NUG와 직간접적으로 연결되어 활동을 함께하고 있고 10여 개는 독자적으로 활동한다. 어떤 형태, 어떤 방식으로 활동하든 모두 미얀마 민주화에 큰 도움이 된다.

버마족인 띤테이아웅은 고향에서 버마족만 모여 살았기 때문에 소수민족을 만나거나 생각해 볼 겨를이 없었다. 한국에 와서 일하며 소수민족을 만났는데, 오히려 버마족은 혼자뿐이고 다들 소수민족이어서 저마다 자기들 말로 대화하면 소외감이 들 정도였다.

쿠데타가 생겨서 모든 계획, 우리 꿈이 다 엉망이 되어 버렸어요
미얀마군부독재타도위원회 운영위원 띤테이아웅

소수민족에 대해 깊게 생각하게 된 것은 이번 쿠데타가 터지면서다. 타도위에서 활동하고 소셜 미디어에 올라오는 글을 읽으며 소수민족에 대해 몰랐던 진실을 알게 되었다. 민주주의며 인권이 무엇인지 차근차근 배우고 있다. 배움은 더 나은 미래를 갈망하게 했다.

우리나라에 아웅산 수지 여사 같은 훌륭한 지도자가 있는데 우리가 왜 못 따라가겠는가 하는 생각이 들어요. 지금 미얀마에서 내전이 벌어지고 있어요. 군부에 맞서서 어린 동생들, 친구들이 PDF에 들어가 군사훈련을 받고 총 들고 싸우고 있고요. 동생들은 2010년에서 2020년 사이 자란 사람들이잖아요. 민주주의가 무엇인지 제대로 배운 적은 없어도 몸으로 느끼는 거죠. 그래서 절대 민주주의를 다시 빼앗길 수 없다고 저렇게 열심히 싸우는 겁니다.

저 어릴 때는 군부에서 운영하는 방송밖에 몰랐어요. 우리나라에 천연자원이 많고 가스도 많이 나오니까 국민들이 충분히 잘살 수 있는데, 군부가 그걸 다 팔아먹고 인권은 짓밟고 있는데, 그런 것도 전혀 몰랐어요. 하지만 이제는 다 압니다. 한국에 와서 책 읽고, 한국 사람들이 어떻게 사는지도 보고, 여러 나라와 비교해 보면서 우리나라가 어떤 상황인지 정확하게 알게 됐어요. 그리고 나라를 위해 우리가 무엇을 해야 하는지도 잘 알고 있어요. 우리는 소수민족을 포함하는 연방민주국가를 세워야 해요. 버마족만이 아니라 다 같이 잘 사는 나라를 만들어야 해요.

띤테이아웅은 큰 행사가 있을 때마다 혁명 시를 낭송한다. 어려서부터 책을 즐겨 읽었지만 시에 관심을 둔 적은 없었는데, 시 낭송을 하겠다고 손을 번쩍 들었다. 뭐라도 해야 한다는 의무감이 손을 밀어 올린 것이다. 2021년 4월, 타도위가 NUG 출범을 환영하는 행사를 열었을 때 처음으로 혁명가 민꼬나잉 선생의 시 「맹세」를 낭송했다.

끝나지 않는 혁명을 위해

내 생명 바쳐도

인생의 헤어짐은 슬프지 않아

내게 주어진 뜨거운 임무

혁명의 깃발 휘날리고

당신 품으로 내가 갑니다

동지들 붉은 가슴 열어 나를 반기소서!

분노와 비탄을 헤치고 그러모은 감정이 목소리로 터져 나올 때 그의 가슴은 뛰었다. 열정이 높아지고 소망이 깊어졌다. 그가 원하는 것은 민주주의를 외쳤다는 이유로 누구도 맞지 않고, 갇히지 않고, 죽지 않는 세상이다. 서로 총을 겨누지 않는 평화로운 세상이다. 누구나 두려움 없이 자기 목소리를 낼 수 있는 세상이다.

한국에 처음 왔던 때, 한국인 직원과 친해지려고 식판 들고 옆에 가서 앉으니까 그 사람이 일어나 다른 자리로 가버렸어요. 제가 한국어를 잘 못하니까 부담스러웠나 봐요.

쿠데타가 생겨서 모든 계획, 우리 꿈이 다 엉망이 되어 버렸어요
미얀마군부독재타도위원회 운영위원 띤테이아웅

그 사람의 행동을 이해하는 것과 별개로 씁쓸한 것은 어쩔 수 없었다. 그런 경험을 여러 차례 하면서 그의 마음도 단단해졌다. 더는 작은 일에 상처받지 않았다. 대신 한국어를 열심히 공부했다. 쿠데타가 일어나기 전 한국어능력시험(토픽TOPIK)에서 4급을 받았다. 더 공부해서 일을 마치고 고향에 돌아가면 한국에 가고자 준비하는 동생들에게 한국어를 가르치겠다는 계획도 세웠다. 자신이 받았던 상처를 어린 노동자들은 피할 수 있도록 돕고 싶었다.

쿠데타가 생겨서 모든 계획, 우리 꿈이 다 엉망이 되어 버렸어요. 우리가 꼭 이겨서 다시 바로잡아야 해요.

평범했던 청년 띤테이아웅의 눈에 결기가 서렸다. 쿠데타와 함께 이어진 가차 없는 폭격과 학살, 방화는 젊은이들을 바꿔 놓았다. 더는 미래를 빼앗길 수 없다, 우리 미래는 우리 스스로 지켜야 한다. 결기와 다짐은 청년들이 총을 들고 전선에 서게 했고, 총알을 하나라도 더 사기 위해 돈을 모으게 했다. 삶을 위해 죽음을 불사하는 이 슬픈 전쟁에서 꼭 승리해야 한다. 미얀마인들의 심장에서 단호한 외침이 솟구치고 있다.

아예더봉, 아웅야미!(혁명은 승리한다!)

초등학교 가정통신문 하나도 어려운 과제가 됩니다

공동체 당사자 운동가 도한나

이경란

한동안 잡지 만드는 일을 했다. '국외자들의 각별한 사랑과 좌절과 열망에 대한 공감의 권역'에 주목하고 있다. 2018년 『문화일보』 신춘문예에 단편 소설이 당선되어 작품 활동을 시작했다. 저서로 소설집 『다섯 개의 예각』, 『빨간 치마를 입은 아이』, 장편소설 『오로라 상회의 집사들』, 『디어 마이 송골매』 등이 있다.

― 몽골분이라고 들었는데 혹시 한국분이세요?

전화기 너머에서 쏟아지던 한국어를 자르고 조심스럽게 던진 나의 질문이었다. 인터뷰 요청을 하고 처음 전화 통화를 했을 때였다. 공동체 당사자 운동가인 몽골 여성을 소개받기로 되어 있었기에, 무언가 단단히 잘못되었다고 생각하며 다시 인터뷰이를 수소문할 각오를 한 내게 그가 답했다.

몽골 사람 맞습니다.

2019년 250만 명에 육박하던 체류 외국인은 2021년 11월 말 당시 197만여 명으로 감소했다(이하 법무부, 『출입국·외국인정책 통계월보』 2021년 11월호 참고). 감염병의 위세가 확인되는 부분일 터이다. 몽골인의 경우 2019년 12만 명 가까이 되던 입국자 숫자가 2021년에는 5100여 명으로 확연히 감소했다. 2021년 11월 현재 국내 체류 몽골인은 약 3만 9000명. 2019년의 4만 8000여 명에서 1만 명 가까이 감소했다.

이주민의 전체 규모를 감안한다면 국내 거주 몽골인의 규모는 크지 않은 편이다. 그럼에도 몽골 기준으로 가장 많이 이주해 간 국가는 대한민국이다. 국내 체류자 규모는 몽골 전체 인구의 1퍼센트가 넘는다. 시소는 여기에서부터 기울어졌다고 할 만하다. 한 가지 더. 국적별 국내 체류 외국인 수 아홉 번째이면서도 단기 체류자 수는 다섯 번째라는 통계에도 주목할 필요가 있다. 현 상태에서 단기 체류 비율이 높다는 것은 그만큼 불안정한 상태의 몽골인이 많다는 의미로 해석될 수 있기 때문이다.

설렁거스, 무지개의 나라

1924년 구소련에 이어 세계에서 두 번째로 공산주의 국가가 되었던 몽골은 이후 사회주의 체제를 거쳐 1980년대 중반 시장경제 체제의 도입과 민주화를 통해 아시아의 사회주의 국가 중 최초로 탈사회주의 국가의 면모를 갖추어 왔다. 도한나 씨는 그 시절의 변혁과 활기를 먹고 자란 세대이다. 그가 성인이 되던 2002년, 한국에서 월드컵이 개최되었고 몽골의 청춘은 '다이내믹 코리아'를 향했다. 몽골에서는 한국을 '설렁거스'라고 일컬었다. '무지개의 나라'라는 뜻이다.

그 뜨거운 열기에 압도당했습니다. 반했어요. 관광으로 왔다가 몽골로 돌아간 후 준비를 마치고 다음 해 다시 입국했지요. 한국에서 살면서 연애도 결혼도 했고 현재는 고등학생 아이가 있습니다.

삶의 터전을 이 땅으로 옮긴 것이다. 1년 전쯤 귀화한 그는 몽골인이면서 한국인이다. 성장기를 제외한 기간을 오롯이 한국에서 살았다. 그는 지금 (사)노동인권회관 부설 외국인이주노동자인권을위한모임의 상근 노동자이다. 상담사로 주로 일하고 있으며 통·번역을 맡거나 문화 강사로도 활동하고 있다. 2012년부터 해온 일이다.

이주민 공동체 당사자 운동가 인터뷰라는 목적을 갖고 만나지 않았더라면 평범한 직장 여성, 학부모, 살가운 이웃으로 인식했을 터이다. 언어도 외모도 다르게 느껴지지 않았다. 그러나 세월이 쌓인다고 모든 이주민이 선주민과 동등한 삶을 누릴 수 있을까. 똑같은 몽고점을 갖고 태어난다고 선주민인 우리가 몽골인들을 우리의 가족, 친지와 동일한 감각으로 대할까. 어쩌면 선주민과 이주민 사이에 선을 긋고 이렇게 점검하는 것조차 위험한 발상은 아닐까. 우리가 구별이라 둘러대는 차별은 여기에서 배태되는지도 모른다.

추방 공포

2012년 10월 1일 밤 몽골인 이주노동자의 자녀인 고교생 K 씨가 한국 청소년들과 몽골 청소년 간의 싸움을 말리다 참고인 자격으로 경찰서에서 조사를 받았고 미등록자임이 드러나 10월 5일 강제 추방을 당했다. 이 과정에서 수갑이 채워지기도 한 그는 교육을 받을 권리, 부모와 분리되지 않을 권리를 가진 미성년이었다. 대한민국 정부가 1991년 비준해 국내법과 동일한 효력을 획득한 〈유엔아동권리협약〉의 제2조 비차별의 원칙, 제3조 아동이익 최선의 원칙은 그에게 적용되지 않았다. 그는 비자가 없다는 이유로 부모와 강제로 격리되어 혼자 한국에서 쫓겨났다.

초등학교 가정통신문 하나도 어려운 과제가 됩니다
공동체 당사자 운동가 도한나

이에 앞서 2010년 12월 국가인권위원회는 아동들의 보호 규정을 마련할 것, 초·중·고교 재학 중인 아동의 경우 비자가 없어도 강제 추방을 유예하는 규정을 마련할 것을 권고했다. 2011년 6월 법무부는 이를 전면 수용해 "비자 없는 아동의 체류를 허용하고 있다."고 밝힌 바 있다. 그렇다면 K는 무슨 근거로 추방당했을까. 당시 인권 단체 회원들로 구성된 '추방학생 대책회의'는 K 씨의 재입국 허용과 재발 방지를 강력하게 촉구했다. 그러나 사건 이후 몽골에서 힘든 시간을 보낸 K는 2014년 대학에 입학할 때가 되어서야 유학 비자(D-2)를 발급받아 재입국할 수 있었다. 그는 대학을 졸업한 후 취업 비자인 특정활동(E-7) 자격으로 직장 생활을 하고 있다.

D-2로 입국했다가 구직 활동 비자인 D-10으로 갱신하고 체류 중이던 몽골인 청년 P 씨의 경우를 보자. 2021년 10월 그는 횡단보도 적색 보행자 신호에 길을 건너다 교통사고를 당했다. 보험사, 경찰에 접수된 사건이었고 도한나 씨가 상담을 맡았다.

(P 씨는) 한국어는 어느 정도 가능했지만 법을 잘 몰랐습니다. 경찰에 접수되니까 겁을 냈던 것 같아요. 범죄를 저지른 것도 아닌데 체류에 문제가 생길까 봐 빨리 마무리하고 싶어 하더군요. 불안이 가장 큰 걸림돌이에요.

아주 작은 문제로도 쫓겨날 수 있다는 불안감은 이주민들을 어눌한 사람으로 만든다. 정확한 법 조항과 그 의미를 알지 못해 두려워지고, 쫓겨나는 사람들의 선례를 보고 들으면서 두려움은 증폭된다. 법의 힘은 강하고 경험은 구체적 공포를 낳는다. P 씨는 응분의 보상을 포기하면서 사건이 서둘러 종결되기만을 바랐다. 교통법규를 위반했기 때문에 쫓겨날지도 모른다는 공포는 그토록 컸다.

같은 경우 선주민들은 제대로 된 치료와 보상이라는 다른 경험에 기댔을 것이다. 사고를 수습하는 과정에서 불거질지도 모르는 차별에 대한 불안이 그에게 불리한 선택을 강요한 셈이다.

누가 죽어도 바뀌지 않는

코로나 팬데믹이 닥치자 몽골인 단기 비자 체류자들은 더 불안한 처지에 놓였다. 항공편이 여의치 않아 출국 희망자들도 돌아가지 못하는 경우가 발생했다. 3개월 관광 비자로 들어와 기간을 넘긴 사람들도 있다. 이들은 매월 체류 기간을 연장하며 버텼다. 그런 상태로 1년을 넘긴 사람도 있다. 문제는 연장된 체류 기간 동안 생계를 이어야 한다는 점이었다.

남성들은 주로 건설 노동이나 이삿짐센터 일을 합니다. 여성의 경우에는 청소 노동이나 식당 노동을 하지요. 모두 임시직입니다. 애초에 비전문취업(E-9) 비자나 전문취업(특정활동, E-7) 비자와는 처우가 달라요. 이들은 1년 자동 연장이 되었습니다.

초등학교 가정통신문 하나도 어려운 과제가 됩니다
공동체 당사자 운동가 도한나

체류 자격과 고용 형태가 불안정할수록 문제도 많이 발생한다. 도한나 씨는 거의 매일 비슷한 내용의 전화를 받는다. 국제결혼 등의 법률 상담도 있지만 최근의 상담 내용은 주로 임금 체불과 퇴직금 관련이다. 들어주고 조언하는 데에 그칠 수 없는 일들이기 때문에 그가 해결할 수 없는 사건은 그 분야의 전문가인 변호사나 법무사에게 연결한다. 자원봉사자들이다.

상담 목적은 문제 해결입니다. 예를 들면 이주노동자가 납입한 외국인 출국만기보험금을 퇴직금 전액이라고 속이는 경우가 있습니다. 이 돈은 출국 때 수령할 수 있고 퇴직금과 차액이 발생하면 고용인이 지급해야 하는 거예요. 이주민들은 심지어 퇴직금이 발생했는지 모르는 경우도 있어요. 또는 퇴직금을 정산해서 받았는데 금액이 틀려요. 가령 50만 원을 덜 받았다고 우리가 항의를 하면 30만 원만 주고 말아요. 거듭 항의를 하고 조목조목 따져야 받아 낼 수 있지요. 임금의 경우에도 본인이 출퇴근 시간대를 기록한 것을 근거로 받아 내기도 하고요.

언어도 유창하지 못하고 부당함과 불합리를 겪어 온 이주민들이 이런 문제들을 스스로 해결하기란 지난한 일이다. 수많은 한국인 노동자들이 조합을 설립하고 노동운동을 하면서 완강한 벽에 부딪히는 현실을 우리는 잘 알고 있다. 누가 죽어야 바뀌거나 죽어도 바뀌지 않는 열악한 현실. 도한나 씨의 활동은 그래서 '사각의 사각지대'에서 도전하고 부딪치는 일이다.

처음에는 언어가 가장 어려웠습니다. 지금도 어렵지요. 한국어는 너무 어려워요. 하지만 제게 더 어려운 부분은 법률입니다. 계속 바뀌는 법 조항을 이해하고 숙지하는 것이 만만치 않아요. 법률 용어, 특히 인권침해와 관련된 단어를 해석할 줄 알아야 하는데 일상어가 아니기 때문에 조심스럽죠. 법 조항이 바뀌면 제도도 바뀝니다. 이걸 놓치면 안 되고 계속 따라잡으면서 이주민들에게 정보도 제공해 드려야 되거든요. 의료 부분도 마찬가지입니다. 전문적인 용어가 많아서 환자에게 제대로 통역해 주기가 어려워요.

통역과 문제 해결이 일상이 되는 삶. 도한나 씨는 먼저 이주한 사람으로서 길을 개척하고 후에 온 사람들이 넘어질 때 일으켜 주는 자라고 자신을 인식한다. 이주 10년이 넘으면서부터 한국 국민이라는 자각도 강해졌다. 그러나 그의 자부심과 의지를 흔드는 아픈 일들은 끊이지 않는다.

무지, 혐오, 폭력은 하나의 고리

2021년 7월 경남 양산의 몽골 국적 여중생이 또래 여중생 네 명으로부터 집단 폭행을 당하고 그 영상이 유포된 사건이 같은 해 12월 뒤늦게 화제가 되었다. 가해자들은 속옷 차림인 피해자의 손과 다리를 묶고 뺨을 때렸고 술과 담배꽁초를 강제로 먹였다. 사건 당시 관련 신고가 세 건 있었고 피해 학생이 다음 날 피해 사실을 경찰에 호소했다. 조사는 한 달 후에 이루어졌다. 피해 학생은 영상 유포 혐의도 주장했으나 경찰은 가해자들에게 폭행 혐의만 적용했다.

사건이 부각되자 청와대 국민청원 게시판에 "외국 국적 여중생을 묶고 여섯 시간 가학적 집단 폭행 한 가해자 네 명 강력처벌·신상공개를 촉구합니다"라는 제목의 청원이 올랐고 답변 기준인 20만 명 이상의 동의를 받았다. 인권위는 경찰과 학교의 초동 조치가 적정했는지 직권으로 조사하기로 결정했다. 주한몽골여성총연맹에서 거듭 항의 집회를 열고 호소한 이후였다.[+]

역시 같은 해 12월, 몽골의 울란바토르에서 호텔에 근무하는 한국인 남성이 몽골인 다섯 명에게 집단 폭행을 당한 사건이 보도되었다. 몽골 국영방송 등의 현지 매체들이 양산 여중생 사건을 보도한 며칠 후였다. 범행 동기는 확인되지 않았으나 각 언론은 보복 범행으로 의심하는 기사를 내놓았다.

두 사건을 어떻게 해석하고 대처해야 할지 조심스럽게 지켜보고 있다고 그는 말했다. 그리고 다음 해 1월 양산 여중생 사건에 대해 교육 당국이 제대로 절차를 밟지 않았음이 드

[+] 울산지방검찰청은 이 사건의 보완 수사를 통해 주범 두 명을 강제추행, 성 착취물 제작 배포 혐의로 2022년 10월 31일 불구속 기소했다고 11월 2일 밝혔다. 『울산매일』 2022.11.02. https://www.iusm.co.kr/news/article View.html?idxno=1002046

러났다. 학폭위는 피해 학생을 배제한 채 열렸고 가해 학생들은 사회봉사 처분만을 받았다. 피해 학생은 학폭위가 열린 사실조차 몰랐다고 전해졌다. 등기우편으로 학폭위 개최를 알렸으나 우편물이 반송되었음이 확인되었다.

사건 담당 수사관이 한 달 만에 진정서를 반려한 사실도 드러났다. 수사관은 피해 학생 부모의 동의를 얻었다고 했으나 가족 측의 주장은 달랐다. 한국어에 서툰 이주민 가족에게 이 절차는 정당했는가. 도한나 씨의 다음 설명은 그래서 더욱 중요해진다.

2021년 통계청과 여성가족부가 작성한 청소년 통계에 따르면 전체 초·중·고교생 535만 6000명 중 다문화가정 학생은 2.8퍼센트입니다. 장기적으로는 꾸준한 증가세이고요. 아이들이 학업을 잘 못 따라가는 경우가 많아요. 학교 수업만으로는 어려운 현실에서 경제적 이유로 사교육이 쉽지 않지요. 그렇게 되면 친구들과의 소통도 힘들어집니다. 교사들이 학생들과의 소통 이외에 학부모와의 소통에도 노력해 주기를 바랍니다. 가정통신문 하나도 이주민들에게는 어려운 과제가 됩니다.

실제로 이주민 학부모의 경우 가정통신문을 사진으로 찍어 그에게 보내오기도 한다. 글자는 읽어도 의미를 모르기 때문이기도 하고 손 글씨일 경우 해독 자체가 어려워서이기도 하다. 통신문을 번역해 답을 작성해 주면 글자를 베껴 그리다시피 해서 학교나 어린이집으로 회신하는 형편이다. 이런 문제들을 사소하게 넘길 수 있을까. 우리는 자녀 교육을 사소하게 여겨 왔던가.

아이를 어린이집에 보내야 하는데 대기자가 많습니다. 당장
일하러 가야 하는데 어떻게 하느냐는 거지요. 신청 서류를 작
성하는 데도 곤란을 겪습니다. 원장을 대신 만나고 통화를 대
신해 주기도 하지요. 하지만 미등록의 경우에는 대기 명단에
올리는 것조차 어렵습니다. 물론 교회 부설 기관이나 민간 어
린이집도 있겠지요. 그쪽은 원비가 더 비쌉니다. 외국인은 국
공립이든 민간 시설이든 정부 지원을 못 받아요. 다행히 최근
에는 일부 지역에서 보육료 지원을 시작했다고 합니다.

어린이집을 거치고 초등학생이 되면 다문화 인권 수업
을 받기도 한다. 이주민 자녀들만 따로 문화 체험을 하는 경
우도 있지만 도한나 씨는 인권 수업의 중요성을 강조하며 전
체 학생을 대상으로 해야 한다고 강력하게 주장한다. 아이들
이 무심코 던지는 말이 상처가 되고 이런 무지와 무관심이 쌓
이고 굳으면 차별과 혐오, 폭력으로 이어질 수 있다는 것이다.

벼는 서로 어우러져 기대고 산다

도한나 씨는 하고 싶은 말이 무척 많은 사람이었다. 입국
해서 자신이 체험한 고난과 이를 이겨 내며 일군 상대적 안정
보다는, 나중에 온 이들의 어려움을 말하고 싶어 했고, 이 땅
에 뿌리내리려 하는 이들에게 도움이 되길 바랐다. 두 시간가

량 이어진 인터뷰의 말미에 본인의 이야기로 돌아왔다. 이주민으로서 지금 당면한 가장 큰 문제가 궁금했다.

아이가 이제 입시생이 됩니다. 그런데 어떻게 해야 할지 너무 어려워요. 다문화 티를 내지 않으려고 사교육에 매달렸지요. 아이가 학원을 쉬고 싶대요. "뺑뺑이 돌린 돈이 아깝다. 계속 다녀라."라고 했습니다. 사실은 제가 입시 정보에 자신이 없어서였어요.

결국 학원을 그만둔 아이의 얼굴이 밝아진 것을 보고서야 머리가 굵어진 아이에게 강요는 나쁜 약임을 깨닫게 되었다. 이 땅의 선주민 엄마들과 같은 깨달음이었고, 그는 한 번 더 한국이라는 공동체의 일원이 되었음을 확인했을지도 모른다.

본인이 지향하는 공동체는 몽골이냐 한국이냐, 짓궂은 농담이었던 마지막 질문에 그가 조용하게 미소를 지었다. 답은 인터뷰를 마치고 보내온 보충 자료 소포에 담겨 있었다. 상자 안에는 「미등록 이주아동의 체류권 실태조사 보고서」((사)한국이주민건강협회 발행)라는 책자와 함께 차곡차곡 정리되어 묶인 마스크 수십 개와 손 세정제 다섯 통이 들어 있었다. 인터뷰 장소였던 그의 일터 한쪽에 천장까지 높게 쌓여 있던 상자들의 압축판이었다.

상자들은 몽골로 보내기 위해 이주민들이 정성을 모은 방역 물품이었다. 20개가량 결성되어 있는 몽골인 커뮤니티가 결속한 구체적 증거. 그것이 선주민 이웃에게까지 전해진 것이다.

개봉한 상자를 앞에 두고 시인 이성부의 「벼」중 몇 구절을 속절없이 중얼거렸다.+

벼는 서로 어우러져 / 기대고 산다 / 햇살 따가워질수록 / 깊이 익어 스스로를 아끼고 / 이웃들에게 저를 맡긴다

+ 이성부, 「벼」, 『우리들의 양식』, 민음사, 1974.

이주민만을 위한 활동이 아닙니다

이주 여성 당사자 운동가 한가은(레티마이투)

이수경

2016년 『동아일보』 신춘문예에 단편소설 「자연사박물관」이 당선되어 작품 활동을 시작했다. 첫 소설집 『자연사박물관』으로 2019년 대산창작기금, 제 1회 길동무 문학창작기금(익천문화재단), 제13회 김만중문학상 신인상을 받았다. 다른 저서로 장편소설 『마석, 산70-7번지』, 두 번째 소설집 『너의 총합』이 있다.

대한민국 인구의 4퍼센트, 약 250만 명의 이주민이 새로운 꿈을 찾아 한국에 삶의 터전을 꾸렸습니다. 한국에 거주하는 이주민의 약 45퍼센트가 여성입니다. 꿈을 실현하면서 사는 사람들도 있지만 한국에서 이주 여성의 삶은 우리가 생각하는 것보다 훨씬 힘들고 고달픕니다.

한국이주여성인권센터 홈페이지 소개 글의 내용이다. 법무부의 『출입국·외국인정책 통계월보』(2023년 7월호)에 따르면 한국에 체류하는 외국인은 약 245만 명이다. 대구광역시 전체 인구인 약 240만 명에 가까운 이주민들이 우리 사회에 있는 셈이다.

내가 살고 있는 경기도의 작은 마을에서도 그들의 목소리가 들린다. 정류장에서 버스를 기다릴 때나 아이를 학교에 데려다주고 돌아오는 골목길에서. 식당과 마트와 우리 집 창밖 이층집 마당에서도. 들려오는 소리는 방글라데시어일 때도, 베트남어나 필리핀어일 때도, 서툰 한국어일 때도 있다. 영어와 한국어가 섞인 아이들의 목소리도 있다.

주로 늦은 밤이나 이른 아침에 들리는 것으로 보아 집에 머무는 시간이 그리 길지는 않은 것 같다. 우리는 같은 마을에서 함께 살고 있지만 제대로 마주본 적도, 이야기를 나눠본 적도 없다.

한국이주여성인권센터 사무국장 한가은 씨는 2005년에 베트남에서 이주해 14년 넘게 이주 여성 당사자 운동가로 살아가고 있다. 그녀의 고국 베트남에서는 전쟁 이후 홍콩이나 미국, 캐나다 등지로 많은 사람들이 이주했다. 그들이 보내는 자금이 실제로 베트남 가정과 경제에 도움이 되었기 때문에 기본적으로 이주에 대한 거부감도 없다.

자신과 가족의 삶을 바꿀 수 있으리라는 기대와 희망으로 베트남 사람들이 이웃나라인 대만이나 한국 등지로 떠났듯, 한가은 씨 역시 학교를 졸업한 뒤 진로를 모색하다가 자연스럽게 한국으로 왔다.

가은 씨가 한국에 온 2005년만 해도 국제결혼으로 이주한 여성들이 많지 않을 때라 한국어를 배울 만한 곳이 별로 없었다(2008년에야 〈다문화가족지원법〉이 제정되어 현재 전국 200여 곳에서 다문화가족지원센터가 운영되고 있다).

가은 씨는 우연히 베트남 친구를 통해 한국이주여성인권센터(이하 이여인터)를 알게 되어 한국어와 컴퓨터 교육 등을 받을 수 있었고, 센터를 찾아오는 이주 여성과 선주민('먼저 살던 사람'이라는 뜻으로 이주민 입장에서 한국인은 선주민이 된다) 활동가를 연결하는 통·번역 자원 활동도 하게 되었다. 가은 씨의 인생에 큰 전환점이었다.

이여인터는 2000년 한국 최초의 이주 여성 쉼터인 '여성노동자의집'으로 문을 열어 올해로 20주년이 되었다. 가정폭력, 성폭력 피해를 입은 이주 여성들을 보호하고 개인 지원부터 입법 운동까지 도맡아 온 유일한 이주 여성 기관이었다. 이여인터는 쉼터와 상담소를 운영하며 이주 여성의 인권과 자립을 위한 여러 활동과 프로젝트를 진행해 왔다.

도망칠까 봐 문을 열어 주지 않았어요.

센터에서 한국어를 배우고 자원 활동을 하다가 어떻게 단체 상근까지 하게 되었냐는 질문에 가은 씨는 2007년 여수 외국인보호소 화재 사건을 이야기했다. 27명의 이주민이 사망하거나 다친 참사였다.

화재 당시 보호소에는 스프링클러나 화재경보기, 비상 탈출구가 없었다. 불길이 번지고, 안에서 쇠창살을 흔들며 구조를 요청했지만 직원들은 그 시간에 소화기를 가져온다며 문을 열어 주지 않았다. 열 명이 목숨을 잃었고 화상을 입은 사람들은 손목에 수갑이 채워진 채 병원에서 치료를 받았다. 사고의 진상이 밝혀지기도 전에 보호소 안에 있던 이주민 22명이 강제로 조기 출국을 당했다.

다문화 사회 진입에 필요한 정책을 제대로 갖추지 못했던 정부는 이 일을 계기로 이주 단체에 인건비를 지원하기 시작했고, 그해 여름 가은 씨는 이여인터에 고용되어 활동가로 일하게 되었다. 그녀는 이주 당사자인 자신이 같은 처지의 이주자를 돕는 것은 너무나 보람 있는 일일 거라고 생각했다.

그러나 그것은 결국 나를 위한 활동이었어요.

의사소통이나 실무상 어려움, 이주 여성의 이혼을 부추긴다는 오해, 센터에 도움을 요청한 여성의 시가족들이 행사하는 협박, 폭력에 시달리다 쉼터에 입소한 내담자의 가족 상담 시 느꼈던 위협 등 모든 것이 감당하기 어려웠지만, 가장 힘들었던 것은 공공 기관의 차별을 직접 겪을 때였다.

이주민들의 불편이나 차별을 파악해 해당 기관인 출입국 관리사무소(현재 출입국·외국인청), 경찰서, 구청과 주민센터 등에 의견을 전달하고 개선을 요구하는 '공공 기관 개선 프로젝트'에서 만난 공무원들이나 센터를 방문한 공무원들조차 담당자이자 당사자인 그녀의 존재를 무시하고 한국인 활동가만을 찾았다. 그녀의 말에 따르면 존재를 부정하는 것은 어떤 물리적인 힘겨움이나 위협보다 치명적인 셈이었다.

이주 여성 당사자 활동가가 있는 조직에는 늘 이주 여성들이 찾아옵니다.

2017년 베트남 이주 여성이 시아버지에게 살해된 사건이 발생했다. 2010년 7월, 한국인 남편의 구타로 사망한 스무 살 베트남 여성 탓티황옥의 추모 기자회견에서 "나도 그 베트남 이주 여성일 수 있습니다."라고 발언한 여성이었다.[+] 그로부터 7년 후 서른한 살의 그녀는 또 다른 탓티황옥이 되었다. 그 소식이 곧바로 한가은 씨에게 전해졌다. 충격과 슬픔 속에서도 가은 씨는 센터와 함께 장례를 치르고 그녀의 유골이 베트남으로 갈 수 있도록 대사관을 오갔다.

한국어에 능숙한 이주 여성들도 어려운 일이 생기거나

+ 관련 이야기는 다음 기사로 보도되었다. 고기복, 「남편에 맞아 죽은 열아홉 여성 … 10년 지나도 변한 게 없다」, 〈오마이뉴스〉 2017.7.17. https://omn.kr/nooy

정보가 필요하면 가장 먼저 가은 씨를 찾는다. 같은 이주 여성에게 갖는 동질감이 홀로 이주해 살고 있는 여성들에게 센터를 친정 같은 존재로 만들어 주었다.

이주 여성으로서 그리고 당사자 운동가로서 오랫동안 이주 여성들을 만나며 상담하고 문제를 해결해 오면서 가은 씨는 그녀들이 원하는 것을 누구보다 잘 알게 되었고, 함께 성장했다. 한국에 오지 않았다면, 인권센터에서 활동하지 않았다면, 지금처럼 공부하고 활동하며 성장할 기회가 없었을 거라고 가은 씨는 말했다.

— 이주민에 대한 혐오와 오해의 시선이 많습니다.

나쁜 짓을 하려고 고향을 떠나 이주한 사람이 어디 있을까요. 그렇지 않나요?

2007년 결혼해 입국한 지 두 달 만에 남편의 폭력으로 숨진 열아홉 살 베트남 여성 후안마이는 죽기 전에 베트남어로 편지를 썼다.

저는 한국에 와서 당신과 저의 따뜻하고 행복한 삶, 행복한 대화, 삶 속에 어려운 일을 만났을 때 서로 믿고 의지하는 것을 희망했습니다.

후안마이가 남긴 편지는 앞서 가은 씨가 반문한 것에 대한 답이자, 이주자뿐만 아니라 모든 인간의 근원적인 마음일 것이다.

이주민만을 위한 활동이 아닙니다
이주 여성 당사자 운동가 한가은(레티마이투)

선주민이든 이주민이든 더 성장하고 더 나은 삶을 살려고 하는 거잖아요. 하지만 또 각각 다른 사정이 있지 않겠습니까. 노동 이주든 결혼이주든 문제의 원인은 다양합니다. 창창한 나이의 사람들이 한국에 와서 주로 3D 업종에서 일을 하며 자신과 가족의 삶을 꾸려 갑니다. 그들의 노동은 한국 사회에서도 필요로 하는 거잖아요. 어디서든 일을 하고 정당한 대가를 받는 것은 당연합니다.

또 자신이 번 돈을 자국으로 보내든 어디에 쓰든 그것은 개인의 자유입니다. 그 속에서 일어나는 문제들은 선주민 사회에서도 있는 일입니다. 아니, 법적으로든 소통의 어려움 때문이든 보호받지 못하는 약자이기 때문에 뜻하지 않게 범죄자로 내몰리는 경우도 많아요.

결혼이주자들도 마찬가지예요. 심지어 가족 중에도 국적을 받으면 도망칠 거라고 생각하는 사람들이 있는데, 그 안에는 다양한 이유들이 있지 않겠습니까. 결혼이주자들이 거주한 지 20, 30년이 지나니 보통 열 살 이상 차이가 나는 남편이 사망하는 경우도 있고, 가정 폭력 때문에 헤어지는 경우도 있고, 한국 가정처럼 여러 가지 갈등으로 헤어질 수도 있죠. 그런 사정을 잘 알지 못하고 무조건 나쁘게 보는 것은…….

— 이주 여성들에게 현실적으로 가장 큰 어려움은 뭘까요?

여러 가지가 있겠지만 불안정한 체류 문제일 겁니다.

— 법적인 부분이겠네요.

그렇죠. 지원할 수 있는 체계가 마련되어 있어도 체류 문제가 해결되지 않으면…….

— 바뀔 수 있을까요?

바뀌어야죠. 그래서 인권 단체들이나 이주자들이 활동하고 있는 거고요.

결혼이주 여성은 3년마다 출입국·외국인청에 체류 기간 연장 신청을 해야 하는데, 2011년 이전에는 그때마다 배우자의 신원보증이 필요했다. 어떤 이유로든 배우자가 신원보증을 해주지 않으면 곧바로 본국으로 돌아가야 하거나 미등록 체류자가 되는 것이다.

베트남 이주 여성 K 씨는 입국 후 발급받은 외국인 등록증과 여권을 시어머니에게 빼앗겼고, 3년 후 체류 연장을 하고 돌아오는 길에 남편에게 다시 빼앗겼다. K 씨는 누구나 처음은 다 낯설고 서로 이해하는 데 시간이 걸린다고 생각했지만 갈등이 생길 때마다 남편은 "아이는 두고 나가라."고 협박했다.

남편에게서 이혼 소장을 받아 이혼 소송을 시작할 때부터 체류 연장을 위해 출입국관리사무소에 갔을 때, 아이를 만나기 위해 면접 교섭권 소송을 할 때, 귀화 불허 처분 취소 소송을 할 때, 남편도 시어머니도 판사도 베트남으로 돌아가라고만 했다. 그러나 한국에 아이를 두고 돌아갈 수는 없었다. K 씨는 이주해 살던 8년 동안 5년을 소송으로 보낸 뒤 한국 국적을 취득했다. 이 모든 과정을 이여인터가 함께했다. K 씨는 '한국인' 미싱사로 일하며 아이와 만날 날을 꿈꾼다.

2011년 법무부는 신원보증 제도를 폐지했으나 실제로 배우자의 도움 없이는 어려운 절차상의 문제가 남아 있다. 초기 입국 시의 신원보증 제도는 여전히 유효하기 때문에 이혼하면 다시 체류가 불안정해진다. 상대에게 혼인 단절의 주된 책임이 있는 경우 재판이나 구제 절차가 종료될 때까지 체류를 연장할 수 있다는 〈출입국관리법〉 규정이 신설되었지만, 이주 여성으로서는 배우자의 귀책사유를 증명하기도 힘든 일이다.

어쨌든 이런 변화는 이주 여성의 삶의 근간을 흔드는 가부장적이고 종속적인 체류법에 대해 인권 단체나 시민사회가 목소리를 냈기 때문일 것이다.

서로 존중하고 배려하며 살아야 한다고 생각하는 분들도 많고, 어렵지만 잘 살아가는 이주민 가정도 당연히 많습니다. 그러나……

예컨대 "잡종 강세", "사회에서 잘못 지도하면 프랑스 파리 폭동처럼 문제가 될 수 있다." 등 2019년 전북 익산 시장이 다문화 가정 자녀에 대해 했던 인종차별적 발언 등은 어려운 상황에서 자녀를 키우는 이주 가정에 모욕과 상처를 준다. 하지만 발언 당시 이주 당사자 운동가들과 이주 여성들은 가은 씨조차 놀랄 만큼 성장한 모습을 보여 주었다.

보통 그런 일이 있을 때 인권센터가 나서면 물러나 발언

하는 정도였는데, 이주여성연합회 왕지연 대표 주도로 밤사이 수백 명이 익산으로 달려가 항의했다. 그에 앞서 2013년 이주 여성 미투 당시에도 이주 여성들은 주도적으로 참여했다.

생각나무BB센터의 안순화 대표, 이주민센터동행의 원옥금 대표 등 이제는 다양한 영역에 이주 여성 당사자 활동가들이 있고, 활동가들과 이주민들, 시민사회가 연대하는 목소리가 여성가족부의 이주여성상담소 신설, 이주 여성 성폭력 피해 전담 직원 지원 등 제도 변화를 이끌어 내기도 했다.

이주민만을 위한 활동이 아닙니다. 한국 사회가 조금 더 완전한 방향으로 나아가는 데 기여할 수 있을 거라고 생각합니다.

인터뷰가 끝나 갈 즈음 가은 씨가 한 말은 미처 생각하지 못한 것이었다. 이주민의 인권과 생존을 위한 활동뿐만 아니라 모든 소수자 운동과 그들의 활동으로 변화되는 것, 누구든 차별 없이 보호받아야 한다는 가치를 제도로 굳건하게 지키는 것은 한국 사회를 더 '완전한 방향'으로 나아가게 하는 일이 아닌가. 그런 그녀의 생각은 '언제든 떠나야 할지도 모르는' 무력한 존재가 아닌, 한국 사회의 주체적인 구성원으로서의 입장이었다.

이주 여성 당사자 운동가 한가은 씨를 만나기 전까지 나는 대구 시민의 수와 맞먹는다는 놀라운 수치 정도로 이주민의 존재를 이해했을지 모르겠다. 그간 한국 사회에서 흘러나온 부정적인 인식과 '소문'에서 자유롭지도 못했을 것이다.

이주민이 처한 폭력적인 상황이나 반인권적인 사건들을

접할 때마다 우리 사회가 이래도 되나, 좀 더 나은 삶을 살기 위해 바다를 건너고 국경을 넘은 사람들에게 이래야 하는 건가 싶어 괴롭기는 했지만, 어쨌든 나와는 다른 사람들이라고 생각했다.

그녀와 마주보며 이야기를 나눈 72분은 오랫동안 닫혀 있던 창이 열리는 듯한 시간이었다. 생김새, 피부색, 국적, 언어. 그녀와 나 사이를 가로막고 있는 것들을 걷어 냈을 때 거기에는 이 세계에서 살아 내기 위해 분투하는 두 사람이 마주 앉아 있을 뿐이었다.

우리는 어디로든 이주할 수밖에 없는 존재가 되었다. 그곳이 어디든 무엇을 위한 것이든 더 성장하고 더 나은 삶을 살고 싶다는 희망 때문이 아니겠는가. 그러므로 이주 여성을 위한 활동이 결국은 "자신을 위한 것이었다."는 한가은 씨의 말처럼 누군가의 희망을 지켜 주는 것은 내 미래의 희망을 지키는 것이 아닌가.

힘들지만 우리도 성장하며 열심히 살고 있어요. 이 말을 꼭 전해 주세요.

베트남에서 온 이주 여성 당사자 운동가 레티마이투, 한가은 씨가 말했다.

저는 불평등한 걸 못 참아요.
차별받으면 싸웠어요

경산이주노동자센터 소장 안해영

시야

소성리에서 사드를 반대하고 평화운동 하는 성주 주민이다. 노동자가 담대
해지는 순간을 만나고 싶어서 취재하고, 노동자를 편들고 싶어서 기록한다.
제30회 르포 부문 전태일문학상을 받았다. 공저로『들꽃, 공단에 피다』,
『나, 조선소 노동자』,『회사가 사라졌다』,『숨을 참다』가 있다.

경산이주노동자센터 안해영 소장을 처음 만난 건 코로나19 감염병 유행으로 숨을 참으면서 노동하는 이주노동자를 기록할 때였다. 그는 한국말을 전혀 할 줄 모르는 중국인 식당 노동자 장밍즈(가명)를 내게 소개해 주고 통역까지 해주었다. 1년이 지난 후에 다시 만난 안해영은 장밍즈가 식당에서 퇴직금 한 푼 받지 못한 억울한 사연을 들려주었다.

중국인 장밍즈는 남들보다 더 길게 일하지만 임금은 제일 적게 받았다. 사장은 월급날이면 장밍즈의 이름도, 금액도 적혀 있지 않은 하얀 봉투에 현금만 넣어서 전달했다. 일을 그만두고 사장에게 퇴직금을 달라고 말하자 사장은 퇴직금은 고사하고 불법체류로 신고하겠다고 협박했다.

장밍즈가 우리 센터로 찾아와서 억울하다고 울고불고했죠. 노무사에게 보여 줬더니 증거가 하나도 없어서 난색을 표하더라고요. 그래도 어떻게 해요. 일단 진정은 넣어야죠. 악덕 기업주가 너무 많아요.

안해영도 2020년 코로나19가 확산될 무렵 일손이 급한 공장이 수당을 더 얹어 주겠다고 해서 공장을 옮겼다. 일감이 줄어들자 다른 이보다 수당을 더 받는 해영이 먼저 해고당했다. 해영이 외국인이라고 만만하게 봤을지도 모른다. 해영은 사장에게 부당해고라고 설명했다. 해고수당을 달라고 요구했지만 사장은 들은 척도 하지 않았다. 해영은 바로 노동청에 진정을 넣었다. 해고 기간 임금은 받아 낼 수 있었다.

제가 (이주노동자)센터에 있으면서 기본 권리도 못 찾는다면 그건 이상하잖아요. 맞잖아요? 기본급으로 해서 3개월분 해고 기간 임금 다 받았어요.

안해영, 자신은 원래 싸우는 걸 좋아한다고 수줍게 웃으면서도, 이주노동자가 차별당하는 건 당연한 게 아니어서 싸운다고 말한다. 재중 동포로 한국에서 30년을 살았다. 멸시와 차별이라는 한국 정부 이주노동자 정책을 몸으로 겪은 산 증인이다. 지금은 국적만 없을 뿐 경산 시민으로 살고 있다.

미등록 이주노동자 신세

재중 동포 안해영의 이북 출신 할아버지와 부산 출신 할머니가 중국으로 이주해 정착한 곳은 길림성 길림시다. 안해영은 길림시에서 스물한 살까지 살다가 산업연수생 제도가 시작된 1993년에 한국행 비행기를 탔다. 산업연수생 제도 1년 만에 한국 땅에서 체류 자격을 상실했다. 이후 미등록 이주노동자로 21년을 살았다. '불법 인간' 21년 만에 재외 동포에 대한 특례 조치로 안해영은 다시 체류 자격을 갖게 되었다. 2022년 6월 13일은 안해영이 한국으로 이주한 지 30년이 꽉 찬 눈물겨운 날이다.

산업연수생 안해영은 서울 수유동에 위치한 컴퓨터 자

수 공장에서 한국 생활의 첫발을 디뎠다. 첫 월급을 받는 날부터 안해영 일행과 사장 사이에 불화가 시작되었다. 한국인과 하는 일이 똑같았지만 산업연수생의 노동시간은 더 길었고 월급은 3분의 1밖에 되지 않았다. 안해영과 함께 온 재중동포들은 사장에게 항의해 3개월 만에 한국 노동자의 임금과 노동조건에 비슷하게 맞출 수 있었다. 그러자 사장은 산업연수생을 쓰지 않았다.

재중 동포 산업연수생들은 모두 중국으로 돌아갔지만 해영은 돌아갈 수 없었다. 해영이 한국에 나와 있는 동안에 가족이 한국 사람에게 취업 사기를 당했다. 큰 빚을 졌다. 해영도 빚을 짊어져야 했다.

한국에 온 지 1년 만에 정부는 해영을 '불법체류자'라고 불렀다. 언제 단속당할지 모르는 불안한 생활이 시작되었지만 다행히 의지할 곳이 있었다. 부산에 사는 사촌 언니가 해영이 한국 생활에 적응하게끔 도와주었다. 일을 찾아서 경북 영천의 연사撚絲 공장에 취직했다. 연사 기술을 배우고 1996년 경북 경산으로 일자리를 옮겨 지금까지 26년 넘게 살고 있다.

해영의 일

연사는 옷을 만들기 위한 가장 첫 단계 공정이다. 옷감을 만들 실을 뽑고 실을 꼬아 매끄럽게 만드는 작업이다. 연사 공장은 1년 365일 기계를 놀리지 않는다. 한겨울에도 반팔 티셔츠를 입고 일할 만큼 열기가 뜨거운 작업환경이다. 대표적인 3D 업종이라 일은 많은데 일손이 늘 부족해 일흔 넘어도 일할 수 있을 정도다. 안해영의 나이대가 마지막 세대가 될 만큼 젊은 사람들이 없다.

안해영은 남들보다 더 많이 일했다. 한 사람이 기계를 두 대 돌릴 때 해영은 네 대를 돌렸다. 한 사람 반 이상의 몫을 거뜬히 해냈고, 바쁘면 두 사람 몫도 해냈기 때문에 공장 사장은 안해영을 믿고 일을 맡겼지만 불평등을 참지 못하는 해영은 차별을 느끼는 순간 사장과 싸웠다. 언제든지 직장을 옮겨 다녔다.

미등록이었지만, 사장님하고 안 맞으면 많이 싸웠어요. 어차피 저는 일에 자신이 있었고, 다른 데 가서 일하면 된다고 생각해서 옮겨 다니기도 많이 옮겨 다녔어요. 저는 불평등한 걸 못 참아요. 차별받으면 싸웠어요.

당차기만 할 것 같은 해영이지만 미등록 이주노동자로 한국에서 살아가는 건 늘 불안정했다. 출입국관리사무소에서 단속을 시작하면 해영은 일을 그만두고 집에 숨어 지냈다. 세상이 조금 조용해지면 다시 일을 찾아다녔다. 한국에서 지낸 시간은 길었지만, 단속을 피하다 보니 제약도 많았기에 아무리 부지런히 일해도 돈이 모이지 않았다.

연사 공장에서 만난 재중 동포 남자와 연애하고 가정도 꾸렸다. 해영의 남편도 산업연수생으로 한국에 건너왔지만, 해영과 마찬가지로 비자를 상실했다. 사랑하며 의지할 사람이 생겨서 해영의 한국 생활이 고달프기만 한 건 아니었다. 그러나 남편은 뇌혈관 기형이라는 병으로 10년 넘게 병원 치료를 받았다. 한국 사회는 아픈 이방인에게 관대하지 않았다. 해영은 오롯이 홀로 가족을 돌보고 지켜야 했다.

우리가 미등록이니까 건강보험 급여냐 비급여냐 상관없이 우리가 다 내야 하잖아요. 저 혼자 벌어서 병원비 내고 생활해야 하니까, 그때 빚도 많이 졌어요.

왜 중국으로 돌아가지 않았냐고 물었을 때 해영의 대답은 의외였다.

제가 한국말도 잘하고 인간관계가 좋았어요. 중국에서 온 사람들 일자리도 알아보고 말이 안 통하면 회사 가서 통역도 해주면서 도움을 많이 줬어요. 그러니까 친구들도 내가 어려운 거 알고는 돈도 빌려주고 융통도 해줬어요. 그때 빚을 많이 졌어요. 이렇게 살아오다가 이제 아저씨가 괜찮아졌으니까 같이 벌어서 갚아야죠.

이 땅에서 일하며 살아가지만 '허락되지 않은' 사람에게 건강보험은 소용이 없었다. 하지만 해영은 비싼 병원비 때문에 절망하기보다 지인들의 도움을 받으면서 앞날을 헤쳐 나갔다. 해영은 돈을 빌려준 사람들이 다 한국에 있어 떠날 수 없다고 했지만 이만큼 온 길을 되돌아갈 수도 없었다.

저는 불평등한 걸 못 참아요. 차별받으면 싸웠어요
경산이주노동자센터 소장 안해영

제가 스무살 때 한국에서 사회생활을 시작했잖아요. 중국에 있는 친구들은 이제 연락도 안 하고 여기서 아는 사람들이 더 많아요. 오히려 한국에서 친구들을 더 많이 알고 있죠. 한국이 사는 게 훨씬 낫죠. 20여 년 만에 중국에 돌아갔는데 물도 한국이 좋고 생활환경도 좋고요. 일자리를 구하기가 너무 쉬워요. 한국은 내가 열심히만 하면 일자리는 많아요.

경산이주노동자센터 소장이 되다

남편의 병이 나아지자 해영은 더 늦기 전에 첫아이를 임신했다. 그의 나이 서른다섯이었다. 모아 놓은 돈 없이 아이를 출산하는 건 해영에게 이만저만 걱정이 아니었다. 경산이주노동자센터가 문을 열고 이주노동자들의 고충을 상담한다는 전단이 붙은 걸 해영의 친구가 발견했다. 친구는 도움을 받을 수 있을 거라며 해영의 손을 잡고 센터를 찾아갔다. 임신 6개월째였다.

센터에서 대구의료원에 진료 의뢰서를 써줬어요. 대구의료원에서 진료를 받았어요. 입원하면 100퍼센트 무료였어요. 경제적으로 도움을 많이 받았어요. 우리가 미등록이라서 진짜 많이 힘들었거든요.

경산이주노동자센터가 문을 연 2007년을 해영은 똑똑히 기억한다. 세상에서 가장 귀한 아이의 나이만큼 경산이주노동자센터와 인연도 쌓여 갔다. 해영을 맞아 준 센터 소장은 월급도 제대로 받지 못하면서 이주노동자들의 권리를 위해 헌신했다. 이를 지켜본 해영은 이주노동자도 당연히 함께해야 한다고 생각했다.

아이를 낳고 산후조리가 끝나자 아이를 업고 경산이주노동자센터로 자원봉사를 나갔다. 1년에 서너 번 하는 큰 행사가 있을 때면 주방 일을 도맡았다. 해영은 그림자처럼 뒤치다꺼리만 했다고 하지만 중국어 통역이 필요하면 통역했고, 아파서 병원에 가야 하는 이주노동자가 있으면 동행했다. 이 모든 일은 연사 공장에서 퇴근한 후에 이뤄졌다. 하루도 쉬는 날 없이 공장을 다녔다. 아이는 경산이주노동자센터를 놀이터 삼아 건강하게 자랐다.

여름이면 민주노총 경북지역본부에서 개최하는 여름 캠프가 진짜 재밌거든요. 아들이 어렸을 때 거의 다 갔었어요. 센터에서 차 타고 어디 가면 같이 놀러 가고 어울리고 센터에서 찍은 사진에 우리 아들 얼굴이 거의 다 있을 정도로 우리는 모든 행사에 다 참여했어요.

개구쟁이 어린이는 어느덧 사춘기 중학생이 되었다. 엄마를 따라다니지 않을 나이가 되었지만, 고등학생이 되면 경산이주노동자센터에서 자원봉사 활동을 하겠다는 계획을 엄마에게 이야기했다. 아들은 한국에서 태어나고 자랐다. 한국에서 계속 살고 싶다고 말한다. 엄마는 아들이 국적을 결정할 날을 기다리기로 했다.

저는 불평등한 걸 못 참아요. 차별받으면 싸웠어요
경산이주노동자센터 소장 안해영

세월이 흘러, 앞장선 센터 소장 두 분이 임기를 마치고 자리를 내려놓았다. 센터에도 변화가 생겼다. 상근하는 여성 활동가는 이주노동자가 센터 소장을 해야 한다면서 안해영을 적극 추천했다. 안해영은 손사래를 쳤지만 할 사람이 보이지 않았다.

저한테 맞는 옷이 아니지만 여성 활동가가 편하게 일할 수 있도록 그냥 옆에 있는 게 도움이 될 거 같았어요.

해영에게 센터 소장이라는 자리는 쉬운 결정이 아니다. 비자도 3년마다 자격을 따져 연장한다. 300만 원 이상의 벌금형을 받으면 추방당할 수 있기 때문에 정부와 맞서야 하는 일이 많은 이주노동자센터는 해영에게 부담일 수밖에 없다. 그러나 해영은 경산이주노동자센터를 지키고 싶은 마음이 크다. 한국에서 살얼음을 걷듯 걸어온 세월 동안 해영의 곁을 지켜 준 곳을 지키기 위해 해영은 큰 용기를 내야 했다.

한국 생활 30년 만에 내 공장의 꿈을!

경산이주노동자센터에 오기 전부터 해영은 길을 가다가 중국말이 들리면 그냥 지나치지 못했다. 한국말을 전혀 모른 채 일하러 온 중국 사람을 길에서 만나면 고향 사람을 만난 듯 반가웠다. 집에 데리고 와서 밥을 해 먹였다. 일자리를 알아보고 통역을 해주었다. 낯선 타국 땅에서 고단하게 살아갈 동포를 돕고 싶은 마음이 그를 한시도 쉬지 못하게 만들었다.

우리가 처음에 와서 고생을 많이 했지만 우리는 말이 통하는데 그 사람들은 말이 안 통하잖아요. 일자리 구하기도 힘들고 안타깝잖아요. 근데 센터는 말이 통하는 사람보다 말이 안 통하는 사람들이 많이 찾아오죠. 어차피 부릴 오지랖으로 경산이주노동자센터를 돕는 거예요.

중국인 사이에도 센터가 알려졌다. 해영은 수시로 통역해 달라는 요청에 시달려야 했지만, 일자리를 원하는 사람을 위해 적극적으로 일자리를 알아보고 연결해 주는 일을 마다하지 않았다. 아무리 다급한 처지라도 최저임금을 지키지 않는 사업장은 연결해 주지 않았다. 한국말을 몰라서 어이없이 부당한 일을 당하는 중국인들의 사연에 해영은 속 태우고 눈물을 흘렸다.

한국에서 30년을 살 수 있었던 건 경산의 작은 공장에서 해영의 노동력이 필요했기 때문이다. 수많은 공장을 옮겨 다니면서 만난 동료들 덕분에 일이 끊이지 않고 연결되어 연사 경력은 27년이 되었다. 경산에 정착해서 산 지도 26년이다. 그러나 일손이 부족한 연사 공장은 문을 닫는다.

아는 사장님이 공장을 그만둔다는데 세가 안 나간다고 해요. "누구든지 와라. 와서 보증금도 천천히 주면 되고 한 달에 얼마씩 다 할부로 잘라서 줘도 된다."고 해서 "제가 해볼게요." 했어요. 그냥 제가 일하면 되니까 따로 사람을 안 불러도 된다고 생각했어요. 물량이 하도 많아서 저도 사람을 써야 할 정도예요.

작지만 구색을 다 갖춘 공장이다. 공장 임대료도 다른 곳에 비하면 싸지만 일할 사람을 구하지 못해 문을 닫는 공장을 해영은 기회라고 여겼다. 가족을 다 동원해서 해영은 일을 벌였다. 27년간 쌓아 놓은 연사 공장의 인연들이 해영네 작은 공장을 돌봐 주러 찾아온다.

며칠 전에는 아는 부장님이 와서 우리 집 기계를 고쳐 줬어요. 주변에 사장님들이 많이 도와주시지만 자꾸 도와 달라고 할수는 없잖아요. 아는 사람이 많으니까 좋긴 좋아요.

다른 공장은 단가를 후려쳐도 납기일을 맞추기 위해 잠을 설치면서 일하지만 안해영은 기계를 세워 놓더라도 단가가 맞지 않으면 생산하지 않겠다는 자신만의 경영 원칙을 세웠다.

저는 안 급해요. 돈이 안 맞는데 제가 왜 해요. 기계 세워 놓으면 세워 놓지 나 안 한다고 하면서 싸웠어요. 이달부터 개선됐습니다. 이제 원하는 대로 단가도 어느 정도 맞춰 주고 그렇게 작업을 재개했습니다.

문을 닫는 공장이 늘어나고 있다. 폐업한다고 생산해야할 물량이 사라지는 게 아니라 누군가의 손에서 생산해야 할 테니까 안해영은 일거리가 없을까 봐 걱정할 필요가 없다. 품질만 좋다면 물량은 돌아서 오게 되어 있다고 믿었다. 그리고 해영은 연사 공장을 다니면서 소원했던 것을 꼭 이루고 싶다고 생각했다.

사람 구할 때 나는 퇴직금 무조건 100퍼센트 준다고 해요. 일요일은 쉬고 싶은 대로 쉬라고 하고, 돈 벌고 싶으면 나와서 일하는 거고. 제가 제일 원했던 게 휴일에 쉬는 거거든요.

해영은 사장님 소리를 듣겠지만 여전히 휴일도 없이 일한다. 옷을 만들기 위한 가장 밑바닥 단계를 담당하는 원재료 공장인 '하청의 하청' 공장 사장님은 노동자의 처지와 얼마나 다를까. 27년 동안 갈고 닦은 기술과 경력으로 폐업할 공장을 갖게 된 걸 성공 신화라고 할 수 있을까.

한국 사회에서 가장 밑바닥 산업을 지탱해 왔을 해영의 30년. 노동과 지역에 뿌리를 내리고 산 그 삶이 지금 우리 모두를 풍요롭게 살 수 있게 해준 자양분은 아니었을까. 우리는 한국 사회에서 이방인이라 쉽게 불리면서 언제든지 쫓겨날 수 있는 이들의 삶의 맥락과 우리의 삶이 맞닿아 사회를 구성하고 함께 공존하면서 이웃하고 있다는 사실을 잊지 않았으면 좋겠다.

저는 불평등한 걸 못 참아요. 차별받으면 싸웠어요
경산이주노동자센터 소장 안해영

정치하려니까
'너는 외국인!'
너무하잖아요

당사자 정치를 꿈꾸는 한국인 수베디 여거라즈

고기복

이주 인권 전문 저널리스트. 대학 졸업 후 인도네시아와 필리핀에서 살면서 '차별 없는 세상'에 관심을 갖기 시작했다. 〈오마이뉴스〉에 오랫동안 '이주 노동자 이야기'를 연재했다. 20년 넘게 이주노동자 지원 단체에서 활동했고, 현재 (사)모두를 위한 이주인권 문화센터 대표이다. 저서로 『내 생애 단 한 번, 가슴 뛰는 삶을 살아도 좋다』, 『(다르지만 평등한) 이주민 인권 길라잡이』 (공저)가 있다.

지방자치 분권의 근거가 되는 〈지방자치법〉은 지방자치단체 정책 결정과 집행을 규정하는 지방의 헌법이라 할 수 있다. 〈지방자치법〉 제16조는 주민의 자격으로 "지방자치단체의 구역에 주소를 가진 자는 그 지방자치단체의 주민이 된다."고 규정하고 있다. 이에 따르면 외국인도 "법령으로 정하는 바에 따라 주민생활에 영향을 미치는 지방자치단체의 정책의 결정 및 집행 과정에 참여할 권리를 가진다"(〈지방자치법〉 제17조 주민의 권리 1항).

〈지방자치법〉이 이주민 정치 참여를 보장하는데도 외국인 주민이 현실 정치에 참여해 지역 현안에 맞는 정책들을 입안하고 행정을 견인할 기회는 주어지지 않고 있다.

외국인 주민 증가는 관련 행정 수요의 증가로 이어진다. 반면에 이주민 구성원의 다양성, 체류 자격과 체류 목적, 국적과 언어, 문화 등의 상이함 등으로 인해 지원 체계는 이를 따라가지 못하고 있다. 이런 현실 속에서 이주민이 분명한 문제의식을 갖고 지방행정에 자발적이고 적극적으로 참여한다면 사회 통합에도 유리하다.

정치하는 아버지 보며 성장

지난 2022년 6·1 지방선거에서 경기도의원 비례대표에 도전장을 냈던 수베디 여거라즈는 이주민 당사자 정치를 꿈꾸는 네팔 출신 귀화인이다. 비례대표 순위 경쟁에서 당선권 밖 순위인 12번을 받았던 그는 고심 끝에 후보 등록을 하지 않았다.

사실 그는 후보 등록을 위한 심사비를 마련할 때부터 부담스러웠다. 코로나19 발발 이후 경기도 평택 주한 미군 기지 앞에 커리 전문 식당을 열었지만 1년 반이 지나도록 수익을 못 내고 손해만 보고 있었기 때문이다. 당선을 장담할 수 없고 뚝심 있게 후보 등록을 하기에는 현실이 녹록치 않아 후일을 기약했다.

선거가 끝난 지 두 달쯤 지난 평일에 그를 식당에서 만났다. 그가 운영하는 식당은 점심때여선지 주한 미군 가족을 비롯한 한국인 몇몇이 자리하고 있었다. 주문을 받고 접시를 나르다가 식사를 마치고 나가는 손님과 낯익은 이웃을 대하듯 살갑게 이야기하는 모습은 그의 사업 수완이 여간하지 않음을 보여 준다.

가게가 조용해진 후 지방선거 이야기를 하며 그가 생각하는 정치에 대해 들어 봤다. 마침 수베디의 아버지가 네팔 지방선거에서 시 의장(네팔 지자체는 시의회 의장이 시장을 겸한다)에 당선되었다기에 축하 인사를 먼저 건넸다. 그의 아버지는 네팔 자파Jhapa 지구 가우라다하Gauradaha시 의장이 되기 전부터 자치단체뿐만 아니라 중앙 정치에서도 이름이 알려진 정치인이었다. 수베디는 학창 시절 아버지가 낙선했을 때 이미 정치의 비정함을 실감했다고 한다.

어려서부터 아버지와 작은아버지 등 친척들이 정치하는 모습을 보며 자랐어요. 대학생일 때는 아버지와 정치적 의견이 달라서 아버지 소속 정당에 반대하는 집회를 하기도 했어요. 그래도 아버지는 정치에서만큼은 제가 의지할 수 있는 가장 든든한 스승이자 후원자죠.

수베디의 고향인 자파 지구는 중국이 추진하는 일대일로Belt and Road Initiative 사업의 일환으로 산업 단지가 건설 중이다. 이 과정에서 삶의 터전인 토지를 수용당한 지역 주민들의 불만이 고조되고 있다고 한다. 수베디는 네팔 정부가 서민들의 일자리를 보장하지 않고 친중국 정책만 펼치는 문제점을 거론하며, 정치를 생계 수단으로 삼는 정치인들 때문에 서민들이 고생하고 있다고 지적했다.

나라는 가난하지만 정치인들은 잘살아요. 부패한 정치인들과 다른 길을 걸은 아버지를 보면서 정치를 어떻게 해야 하는지 배웠죠. 아버지는 한때 왕정주의자였다가 공화주의자가 되셨어요. 아버지는 정치는 자신을 배불리는 게 아니라 국민을 배부르게 해야 하는 일이라 했고, 가난하게 살아오셨어요.

정치를 시작하며 정치를 생계 수단으로 삼지 않겠다고 다짐했다는 그가 시민단체 활동을 병행하며 식당을 차린 이유를 가늠할 수 있었다. 그는 사업을 해 생계 고민을 덜고 사회변혁을 도모하는 정치를 지향한다. 수베디는 일상생활에서 마주쳤던, 이주민들이 당하는 부조리한 문제들을 풀기 위해 한국에서 비례대표 도의원에 도전했다.

"비닐하우스에 사람이 살잖아요!"

식당에서 대화를 이어 가는 동안 점점 비가 굵어졌다. 자연스레 수해 이야기로 이어졌다. 당시 서울이 물에 잠긴 소식이 외신을 타면서 네팔에 있는 사람들로부터 안전한지 묻는 연락을 받았다는 그는 정부나 지방자치단체의 재난 구호 대책이 사람이 아닌 재산 피해에만 집중한다는 인상을 받았다고 했다. 설령 사람을 언급하더라도 피해 지역에 거주하는 이주노동자는 외면당하고 있다고.

2020년 수해 때 경기 지역 이재민 대다수가 비닐하우스에 살던 이주노동자들이었잖아요. 그때라도 비닐하우스 숙소 문제를 해결해야 했지만, 자치단체나 중앙정부나 크게 관심 갖지 않았죠. 겨울에 비닐하우스에서 지내던 이주노동자 사망 사건이 발생하면서 크게 이슈가 되긴 했지만 달라진 건 없어요.

용인·여주·이천·안성·평택·양평 등 경기 지역에서 대부분의 농업 이주노동자들은 상습 침수 구역에 설치된 비닐하우스에 거주하고 있다. 2020년 경기 지역 이재민의 80퍼센트 이상이 비닐하우스나 컨테이너에 살던 이주노동자였다. 수해로 이재민이 발생하고, 포천에서 동사 사건이 발생했을 때 많은 언론이 문제를 지적했다. 하지만 사람이 살 만한 공간, 쉴 만한 공간이 안전하려면 최소한 어떤 조건을 갖춰야 할지에 대해 정치인들은 진지하게 접근하지 않았다.

이듬해에도 용인을 비롯한 인근 지역 비닐하우스에 거

주하는 이주노동자들은 반복해 수해를 입었다. 수베디는 그 이유로 당사자 정치의 부재를 꼽았다.

그곳에 사람이 살잖아요. 농작물을 키우려고 만든 비닐하우스를 이주노동자 숙소로 쓰는 게 왜 문제인지 깊이 고민하는 정치인이 없어요. 돈 벌러 왔으면 그만한 고생쯤은 당연하다고 보는 거죠. 남 이야기인 거예요. 아무리 외국인이라도 그걸 당연하게 보면 되나요?

수베디는 돈 벌러 온 사람이니 불합리한 노동조건이나 주거 환경에 처해도 무조건 견뎌야 한다는 인식이 이주노동자를 사람이 아니라 재산으로 치부하게 한다고 했다. 더불어 해법을 마련하는 데 실패한 이주민 단체들에 대해서도 섭섭한 마음을 토로했다.

비 피해로 비닐하우스 안의 작물이 다 사라졌잖아요. 이주노동자들은 살 집과 함께 일터까지 없어진 거예요. 작물을 못 키우면 월급도 없어요. 살던 집이 물에 잠긴 이주노동자들은 피해가 복구되는 동안 막막합니다. 이주민 단체들도 이주노동자 기숙사가 살 만한 공간이 되게끔 대안을 마련하는 데 실패했어요. 비닐하우스 문제를 부각하는 데는 성공했지만 더 나아가지 못했어요.

실제로 2022년 8월, 침수 피해를 입은 용인 모현읍 비닐하우스 단지에서는 이주노동자 20여 명이 생활하고 있었다.

농장주들도 알아요. 비닐하우스를 기숙사로 쓰면 안 된다는 걸요. 그래서 비 피해를 입고도 외부에 알리지 않으려고 한 것 같아요. 피해를 입었는데도 말입니다. 그걸 누가 바로잡아야 하나요?

그는 왜 이주민 당사자들이 정치에 직접 참여해야 하는 지를 말하고 있었다.

정치한다 하자 외국인 취급

산업연수생으로 한국에서 2년간 일했던 수베디는 1999년에 한국으로 다시 돌아와 신학을 공부했다. 5년간의 신학 수업을 마친 그가 목회를 시작한 곳은 경남 김해였다. 이주노동자 상담과 목회를 병행하던 그는 2009년에 귀화했고, 2013년에는 김해이주민의집을 설립했다.

언어 소통의 장점을 살려 주로 네팔과 영어권 출신 이주노동자들을 돕던 그는 지역 정치인들의 권유로 정당에 가입했다. 그동안 중앙당 다문화위원회 부위원장으로 활동하며 이주민 인권 문제에 당이 관심을 갖도록 촉구해 왔다. 김해에서 서울을 오가며 의견을 제시하는 데 한계를 느낀 그는 20년 가까운 김해 생활을 접고 2021년 초에 경기도로 이사했다.

목사이자 이주민 단체 대표로 활동하던 그가 경기도 광역 비례대표에 도전한다고 하자 그동안 그를 도왔던 이들 중에도 외국인이 무슨 정치를 하냐며 반대하거나 대놓고 혐오 발언을 하는 이들이 있었다. 그가 속한 교단에서도 못마땅해 하는 목회자들이 정치를 할 거면 목회를 그만두라며 거취 결정을 촉구했다. 출마 선언과 함께 살면서 들어 보지 못한 욕설을 전화와 문자로 수없이 받았고, 그의 출마를 알리는 기사는 "왜 한국에서? 네 나라, 네팔에 가서 정치하라."는 투의 댓글로 도배되었다.

그는 "네 나라로 돌아가라."는 이들에게 이렇게 말한다.

어렵게 영주권을 얻고 귀화한 이주민들 중에는 언젠가는 본국으로 돌아갈 생각을 하는 사람이 있어요. 은퇴 후에는 본국에서 보내고 싶다는 거죠. 자녀들이 학교생활에 적응하지 못하거나 사회생활에 어려움을 겪는 가정일수록 그런 경향이 큽니다. 그럼 그 사람들이 왜 돌아가려 하는지를 고민해야죠. 초저출생 국가 아닙니까? 그런 나라가 국민을 잃는데 고민은 하지 않고 너무 쉽게 "네 나라로 돌아가라."고 하는 건 미래를 말하는 게 아니죠.

그는 자신이 네팔로 다시 돌아갈 마음이 없는 가장 큰 이유로 아이를 들었다.

제가 네팔로 돌아가면 이곳에서 나고 자란 제 아이는 한국에 혼자 남게 되고, 헤어지는 슬픔을 온 가족이 겪겠죠. 한국에서 공부하고 성인이 된 아이가 네팔에서 어떻게 살아요? 다시 돌아간다고요? 지금까지 24년을 살았고, 또 앞으로 살아야 하는데 돌아가기가 그렇게 쉽나요? 네팔에 있는 재산을 다 팔고 한국에 정착했어요. 한국에 뼈를 묻으려고요. 귀화한 사람들이 대부분 저랑 비슷해요. 한국인이면 한국인이지, 언제까지 국적을 취득한 사람으로만 볼 건가요? 정치하려니까 '너는 외국인!' 너무하잖아요.

수베디는 그의 출마를 반대했던 교단 관계자들이나 혐오 발언을 하는 일반인들이나 그가 속한 정당이나, 이주민 당사자 정치에 대한 인식은 별반 다르지 않았다며 아쉬워했다.

당은 공천 심사를 할 때 청년·노동·여성·장애인 후보에게는 가산점을 주죠. 이주민은 없습니다. 지금까지 각 정당이 이주민의 정치 진입을 허락한 경우는 예외 없이 결혼이주민이었어요. 이주노동자 출신 귀화인은 한 번도 없었어요. 표에 도움이 되지 않는다는 거죠. 대한민국 인구의 4퍼센트가 이주민이고 경기도는 5.3퍼센트가 넘는데, 당은 이주민 당사자 정치를 고민하지 않아요. 그러니 다문화위원회에서 제시한 공약들을 당이 채택하지 않는 게 이상한 건 아니죠.

그렇다고 쉽게 물러서지 않았다. 그는 선거철에만 반짝하는 활동이 아니라 거대 정당이 외면한다 해도 지역에서 이주민 당사자 정치를 위해 활동하겠다고 말한다.

귀화인이라고 해서 이주민만을 대변하지는 않죠. 저는 지역에서 장사를 하면서 코로나 이후 지역 상인들이 얼마나 힘든지를 경험했고, 아이를 키우면서는 한국 교육 문제에 관심을 가졌어요. 아이는 고등학교를 대안 학교에 입학했는데, 전학을 고민 중이에요. 경제와 교육 등의 문제에도 저는 당사자가 될 수밖에 없어요. 정치가 이런 사람 저런 사람 이야기를 들을 수 있으면 좋잖아요. 이주민 이야기는 그중 하나죠.

정치는 산업 안전 뒷전인 행정 감시해야

김해를 떠났지만 이주노동자 상담 요청은 여전하다. 그는 종종 산재 사망 때문에 주한국 네팔 대사관 직원과 함께 재해 업체를 찾아 사후 처리를 돕곤 한다. 수베디는 지역이나 업종은 달라도 산재 사망 사건이 날 때마다 양상이 너무 비슷해 의아하다고 한다. 그러면서 두 사례를 들었다.

산재 사망 피해자들은 롤러(압연기)에 몸이 감기는 사고로 사망했다. 한 명은 근무한 지 1년 조금 넘었고, 또 다른 한 명은 8년 차였는데, 둘 다 근로계약 연장을 원하고 있었다. 두 피해자 모두 고용허가제로 입국했고 두 업체는 하나같이 안전에 무관심했다.

그중 한 업체는 2020년 일자리 창출 우수기업, 2021년 강소기업 육성사업 대상 업체였다. 각종 수상 실적을 자랑하는 PVC, PET 필름 전문 제조업체로 혁신형 기업임을 내세우고 있지만 산업재해 예방은 구태를 면하지 못하고 있었다. 네팔 노동자가 사망하기 두 달 전에도 30대 중국인 노동자가 사망해 〈산업안전보건법〉·〈중대재해 처벌 등에 관한 법률〉(〈중대재해처벌법〉) 위반 여부로 조사받고 있었음에도 사망 사고가 발생하자 회사에서는 피해자 측과 서둘러 합의를 시도했다.

사고가 났으면 정확한 원인을 파악하고, 회사 안전 시스템을 점검해야 하는데도 회사는 플라스틱 제조용 롤러에 있는 안전 감응 센서를 끄고 작업하는 걸 묵인했다는 사실이 드러나는 것을 원치 않았다. 〈중대재해처벌법〉은 노동자 사망 사고 등 중대 재해 발생 시 사업주나 경영 책임자가 안전 보건 관리 체계 구축 의무를 위반한 것으로 드러나면 처벌할 수 있다고 규정하기 때문이다.

두 달 사이에 두 명이 죽었고, 안전 대책을 마련하지 않았다는 점에서 이 회사 사업자는 명백하게 중대 재해 처벌 대상입니다. 그럼에도 회사는 중국인 사망 건은 하청 업체에 책임을 떠넘기려 하고, 네팔인 사망에 따른 안전 책임은 회피하려 해요. 지금까지 그런 식으로 얼마나 많은 산업재해 사고를 숨겼겠어요. 유족 측과 합의를 서두르는 이유는 입막음하려는 것이지, 어떠한 반성이나 사고 예방을 위한 노력을 하겠다는 게 아니었어요. 다시는 그런 사고가 안 일어나게 하겠다는 의지가 있다면 이주노동자 입단속이 아니라 산업 안전 교육부터 해야죠.

수베디는 대사관 직원과 사고 업체를 방문했을 때 근무 중이라는 이유로 사측이 네팔 이주노동자들을 못 만나게 한 것도 사고 원인을 따지지 못하게 하려는 의도적 훼방이라고 봤다. 그래도 다른 이주노동자들을 통해 알아본 바로는 피해자는 8년째 일하며 성실함을 인정받았다고 한다. 그는 주야로 근무했는데 생산 담당이 아침에 출근하자마자 묻는 말은 하나였다. "어제 물량 얼마 나왔어?"

정부나 자치단체에서 받은 상들이 아주 많아요. 아주 규모가 큰 회사였는데도 노동자들이 물량 압박에 쫓겨 반강제적으로 안전 감응 센서를 끄고 일하는 걸 묵인했다면 책임져야죠. 사망 피해자가 그동안 현장을 거의 도맡아 일하고 있었는데, 근로계약 연장을 원하던 피해자에게 회사는 확실하게 연장한단 말이 없었다는 겁니다. 회사에 잘 보이길 원했던 피해자가 안전 감응 센서를 껐다면 회사가 사고 환경을 조장했다고 봐야 합니다.

산재는 평생 단 한 번도 겪지 말아야 할 사건이잖아요. 아무리 피해자가 보상을 많이 받는다 해도 일어나서는 안 되는 사고죠. 그런 인식이 회사에 있어야 하고, 노동자들 또한 가져야 합니다. 안전제일은 회사가 제일 먼저 해야 할 교육인데, 이주노동자들을 만나 보면 산업 안전 교육이 얼마나 허술한지 금방 알 수 있어요. 교육은 형식적이고, 있다 해도 못 알아듣는 경우가 많아요.

정치는 그런 부분을 살필 수 있어야 한다고 봐요. 그 회사가 일자리 창출 우수기업, 강소기업 육성사업 대상 업체인데, 그게 다 지방자치단체들이 선정하는 거거든요. 산업 안전은 엉망인 회사인데 행정기관은 뭔가 계속 지원해요. 지역 정치는 그런 부분을 감시할 수 있어야 한다고 봐요. 이주노동자가 죽어 나가는 회사에 어떻게 그렇게 쉽게 도나 시에서 지원을 하는지 이해할 수 없어요.

그는 두 젊은이의 죽음 앞에서 울분을 토로했다. 그동안 숱하게 봐왔던 이주노동자 사망 사고가 줄어들지 않는 현실에서 기업이나 행정기관은 공감 능력이 없었고, 정치인들은 해법을 찾으려는 의지가 없었다. 그들 앞에서 이주노동자 권리를 아무리 떠들어도 메아리조차 울리지 않았다.

이주민이 늘어나 행정 수요도 증가하고 있지만, 선거권이 없는 이주민을 외면하고 권리 보호에 인색한 것이 오늘날 대한민국 현실이다. 수베디가 당사자 정치를 하겠다고 나선 이유다.

수베디는 지방선거 첫 도전에서 당선되지 못한 게 좌절이 아니라 시작이라고 말한다. 시민사회 활동을 통해 민주적 역량을 키워 왔고 정당 다문화위원회와 정치 아카데미 등을 통해 오랫동안 준비해 왔다. 그는 이주민도 함께 사는 세상, 미래를 지향한다.

이야기를 끝내면서 식사를 마치고 가는 손님과 무슨 이야기를 그렇게 정겹게 했는지 그에게 물었다.

아들 이야기요. 아이가 갈 만한 학교를 추천해 주시더라고요.

그렇다. 그는 학부모요, 한국인이다.

부록

외국인의 체류 자격

이 책에는 저마다 체류 자격이 다른 이주민들이 등장합니다. 체류 자격에 따라 처하는 상황이 달라지고 상황을 헤쳐 가는 과정도 달라집니다. 법무부 출입국·외국인정책본부가 발표한 『출입국·외국인정책 통계월보』(2023년 7월호)를 기준으로 '외국인의 체류 자격'에 대해 살펴보겠습니다.

2023년 7월 말 현재, 대한민국에 공존하고 있는 외국인은 약 245만 명입니다. 여행이나 친인척 방문, 질병 치료 같은 이유로 짧은 기간 다니러 온 이들과 영주, 결혼이민, 취업을 위해 장기 체류 하는 이들을 포괄하는 수입니다. 〈출입국관리법〉에서 정하고 있는 주된 체류 자격 종류는 약 36개인데, 각 체류 자격은 다시 조건에 따라 세분화되어 모두 300여 가지에 이릅니다. 그중 이 책에 자주 언급되는 노동 관련 체류 자격을 중심으로 소개합니다.

고용허가제 노동자

대한민국 정부가 〈외국인근로자의 고용 등에 관한 법률〉(고용허가제법)에 따라 운영하고 있는 외국인 고용허가제와 관련해 입국한 이주노동자입니다. 아시아 지역 16개 나라 출신 노동자에게 적용되는 비전문취업(E-9) 체류 자격과 외국 국적 동포에게 적용되는 방문취업(H-2) 체류 자격이 있습니다. 두 체류 자격 모두 숙련노동이 필요하지 않은 단순노동 업무

표 1 **체류 외국인 국적(지역)별 현황**(2023년 7월 현재)

구분	인원(명)
중국	922,220
(한국계)	(618,886)
베트남	264,870
태국	202,726
미국	172,664
우즈베키스탄	84,875
러시아(연방)	66,294
필리핀	61,381
네팔	58,270
몽골	55,956
캄보디아	53,664
인도네시아	52,692
일본	46,389
카자흐스탄	45,055
미얀마	37,288
(타이완)	30,088
캐나다	30,088
스리랑카	27,867
방글라데시	25,439
인도	15,743
파키스탄	15,521
오스트레일리아	11,829
말레이시아	8,376
싱가포르	3,467
기타	160,810
합계	2,453,572

에 종사하는 노동자에게 제공하는 것입니다.

한국 정부와 양해 각서를 체결한 아시아 지역 16개 나라 (베트남, 필리핀, 태국, 몽골, 인도네시아, 스리랑카, 중국, 우즈베키스

표 2 **체류 외국인 자격별 현황**(2023년 7월 현재)

구분	인원(명)
사증면제(B-1)	247,129
관광통과(B-2)	129,140
단기방문(C-3)	179,102
단기취업(C-4)	2,864
유학(D-2)	138,063
기술연수(D-3)	1,818
일반연수(D-4)	68,713
종교(D-6)	1,444
상사주재(D-7)	1,170
기업투자(D-8)	7,322
무역경영(D-9)	2,401
교수(E-1)	1,951
회화지도(E-2)	13,863
연구(E-3)	3,818
기술지도(E-4)	204
예술흥행(E-6)	4,372
특정활동(E-7)	31,051
계절근로(E-8)	18,928
비전문취업(E-9)	297,733
선원취업(E-10)	20,477
방문동거(F-1)	111,102
거주(F-2)	50,078
동반(F-3)	27,038
재외동포(F-4)	523,871
영주(F-5)	181,978
결혼이민(F-6)	140,265
방문취업(H-2)	105,671
기타	142,006
합계	2,453,572

탄, 캄보디아, 파키스탄, 네팔, 미얀마, 키르기스스탄, 방글라데시, 동티모르, 라오스) 국민 중 만 18세 이상 39세 이하인 사람이라면, 한국산업인력공단이 실시하는 한국어능력시험(토픽TOPIK)에 응시할 수 있습니다. 200점 만점에 110점 이상을 득점하면 제조업에, 80점 이상을 받으면 건설업, 농·축산업, 어업 분야의 외국인 구직자 명부에 이름을 올리게 됩니다. 한국 정부는 고용허가를 받은 한국 업체에 이 명부를 제공합니다. 제조업, 건설업, 농·축산업, 어업, 서비스업(건설폐기물처리업 등)에 해당하는 업체 중 노동자 300인 미만 중소기업은 외국인 고용허가를 받을 수 있습니다. 다만 외국인 고용허가를 신청하기 전에 우선 14일(농·축산업, 어업 7일)간 내국인을 고용하기 위해 노력해야 한다는 전제 조건을 충족해야 합니다. 고용허가를 받은 업체는 외국인 구직자 명부에서 원하는 사람을 골라 근로계약을 체결하는데, 이 과정을 거쳐 입국하는 노동자는 비전문취업(E-9) 체류 자격을 받게 됩니다. 이 체류 자격을 가진 노동자는 한국에서 최장 4년 10개월간 일할 수 있습니다. 원칙적으로 사업장 이동을 할 수 없는데, 사용자가 근로계약을 해지하거나 근로계약 갱신을 거절하는 경우, 사업장이 휴·폐업되는 경우, 일정 정도 임금이 체불되는 등 인권침해가 발생할 경우 사업장 이동이 가능합니다. 사업장을 옮길 때 자율적인 구직 활동은 금지되어 있으며 반드시 고용센터의 취업 알선을 받아야 합니다. E-9 체류 자격을 가진 이는 29만 7733명입니다. 정부는 2023년부터는 그간 서비스업에 해당해 E-9 노동자를 고용하지 못했던 도매·유통업의 상하차 직무에도 허용한다는 입장입니다. 또 2022년 6만 9000명이었던 규모를 2023년에는 12만 명으로 대폭 확대했습니다.

방문취업(H-2)은 외국 국적 동포 중 만 25세 이상인 사람이 단순 노무 분야에 취업하고자 하는 경우 적용되는 체류 자격입니다. 주로 중국, 우즈베키스탄, 카자흐스탄에 국적을 둔 동포가 이 체류 자격을 받고 들어옵니다. H-2 체류 자격으로 입국한 후, 취업 교육을 받고 스스로 취업 가능 업체의 문을 두드려 취업하거나 고용센터의 취업 알선 프로그램을 이용할 수 있습니다. 제조업, 건설업, 농·축산업, 호텔업, 서비스업(특례 분야), 재생용 재료 수집 및 판매업, 냉장 및 냉동 창고업, 어업 분야의 단순 노무 업무를 최장 4년 10개월까지 할 수 있습니다. E-9 체류 자격에 비해 취업 업종이 다양하고 사업장 이동이 자유롭다는 특징이 있습니다. H-2 체류 자격을 가진 사람은 10만 5671명으로, 정부가 적정 인원으로 정하고 있는 25만 명을 크게 밑돕니다.

계절노동자

계절근로(E-8)는 파종기나 수확기 등 계절에 따라 단기간 집중적으로 일손이 필요한 농업·어업 분야에 5개월가량 인력을 공급하기 위해 운영하는 체류 자격입니다. 계절노동자 도입을 희망하는 국내 지방자치단체가 법무부·고용노동부·농림축산식품부·해양수산부·행정안전부로 구성된 배정심사협의회에 신청해 인원을 배정받고, 송출 국가 지자체와 양해각서를 체결해 노동자를 도입하는 방식입니다. 결혼이민자의 가족과 친척을 초청하는 방식도 병행 운영되고 있습니다. 정부가 2023년도 전국 124개 지자체에 4만 647명을 배정하는 것으로 규모를 대폭 늘림에 따라, E-8 체류 자격을 가진 사람은 2022년 10월 5153명에서, 2023년 7월 현재 1만 8928명으로 늘었습니다.

숙련기능공

특정활동(E-7) 체류 자격은 전문직 종사자에게 제공하는 체류 자격입니다. 특정한 기능을 가진 뿌리산업체 숙련기능공, 제조업 건설업체 숙련기능공, 조선용접공 등에게도 해당됩니다. 전문직 종사자는 신고만으로 근무처를 변경하거나 추가할 수 있으나, 숙련기능공은 근무처 변경과 추가가 엄격하게 제한됩니다. 비전문취업(E-9) 체류 자격을 가진 고용허가제 노동자 가운데 경력, 학력, 한국어 능력, 재산과 수입, 나이 등 여러 항목을 평가해 기준 이상일 경우 E-7로 체류 자격을 전환할 수 있습니다. 정부는 2022년 2000명 정도였던 전환 규모를 2023년에는 3만 5000명으로 대폭 늘린다는 계획을 발표했습니다.

재외 동포

재외 동포는 〈재외동포의 출입국과 법적 지위에 관한 법률〉과 그 시행령에 의하면, 대한민국정부 수립 이전에 국외로 이주한 동포를 포함하여 대한민국의 국적을 가졌다가 외국 국적을 취득한 사람, 부모의 일방 혹은 조부모의 일방이 대한민국의 국적을 보유했다가 외국 국적을 취득한 사람을 말합니다. 2023년 7월 현재 재외동포(F-4) 체류 자격 52만 3871명을 포함해 영주(F-5) 자격, 방문취업(H-2) 자격 등을 가진 전체 동포 체류자 수는 84만 6881명입니다. 국적별로 보면 중국 65만 7484명, 미국 4만 8153명, 우즈베키스탄 4만 3108명, 러시아 3만 7336명, 카자흐스탄 2만 1583명, 캐나다 1만 8124명, 오스트레일리아 5279명, 키르기스스탄 3937명, 우크라이나 3506명 등입니다. 재외동포 체류 자격을 가진 사람은 취업 활동에 거의 제한을 받지 않습니다. 그간 재외동포 체류 자격자에게 취업을 불허하던 단순 노무 직종에도 인력 부족이 발생하는 직종과 지역을 선정해 차츰 확대 허용하고 있습니다.

결혼이민자

결혼이민(F-6) 체류 자격은 한국 국민의 배우자에게 제공하는 것입니다. 한국인과 혼인한 상태로 국내에 체류하던 중 그 배우자가 사망, 실종, 그 밖의 사유로 혼인 관계를 유지할 수 없는 사람, 또 사실혼 관계를 포함한 혼인 관계에서 출생한 자녀를 양육하고 있는 사람 중에 법무부 장관이 인정하는 사람에게도 해당됩니다. 다만 '법무부 장관의 인정'을 받는 일이 결코 쉽지 않은 일이라, 체류 자격을 인정받기 위해 한국 국민과 혼인 관계를 억지로라도 유지하는 경우가 자주 발생하고 있습니다. 취업을 포함한 경제활동이 자유로운 편입니다. 2023년 7월 현재 결혼이민 체류 자격을 가진 사람은 모두 17만 3374명이고, 남성이 3만 4141명(19.7퍼센트), 여성이 13만 9233명(80.3퍼센트)입니다. 출신 국적별로는 한국계(2만 1694명)를 포함한 중국 국적자가 5만 9993명, 베트남 3만 9826명, 일본 1만 5538명, 필리핀 1만 2502명, 캄보디아 4742명 등입니다. 결혼이민자는 일반귀화보다 비교적 용이한 간이귀화 과정을 거쳐 귀화할 수 있습니다. 누적 혼인 귀화자는 15만 8055명입니다.

미등록 이주민

2023년 7월 현재 전체 외국인 245만 3572명 중 17.5퍼센트인 42만 8834명이 미등록 상태입니다. 미등록 이주민 중 33퍼센트는 외국인 등록(재외 동포의 경우 거소 등록)을 하고 체류하던 중 허가받은 체류 기간이 지난 상태이고, 67퍼센트는 등록이 필요하지 않은 90일 이하 단기 체류를 하다가 기간이 지난 상태입니다. 단지 정부에 등록되지 않았을 뿐, 이들 또한 인권을 비롯한 기본권을 가집니다.

난민

    난민은 인종, 종교, 국적 또는 특정 사회적 집단의 구성원이거나 정치적 의견을 이유로 박해받을 위험이 있어 국적국에서 벗어나 다른 나라에 보호를 신청한 사람입니다. 대한민국에서 난민으로 인정받은 사람은 거주(F-2) 체류 자격을 받게 됩니다. 난민 신청자는 기타(G-1-5) 체류 자격을 받은 상태에서 난민 심사를 진행합니다. 단속에 걸린 뒤 난민 신청을 하는 경우에는 외국인보호소에 갇힌 상태에서 난민 심사 절차를 진행하며, 난민 심사가 종결될 때까지 강제 퇴거 집행은 보류됩니다. 인도적 체류 지위(G-1-6 체류 자격)는, 난민으로 인정하지는 않지만 고문 등의 비인도적 처우나 처벌 또는 그 밖의 상황으로 인해 생명이나 신체의 자유 등을 침해당할 수 있는 경우 부여되는 지위입니다. 인도적 체류 지위를 별도로 신청할 수는 없고, 난민 신청에 대해 불인정하는 경우 법무부의 재량으로 부여합니다. 2023년 7월 현재, 1994년 이후 난민 인정 신청자는 9만 4840명이고, 난민 인정을 받은 사람은 1394명, 인도적 체류 지위를 받은 사람은 2534명입니다.

한국사회 기층문화 2

당신은 나를 이방인이라 부르네

한국에 사는 이주민들의 생존 보고서

1판 1쇄. 2023년 10월 10일

기획. 익천문화재단 길동무
지은이. 고기복, 고태은, 김나연, 김선향, 김애화, 리온소연, 명숙, 반수연, 부희령,
　　　　송경동, 시야, 안미선, 오시은, 우삼열, 우춘희, 이경란, 이란주, 이수경, 정윤영,
　　　　정은주, 홍주민, 희정

펴낸이. 안중철, 정민용
책임편집. 윤상훈
편집. 이진실, 최미정

펴낸곳. 후마니타스(주)
등록. 2002년 2월 19일 제2002-000481호
주소. 서울 마포구 신촌로14안길 17, 2층 (04057)

편집. 02-739-9929, 9930
영업. 02-722-9960

이메일. humanitasbooks@gmail.com
블로그. blog.naver.com/humabook
엑스, 인스타그램, 페이스북. /humanitasbook

인쇄. 천일문화사 031-955-8083
제본. 일진제책사 031-908-1407

값 20,000원

ISBN 978-89-6437-440-5 03300